民间纠纷调解要点与技巧

唐素林　编著

知识产权出版社

全国百佳图书出版单位

图书在版编目（CIP）数据

民间纠纷调解要点与技巧/唐素林编著. —北京：知识产权出版社，2015.3
ISBN 978 - 7 - 5130 - 2993 - 3

Ⅰ.①民… Ⅱ.①唐… Ⅲ.①民事纠纷—调解（诉讼法）—中国 Ⅳ.①D925.114

中国版本图书馆 CIP 数据核字（2014）第 214417 号

内容提要

本书理论与实践相结合，对与基层百姓利益攸关，容易产生纠纷的调解如婚姻纠纷、家庭纠纷、邻里纠纷、物业纠纷、侵权纠纷等的调解要点与技巧作了较为全面的阐述。本书既有基本原理的阐述，也有具体调解实务，生动形象，展示了实践中调解员在调解纠纷中所运用的调解要点与调解技巧，使本书不仅仅有理论指导意义，更在具体实践中提供了范本。对广大调解人员、法律工作者、诉讼当事人及社会各界在处理纠纷时能起到正确引导、宣传和参考的作用。

责任编辑：唐学贵　　　　　　　　　责任出版：孙婷婷

执行编辑：于晓菲　吕冬娟

民间纠纷调解要点与技巧

MINJIAN JIUFEN TIAOJIE YAODIAN YU JIQIAO

唐素林　编著

出版发行：知识产权出版社 有限责任公司		网　　址：http://www.ipph.cn	
		http://www.laichushu.com	
电　　话：010－82004826			
社　　址：北京市海淀区马甸南村 1 号		邮　　编：100088	
责编电话：010－82000860 转 8363		责编邮箱：yuxiaofei@cnipr.com	
发行电话：010－82000860 转 8101/8029		发行传真：010－82000893/82003279	
印　　刷：北京中献拓方科技发展有限公司		经　　销：各大网上书店、新华书店及相关专业书店	
开　　本：720mm×960mm　1/16		印　　张：16.25	
版　　次：2015 年 3 月第 1 版		印　　次：2015 年 3 月第 1 次印刷	
字　　数：272 千字		定　　价：49.00 元	

ISBN 978-7-5130-2993-3

前　言

　　我国正处于社会转型期，利益关系日趋复杂，公民的维权意识日益高涨，各类纠纷日渐增多。一方面，诉讼案件的激增，使法院不堪重负；另一方面，由于司法审判强调证据，强调程序，强调形式正义，这与民众基于传统道德、伦理而形成的价值取向存在一定距离，导致大量的法院判决得不到当事人的理解，常常是案结事未了。这不但没有平息纠纷，反而加剧了当事人之间的对抗和紧张，更使当事人对法院和法官的不信任。因此，需要我们积极探索符合国情，促进人际关系和谐，妥善化解纠纷的体制机制。

　　党的十八届四中全会提出"创新有效预防和化解社会矛盾体制"，要求"建立畅通有序的诉求表达、心理干预、矛盾调处、权益保障机制，使群众问题能反映、矛盾能化解、权益有保障"。在党的十八届三中全会精神的指引下，面对现阶段日益增多的人民大众纠纷，我们要综合运用法律、政策等手段，以及协商、疏导、调解等办法，把矛盾纠纷化解在基层，解决在萌芽状态。

　　目前，调解已成为与诉讼同等重要的纠纷解决机制。它具有化解纠纷，促进社会和谐的独特优势。因为调解可以减少诉讼带来的对抗性，促进当事人双方的互谅互让和友好合作，有利于修复当事人之间的关系，创造和谐的社会氛围；还可以快速、简便、经济地解决纠纷，缓解当事人的讼累，降低纠纷解决成本，达到化解纠纷的目的，具有很好的社会效果；更有利于缓解日益增长的社会矛盾纠纷与有限的司法资源的矛盾。调解制度在我国拥有悠久的历史和广泛的社会基础，符合中华民族"和为贵"的文化传统，是化解社会矛盾、减少社会对抗、化消极因素为积极因素的有效途径。多年来，调解在解决民事纠纷、防止矛盾激化、维护城乡社会稳定方面发挥了独特的作用。在基层，老百姓有有效化解纠纷的迫切需求，调解员有调解纠纷的热情，但苦于缺乏理论指导和有效的调解方法和技巧，显得心有余而力不足。基于上述原因，结合作者的研究和实践，特编写《民间纠纷调解要点与技巧》一书。

本书从理论和实践相结合的角度，对与基层百姓利益攸关，容易产生纠纷的调解，如婚姻纠纷、家庭纠纷、邻里纠纷、物业纠纷、侵权纠纷等的调解要点和技巧作了较为全面的阐述。本书既有对民间纠纷调解基本原理的阐述；也有民间纠纷调解实务，讲述每一类纠纷调解的相关知识，展示该类纠纷调解要点与技巧方法；最后附以典型案例的操作指引，让读者能更好地掌握该类纠纷的调解方法与技巧。这些形象、生动并具有一定代表性的调解实例，展示了实践中调解员在调解纠纷时所运用的调解要点与调解技巧，能够使读者获得直观和深刻的印象，将他人的成功经验转化为自己的体会，从而领悟和掌握民间纠纷调解的要领和精髓，具有很强的实用性与指导性。理论与实践有机结合，特色鲜明。

希望本书能够对基层的法律工作者、社会贤达人士及当事人在化解纠纷时正确使用调解制度起到引导作用，并采用科学合理的调解策略，公平有效地化解纠纷，从而为建设和谐社会作贡献。

囿于笔者的理论水平和实践经验，书中出现疏漏甚至错误在所难免，敬请读者谅解并指正。

目　录

第一章　民间纠纷调解总论

第一节　民间纠纷调解的概念和适用范围

一、纠纷及纠纷解决机制

（一）纠纷的概念

纠纷，亦作"纷争"。"纠"是纠缠的意思，"纷"是纷争的意思。两个字合起来指人们在某种义务或权利界线模糊不清，观点看法不同时发生的不和与争执，是人们对某一件事争执不下或不易解决的问题。

纠纷系人类社会生活中自然产生的一种现象，也是人类社会交往中不可避免的一种现象。纠纷对社会而言，不仅有消极的、负面的作用，同时还有积极的、正面的作用。就其消极的、负面的作用而言，系纠纷制造者造成了对社会秩序、伦理道德的挑战和破坏，纠纷涉及的当事者为消弭纠纷而消耗了时间、精力、情感、金钱，甚至遭受到精神痛苦等。其积极的、正面的作用体现在纠纷的产生与解决彰显了其所处社会背景下的制度规范、价值尺度、伦理道德标准等社会功效，同时也发展了其所处社会背景下的制度、规范等，甚至可以说推动了社会的发展。

纠纷可发生在各种不同领域：如政治领域的纠纷、民族领域的纠纷、国际领域的纠纷、宗教领域的纠纷、经济领域的纠纷等。其表现形式多种多样，可以表现为暴力的纠纷和非暴力的纠纷、显性的纠纷和隐性的纠纷、冲突激烈的纠纷和相对缓和的纠纷等。

（二）民间纠纷的概念

民间纠纷属于纠纷的一种类型。历史上，民间纠纷是指相对于"官方"而发生在民间的一切纠纷。在现代，民间纠纷是人民调解委员会所能化解的纠纷，它是指公民之间在有关人身、财产权益和其他日常生活中发生的纠纷。包括发生在公民之间的一般民事纠纷、特殊民事纠纷，以及轻微刑事违法行为和因违反社会公德而引起的纠纷。

（三）民间纠纷的性质

民间纠纷主要是民事纠纷，因而不具有激烈的对抗性，属于人民内部矛盾，具有如下性质。

1. 民间性

（1）民间纠纷主要是以一定范围的老百姓及各种民间组织为主体的纠纷。民间是和官方相对而言的。作为民间纠纷，其主体主要是一定区域范围内的老百姓，包括基层社区居民或村民、社区内的法人组织或其他社会组织，他们在法律上都是平等的。基于法律地位的平等，在他们之间引发的民事纠纷，都可以通过平等的对话和协商来解决。

（2）民间纠纷主要是民事纠纷。民事纠纷主要是指发生在平等主体的公民、法人和其他社会组织之间的人身权益和财产权益的纠纷。

（3）民间纠纷还包括轻微刑事违法行为和因违反社会公德而引起的纠纷。轻微刑事违法行为虽然是构成了犯罪的行为，但由于情节轻微、情况特殊，法律允许对其特殊处理，能获得更好的社会效果。因违反社会公德而引起的纠纷虽然只是违反了道德，不是法律问题，但影响巨大，如不及时处理，可能会激化矛盾，造成不良后果，所以应纳入民间纠纷范畴。

2. 非对抗性的人民内部矛盾

民间纠纷，无论是普通民事纠纷，还是轻微刑事违法行为或者因违反社会公德而引起的纠纷，本质上都是人民内部的非对抗性矛盾。因此，他们之间不存在你死我活的斗争。这种纠纷的主体不管是对纠纷的发生，还是对纠纷的解决，都不主张激烈的对抗，而是要寻求合理的途径来解决实际问题，实现合法的利益。

（四）民间纠纷解决机制

纠纷解决机制，是指缓解和消除纠纷的方法和制度。从人类社会发展的视角观察，人类社会纠纷解决方式各式各样，有野蛮的、暴力的，有文明的、规范的。野蛮的、暴力的方式被法律禁止，文明的、规范的方式为社会倡导。当代社会解决纠纷的方式或机制多种多样，其主要解决方式通常有以下几种。

1. 协商谈判（自行和解）

协商谈判也称为"自行和解"，是指纠纷当事人自行就他们之间争议的事项，通过交流、评理、协商等方式，对争议事项达成一致意见，进而解决纠纷的方式，通常不需要借助第三方的力量，因此也叫作"自力救济"。"自力救济"的方式还包括避让，即纠纷发生之后，一方当事人主动放弃争执，从而使纠纷归于消灭的行为。避让的特点是一方当事人主动放弃争执。协商谈判的特点在于当事人双方有协商的意愿及进行协商的行为，在结果上能比较充分反映当事人的意愿。

2. 调解

调解是指通过第三方的斡旋、调停、劝说等，促使纠纷当事人之间达成协议、消除争议的制度。调解在我国的法律规定中分为诉讼外调解和诉讼调解（法院调解）。

（1）诉讼外调解是指民事纠纷的当事人在第三方的主持下，就纠纷的问题进行协商并达成协议的制度。诉讼外调解主要是指民间调解（在我国称为人民调解），但也包括其他种类的调解，如消费者协会、劳动争议仲裁机构及律师对纠纷的调解等。诉讼外调解的特点在于民事纠纷的当事人在协商解决纠纷的过程中有第三方介入，是由第三方进行劝导和"说和"。由于其依靠的是社会力量，作为第三者协助或主持纠纷解决，又称为"社会救济"。

（2）诉讼调解（法院调解）是指人民法院作为第三方，利用国家的公权力（审判权）对纠纷进行的调解，即国家以调解的方式介入纠纷。这种调解的结果带有强制性。

3. 仲裁

仲裁也属于"社会救济"范畴，是指纠纷的当事人根据其达成的协议，将争议提交非司法机构的仲裁机构，由仲裁机构作为第三方对纠纷进行裁决的活动。仲裁主要适用民商事领域的纠纷。仲裁的前提条件是当事人均同意采用仲裁的方式解决纠纷，且提交仲裁的事项是法律允许仲裁的事项。仲裁机构是按照国家有关法律规定设立的、解决民商事纠纷的民间机构。仲裁机构作出的裁决具有法律效力，可以申请法院强制执行。

4. 诉讼

诉讼是指纠纷当事人通过行使诉权向人民法院提起诉讼，人民法院通过行使审判权对纠纷审理裁判的活动。因法院是国家机关，其审判权的行使以国家公权力为后盾，所以叫作"公力救济"。根据司法最终解决原则，当事人之间的民事纠纷最终可以通过诉诸法院来解决。法院的裁判为最终裁判，当事人不可再寻求其他任何社会救济方式。诉讼的性质为司法性，法院裁判的结果具有强制力，非经法定程序不得变更，当事人必须遵守。

二、调解的概念和种类

调解是指经过第三者的排解疏导，说服教育，促使发生纠纷的双方当事人依法自愿达成协议，解决纠纷的一种活动。我国的调解制度是指人民政权的调解制度，它已形成了一个调解体系，主要有以下几种。

（一）人民调解

人民调解，属于诉讼外调解的一种。是指在人民调解委员会主持下，以国家法律、法规、规章和社会公德为依据，对民间纠纷的双方当事人进行调解、劝说，促使他们互相谅解、平等协商，自愿达成协议，消除纷争的活动。

（二）诉讼调解

诉讼调解，又称为"法院调解或司法调解"，是指在人民法院的主持下，双方当事人平等协商，达成协议，经人民法院认可后，终结诉讼程序的活动。人民法院对受理的民事案件、经济纠纷案件和轻微刑事案件进行的调解，是诉讼内调解。对于婚姻案件，诉讼调解是必经的程序。至于其他民事案件是否进行调解，取决于当事人的自愿，调解不是必经程序。法院调解书与判决书有同等效力。

（三）行政调解

行政调解是指由国家行政机关主持的，根据国家政策、法律，以自愿为原则，在分清责任、明辨是非的基础上，通过说服教育，促使双方当事人互谅互让，从而达成协议解决纠纷的活动。一般分为以下两种。

1. 基层人民政府，即乡镇人民政府主持的对一般民间纠纷的调解

根据司法部颁布的《民间纠纷处理办法》的规定，基层人民政府具有调解民间纠纷的职能，调解的范围仅限于民间纠纷。拒绝调解、调解不成、调解达成协议又反悔，或者拒不履行调解协议的，基层人民政府可根据民间纠纷处理办法的规定作出处理决定。在基层人民政府处理纠纷的过程中，当事人可以撤回请求基层人民政府处理纠纷的申请向法院起诉，对方当事人也可以拒绝接受基层人民政府处理而直接向法院起诉。对未经人民调解委员会调解的纠纷，基层人民政府不得受理，但人民调解委员会调解时应征求当事人意见，当事人不同意人民调解委员会调解的除外。基层人民政府调解制作的调解书送达当事人后不具有法律效力，依靠当事人自觉履行。

2. 国家行政机关（如公安、国土、城建、工商、专利、港务等）依照法律规定对某些特定民事纠纷、经济纠纷等进行的调解

依照相关法律规定，负有主管、监督管理的政府行政部门对发生于管辖范围内的某些特定民事纠纷、经济纠纷、劳动纠纷进行的调解。如工商行政管理部门对经济合同纠纷主持的调解，专利管理机关对专利纠纷主持的调解，港务监督机构对船舶、设施发生海上交通事故引起的民事侵权赔偿纠纷的调解，环境保护部门对环境噪声污染侵害引起的赔偿纠纷的调解。此类国家行政机关调解制作的调解书不具有法律效力，靠当事人自觉履行。如果调解协议不履行，行政机关可依职权作出行政处理决定。比如：公安机关依据《治安管理处罚条例》的规定，可以对因民间纠纷引起的打架斗殴或者损毁他人财物等情节轻微的治安管理案件进行调解处理，不愿调解、调解不成、调解达成了协议又反悔，或者调解达成协议后又拒不履行的，按《治安管理处罚条例》规定处罚责任人；对损害赔偿问题，在进行处罚裁决时可一并裁决，也可告知当事人就赔偿问题按民事纠纷案件向法院起诉。对非民间纠纷引起的或者情节不属轻微程度案件不得调解处理。此外，公安机关交警部门可依据道路交通管理办法规定交通事故造成的损害赔偿进行调解。对不愿调解、调解不成、达成调解协议又反悔，或者不履行调解协议的，当事人可以向人民法院提起民事诉讼。

（四）仲裁调解

仲裁调解是指当事人在发生纠纷时，依照合同中的仲裁条款或者事先达成的仲裁协议，向仲裁机构提出申请。在仲裁机构主持下，根据"自愿协商，互谅互让"的原则，达成解决纠纷的协议。如果调解不成，再由仲裁机构进行裁决。这也是诉讼外调解。根据我国仲裁法的有关规定，由仲裁机构主持调解形成的调解协议书与仲裁机构所作的仲裁裁决书具有同等的法律效力。生效后具有法律效力，一方当事人如果不执行，另一方可以向人民法院提出申请，要求对方执行。对方拒不执行的，人民法院可以依法强制其执行。

（五）劳动争议调解委员会调解❶

依据《企业劳动争议处理条例》，企业、事业、国家机关、社会团体劳动争议调解委员会对本单位内部发生的劳动争议纠纷进行调解。调解的范围与劳动争议仲裁委员会调解的范围相同。劳动争议调解委员会由单位职工代表（职工大会或职工代表大会推荐）、单位代表（由单位负责人指定）和单位工会代表组成。劳动争议调解必须由当事人提出申请方可进行。调解应当自当事人申请调解之日起 30 日内结束，到期未结束视为调解不成。调解达成协议的应制作调解书，双方当事人应当履行。当事人不愿调解、调解不成或者达成协议后又反悔的，当事人可在规定的期限内（当事人知道或者应当知道其权利被侵害起 6 个月内）向劳动争议仲裁委员会申请仲裁。

（六）农业承包合同纠纷仲裁调解❷

区县设立的农业承包合同纠纷仲裁委员会负责调解农业承包合同纠纷。农业承包合同纠纷仲裁委员会由政府的农村经济管理部门设立。农业合同的双方当事人不是平等主体间关系。农业承包合同纠纷仲裁调解属于行政调解，它实行地域管理和又裁又审的原则。当事人不愿调解或调解不成的再进行仲裁裁决。对仲裁裁决不服的可在接到仲裁裁决书之日起 15 日内向人民法院起诉。经调解达成的协议不具有法律效力，靠当事人自觉履行。对调解协议反悔或不履行调解协议的，当事人可向人民法院起诉。农业承包合同是农业经济组织内部的合同。如果是农业集体经济组织与外部人员之间签订的农业承包合同，属

---

❶ 张晓秦、刘玉民主编：《调解要点与技巧》，中国民主法制出版社 2009 年版，第 4 页。
❷ 张晓秦、刘玉民主编：《调解要点与技巧》，中国民主法制出版社 2009 年版，第 5 页。

于平等主体间的民事合同。发生纠纷后选择的仲裁不属于农业承包合同纠纷仲裁，应属于民商事仲裁。

（七）乡镇法律服务调解❶

根据司法部发布的《乡镇法律服务业务工作细则》，乡镇法律服务所可指派乡镇法律工作者接受当事人申请对以下纠纷进行调解：（1）乡镇企业及其他经济组织、私营经济组织在生产、经营和管理过程中发生的各种经济和劳动争议纠纷；（2）承包经营户、个体工商户、合伙组织及农村村民在生产和管理过程中发生的各种涉及经济、财产权益的经营纠纷；（3）农村公民之间发生的涉及遗产继承、分家析产、赡养抚养抚育、民间赠与、侵权索赔等具有财产权益性质的民事纠纷。乡镇法律服务调解达成的协议不具有法律效力，靠当事人自觉履行。不愿调解、调解不成、达成协议又反悔及不履行调解协议的，当事人可以申请仲裁或向人民法院起诉。属于民间纠纷的，当事人也可以申请基层人民政府处理。

（八）单位组织调解❷

单位组织调解，是指单位内部党、政、工、青、妇等组织对本单位职工之间发生的民间纠纷进行的调解。单位调解主持者的身份带有职务性质，与当事人是领导和被领导的关系，由他们主持调解容易查明事实，调解达成协议后也比较容易监督履行。单位调解是未上升为法律制度的调解，调解书不具法律效力，依靠当事人自觉履行。在人民调解委员会工作开展比较好的单位，这类调解被人民调解所替代。

（九）民间自发调解❸

民间自发调解，是指纠纷当事人或其亲友邀请当地处事公道、有威信的人充当第三人从中主持的调解。这种调解活动的开展无人组织，具有自发性，调解纠纷的范围仅限于民间纠纷，调解达成的协议靠当事人自觉履行。这种调解不影响当事人选择其他解决纠纷的方式。

---

❶ 张晓秦、刘玉民主编：《调解要点与技巧》，中国民主法制出版社 2009 年版，第 5 页。
❷ 张晓秦、刘玉民主编：《调解要点与技巧》，中国民主法制出版社 2009 年版，第 6 页。
❸ 张晓秦、刘玉民主编：《调解要点与技巧》，中国民主法制出版社 2009 年版，第 6 页。

三、人民调解及其优势

在我国，人民调解是一种具有明确法律地位的民间纠纷解决方式，它主要通过居民委员会（村委会）中所设的人民调解委员会来运作。

（一）人民调解的概念与特征

人民调解，是指在纠纷当事人的申请下，由人民调解委员会或人民调解员主持，以国家法律、法规、规章、政策和社会公德为依据，对民间纠纷当事人进行说服教育，规劝疏导，促使纠纷各方互谅互让、平等协商、自愿达成协议以消除纷争的一种群众性解决纠纷的活动。

人民调解具有如下特征。

1. 人民性

人民调解的主持者是居委会（村委会）的人民调解委员会或人民调解员，人民调解员由经人民群众选举产生的具有调解技能的人担任；人民调解的对象是发生在当事人之间的民事纠纷和轻微的刑事纠纷，调解的纠纷属于人民内部矛盾；调解的目的是平息人民群众之间的纷争，以增强人民内部团结，维护社会稳定。所以，人民调解首先具有人民性。

2. 民主性

人民调解坚持平等自愿原则；调解采用说服教育、耐心疏导、民主讨论和平等协商等方法，在充分尊重当事人意愿的基础上，达成协议，促成纠纷解决。从这些可以看出，人民调解具有民主性的特征，是人民群众直接行使民主权利、管理社会事务的一种表现，是民主自治的重要形式，体现了社会主义的优越性和人民群众当家做主的地位。

3. 自愿性

人民调解必须依照当事人自愿，人民调解组织不得强行进行调解。表现在：第一，调解是纠纷当事人自愿提起的，人民调解委员会应根据纠纷当事人的申请受理调解纠纷。当事人没有申请，也可以主动调解，但当事人表示异议的除外。第二，调解是否达成协议及达成协议的内容如何必须根据当事人双方的意愿决定。第三，调解协议不具有强制执行力，由负有义务的一方当事人自愿履行。

4. 规范性

首先，2011年1月1日起施行的《人民调解法》对人民调解委员会的组成和人民调解员的构成、选任，以及调解工作的相关制度、方法，都有明确的法律规定，体现出调解工作的规范性；其次，人民调解依据的规范是国家的法律法规、规章、政策和社会公德等，具有较强的规范性。

（二）人民调解遵循的原则

1. 自愿平等原则

人民调解，必须在各方当事人平等自愿的基础上进行，不得强迫。这一原则的要求，一是纠纷的受理，必须基于当事人自愿，而且是各方当事人自愿。如果当事人不愿意接受调解，或者不愿意接受某个组织和个人的调解，或者有一方当事人不愿意接受调解，均不能强迫其参加调解；二是在调解的过程中，对当事人必须进行耐心细致的劝解、开导、说服，不允许采取歧视、强迫、偏袒和压制的办法；三是经调解达成的协议，其是非界限、责任承担、权利义务内容，必须由当事人自愿接受，不得强加于人。

2. 不违背法律、法规及国家政策原则

不违背法律、法规及国家政策原则，人民调解委员会调解民间纠纷，必须依据法律、法规、规章和政策进行，法律、法规、规章和政策没有明确规定的，依据社会主义道德进行。这一原则要求，一是人民调解活动必须合法，其调解范围、程序步骤、工作方法必须符合有关法律、法规和规章的规定，调解行为规范、公正、合理；二是调解民间纠纷的主要方式是以国家法律、党和政府的政策及社会主义道德对当事人进行说服教育，使当事人按照法律、政策和道德，分是非、辨责任；三是纠纷调解的结果和当事人权利义务的确定，不得违背法律、政策和道德的要求，不能用本地的"土政策"代替法律，也不能在法律与情理发生抵触的时候违背法律的规定，无原则地平息纠纷。

3. 尊重当事人权利原则

尊重当事人权利原则，即尊重当事人的诉讼权利，不得因未经调解或调解不成而阻碍当事人依法通过仲裁、行政、司法等途径维护自己的权利。纠纷发生后，当事人有权向人民法院提起诉讼，不得因未经调解而限制其诉讼权利。在调解民间纠纷过程中，当事人在任何时候、以任何理由都可以中断调解，向人民法院提起诉讼。经调解达成协议的纠纷，当事人仍然有权利提起诉讼，请求人民法院对纠纷及其协议予以裁判。当然，当事人也负有履行人民调解协议的法定义务，不得随意反悔。当事人不履行调解协议的，对方当事人可以人民调解协议起诉。一方当事人以原纠纷起诉的，另一方当事人可以人民调解协议抗辩。

4. 合情合理原则

这里的"情"指的是人情，所谓人情包括亲情、友情、爱情，还有同事情、同学情等，合情就是合乎人际间交往中感情世界能够接受的方式方法；这里的"理"是指人们在办事过程中所要遵守的一般的行为规则及事物运动的规律，即广为群众接受的思想及思维方式、定律、规矩等。在人民调解过程中，我们不能仅依据刚性的、冷冰冰的国家法律制度，必须还要考虑当地的风土人情、风俗习惯及情理等。

（三）人民调解的优势

1. 人民调解的方式具有主动性，有利于矛盾纠纷及时解决，防止矛盾纠纷的激化和升级，从而能有效预防"民转刑"案件的发生

民间纠纷很多都是在日常生活中出现的小事，而那些引起群体性事件的纠纷往往都是因为平时的这些小矛盾得不到很好的解决，又没有一个顺畅的渠道来反映、处理，导致这些矛盾、纠纷越积越深，最终引发了颇具影响力的群体性事件。例如，在社区中，业主对物业服务公司所提供的物业服务质量不满，在与物业公司进行交涉时，或得不到应有的响应；或物业公司对业主所反映的问题的处理阳奉阴违；或物业公司的服务人员态度蛮横，对业主正当的要求不理不睬，而业主在对自己所反映的问题依旧得不到解决时，便会采取诸如拒交物业管理费等方式来表达对物业服务公司的愤慨。物业服务公司对业主拒交物业服务费行为的回应是擅自切断业主家中的水、电供应，以此来迫使业主让步。此时，人民调解委员会主动介入，通过人民调解，可以在最短的时间内化解双方的矛盾，而又能尽快满足业主们用水、用电的基本生活需求，却不必走漫长的司法程序。这样既能迅速解决矛盾纠纷，又不影响业主的正常生活，还能节省司法资源。

2. 人民调解在化解民间纠纷方面具有简捷、及时和经济的特点

人民调解着重在调解委员会的主持下，就近、及时地化解民间纠纷，以最短的时间完成对矛盾纠纷的处理，降低纠纷解决的成本，减轻人民群众和国家

财政的负担。

3. 人民调解的方式具有广泛性，有利于方便广大人民群众

首先，就我国调解组织的设置情况来看，调解机构星罗棋布。只要是社区、乡镇、村的地方就有调解组织。即使是工矿企业，也都设有调解组织或调解员。其次，调解组织受理纠纷和进行调解没有严格的程序上的规定，调解组织和调解人员进行调解不受地点的限制，随时随地都可以进行调解，极大地方便了老百姓解决纠纷，化解矛盾，有利于生产和生活。

4. 人民调解有利于修复纠纷当事人之间的关系，有利于当事人之间和睦相处

用人民调解的方式解决纠纷，追求的是双方合意的相近，而不是"零和博弈"的局面，显得温和得多、平缓得多，会使双方当事人心理负担减轻许多，不会形成某些精神上的压力。因为，在群众的眼中，人民调解和诉讼是两种截然不同的方式。人民调解的过程是协商的过程，调解达成的协议也是双方情愿的，其调解的结果相对而言也比较符合当事人所面临的实际情况。所以，自始至终都不伤和气，进而达到维护团结和稳定的目的。

5. 人民调解能实现情、理、法的融合

合法不合情，合情不合法，是行政和司法实践中经常遇到的情况，也给行政和司法人员的工作带来很大的困惑和压力，依法处理难以彻底解决纠纷，不依法更不行。人民调解的性质可以使调解避免这方面的困惑，可以将情、理、法融合在调解过程中，实现法与情的统一，使法的实施更易于被广大人民群众所接受。

四、人民调解的适用范围

（一）人民调解的受案范围

《民事诉讼法》及《人民调解法》未对人民调解受案范围作出明确规定，仅笼统限定在"民间纠纷"，而对于何谓"民间纠纷"没有作进一步界定。2002 年司法部的《人民调解工作若干规定》第 20 条将调解民间纠纷的范围明确规定为：公民与公民之间、公民与法人和其他社会组织之间涉及民事权利义务争议的各种纠纷。可见，人民调解委员会可以调解除法律法规规定不能调解的所有民间纠纷。具体如下：

（1）家庭关系纠纷：婚姻纠纷、抚养或赡养纠纷、继承纠纷等；

（2）邻里关系纠纷通行、通风、采光、排水、截水等纠纷；

（3）山林、土地的使用、经营权纠纷，宅基地纠纷、责任田（山）经营纠纷，林木、果树地经营纠纷等；

（4）经济纠纷、承包合同纠纷、借贷纠纷、欠款纠纷等；

（5）损害赔偿纠纷：财物损害赔偿纠纷、轻微人身伤害赔偿纠纷、精神损害赔偿纠纷等；

（6）其他民间纠纷。

（二）人民调解委员会不得受理调解情形

《人民调解工作若干规定》第 22 条还规定了人民调解委员会不得调解的情形：

（1）法律、法规明确规定只能由有关部门管辖处理的，如工商管理引发的纠纷、税务纠纷等；

（2）人民法院、公安机关或者其他行政机关已经受理或者解决的；

（3）一方当事人不同意调解的；

（4）已构成犯罪或构成违反治安管理处罚行为的；

（5）已经申请基层人民政府处理或处理完毕的；

（6）其他不属于人民调解受理范围的。

（三）实践中人民调解对调解范围的拓展

随着人民调解工作的深入开展，社会的不断发展，矛盾纠纷越来越复杂和多样化，在各地的司法实践中，人民调解的受案范围又突破了原有的规定，已经渗透到法人、社会组织之间纠纷的化解中。更有甚者，有些地方（如上海、北京、浙江等地）人民调解已经拓展到轻微刑事案件的化解中，并且取得了积极的效果。近年来，人民调解的内容不断被拓宽，下列纠纷都逐渐被纳入人民调解的受案范围：

（1）各类民事纠纷：劳动、债务、赔偿、房屋、宅基地、土地、山林、水利、承包、租赁、农机等；

（2）土地承包调整、土地征用、移民和城市拆迁；

（3）民事违法行为引起的纠纷；

（4）轻微刑事违法行为引起的纠纷，如侮辱、诽谤、损害名誉、虐待、干涉婚姻自由、故意伤害致人轻微伤等属于刑事范畴，但由于情节显著轻微，法律也有特别规定，所以此类案件如果诉讼，人民法院也可调解。如果当事人不去法院起诉或者诉讼后又撤诉的案件，人民调解委员会可以对其进行调解。

（5）因民间纠纷引发的故意伤害致人轻伤案。这类案件在农村比较常见。如果加害人是初犯、偶犯，被害人也有一定的过错，未激起民愤、案件社会影响也不大，司法机关在案件受理、立案侦查、审查起诉、审判阶段，征得双方当事人同意后，将部分有可能通过人民调解委员会调处的轻微伤害案件，委托辖区内人民调解委员会调解，以促进当事人交流和解，达到撤案、不起诉、免予刑事处罚等处理结果的，人民调解委员会可以协助司法部门调解。

轻微刑事案件委托人民调解委员会调解，使人民调解在调处社会矛盾、维护社会稳定中发挥了更大的作用，在促进社会和谐及提高矛盾冲突的社会自我消解能力等方面具有重要意义，同时也极大地节约了司法资源。但是，这种做法目前仍处于探索阶段，各地做法不同，在法学界也存在一些争议，因此在操作中应当注意。

第二节　民间纠纷调解的基本程序及工作要点

如前所述，人民调解制度是我国特有的一项基层民间纠纷解决机制，因其在纠纷发生之前进行排查与预防，在纠纷初起之时及时主动介入，在纠纷现场即时解决纠纷、即时履行协议等，使之在化解民间纠纷方面具有简捷、及时和经济、法明理通，有利于恢复当事人之间的关系等优势。因而，人民调解的程序不宜像诉讼那样严格。然而，随着人们的法律意识越来越强，公众对人民调解的要求也越来越高。相对规范的程序有利于提高人民调解组织的公信力，赢得当事人的信赖。

一般而言，人民调解的程序包括：调解程序的启动、调解前准备、纠纷调解、调解结束、调解回访等阶段。根据纠纷的具体情况，每个阶段的侧重点并不相同。有些纠纷调解需要明确程序，有些纠纷调解则可以略去一些环节，才有利于纠纷化解。

一、调解程序的启动

(一) 当事人申请或调解组织主动介入

根据《人民调解法》第 17 条的规定："当事人可以向人民调解委员会申请调解；人民调解委员会也可以主动调解。当事人一方明确拒绝调解的，不得调解。"居民或村民因自己的合法权益受到侵害或者发生争议时，可与侵害人协商解决，协商不成亦可向当地人民调解委员会提出申请，要求调解委员会分清是非，解决争议。在我国，绝大多数的纠纷调解，是由当事人的申请开始的。

矛盾纠纷发生后，纠纷一方当事人可以向人民调解委员会申请调解，也可以由双方当事人共同向人民调解委员会申请调解。纠纷当事人的近亲属、邻里、同事、朋友等也可以代其向人民调解委员会申请调解。当事人在申请调解时，可以口头申请调解，也可以书面申请调解。一般情况下，纠纷当事人应当向居住地或工作地的村民委员会、居民委员会、企事业单位的人民调解委员会申请调解，物业、消费、医疗、劳动、交通等纠纷可以向特定的专业性、行业性人民调解委员会申请调解。疑难、复杂、涉及多方当事人且不在同一居住地的矛盾纠纷可以向所在的乡镇、街道人民调解委员会申请调解。纠纷当事人共同申请调解的，由最先受理的人民调解委员会登记受理，其他调解委员会应协助调解。

人民调解委员会也可以根据需要主动调解当事人的纠纷，但有一方明确拒绝调解的，不能强迫调解。

(二) 人民调解案件的受理审查

对于居民或村民的调解申请，人民调解委员会需对该申请进行审查，确定是否受理该案。

1. 人民调解受理案件范围审查

人民调解委员会根据《人民调解法》和《人民调解工作规定》的相关规定，审查当事人的申请是否符合人民调解委员会的受案范围。关于人民调解委员会的受案范围本章第一节已进行了阐述，按照前述范围审查即可。

2. 当事人申请管辖的审查

基层老百姓发生了纠纷需要调解，要找哪个人民调解委员会，换句话说是民间纠纷调解如何确定管辖的人民调解组织。

（1）一般民间纠纷的管辖。分两种情况：一种是按照当事人所在地（所在单位）来确定受理纠纷的调解组织，条件是双方当事人应处于同一辖区或单位内。另一种是以双方当事人的纠纷发生地为标准来确定受理纠纷的人民调解组织。

（2）复杂、疑难和跨地区、跨单位民间纠纷的管辖。此类纠纷可由乡镇、街道人民调解委员会受理，或由几个相关的调解委员会共同调解。一般由纠纷当事人所在地（所在单位）或者纠纷发生地的人民调解委员会受理调解。村民委员会、居民委员会或者企业、事业单位的人民调解委员会调解不了的疑难、复杂民间纠纷和跨地区、跨单位的民间纠纷，由乡镇、街道人民调解委员会受理调解，或者由相关的人民调解委员会共同调解。

（三）当事人申请的受理

人民调解是指人民调解委员会通过说服、疏导等方法，促使当事人在平等协商的基础上自愿达成调解协议，解决民间纠纷的活动。这决定了人民调解委员会在受理民间纠纷的方式上有别于行政程序和司法程序。《人民调解法》第17条的规定：当事人可以向人民调解委员会申请调解；人民调解委员会也可以主动调解。按照《人民调解法》的规定，人民调解委员会受理民间纠纷的方式有申请受理、主动受理和移交受理。

1. 当事人申请受理的条件

当事人申请受理必须具备以下条件。

（1）有明确的双方当事人。纠纷当事人在提出申请时，必须说明谁侵犯了他（她）的权益或者他（她）与谁发生了争议；审查当事人的主体资格，即审查当事人是否具有民事行为能力及是否是所涉案件的真正当事人。

（2）有具体的请求目的。纠纷当事人必须说明请求调解要达到什么目的，解决什么具体问题。

（3）有事实依据。纠纷当事人必须提供申请所依据的纠纷事实，包括发生纠纷的事实情况及相应的证据事实。

（4）申请调解的纠纷属于人民调解组织主管和管辖。纠纷当事人申请调解的纠纷，如不属于人民调解组织主管职权范围的，人民调解组织应告知纠纷当事人到有关部门要求解决，或主动联系有关部门并配合解决问题。纠纷当事人申请调解的纠纷，如不属于该人民调解组织管辖范围或该人民调解组织与其他人民调解组织共同享有管辖权的，人民调解组织应告知纠纷当事人到有管辖权的人民调解组织申请，或与共同享有管辖权的人民调解组织协商决定由谁管辖或由一方受理，双方共同调解。

人民调解委员会接到申请后，应做好现场记录，记明矛盾纠纷的基本情况、当事人的请求理由等。人民调解组织无论通过哪一种方式受理纠纷，都应遵循自愿的原则，尊重当事人的诉讼权利，不能强迫当事人接受调解。对于当事人明确表示不愿意接受调解的，人民调解组织应当尊重当事人的选择，而不能强行调解。

2. 申请受理的步骤

对当事人申请调解的纠纷，人民调解委员会应遵循一定的步骤，做好相应的工作，包括接待当事人、审查当事人的申请、制作接待笔录、填写受理登记表，为介入调解做好准备。

（1）接待当事人。当事人申请人民调解委员会对其纠纷进行调解时，人民调解委员会应做好相应接待工作。主要是向上门要求调解的当事人了解有关调解的意向和纠纷的基本情况并做好笔录。如果是电话申请，可根据实际情况要求其到人民调委会所在地进行面谈。

（2）审查当事人的申请。主要是审查纠纷是否属于人民调解委员会的受案和管辖范围及当事人的申请是否符合条件。

人民调解委员会在受理纠纷时要认真审查当事人的申请，对于没有法律、法规禁止事由的申请，应当受理。而对于当事人申请人民调解组织调解，经过审查又不符合受理条件的纠纷，人民调解委员会应当根据法律、法规向当事人作出解释，并且告诉当事人到相关部门要求处理。但对于随时可能激化的民间纠纷，应当在采取必要的缓解疏导措施后，及时移送有关机关处理。

（3）制作接待笔录。对于无论是否受理的纠纷，接待人员都应认真制作接待笔录。接待笔录的内容至少应当包括由谁接待、接待的当事人姓名、纠纷事由、纠纷简要概况、当事人的要求、接待人签字等事项。

（4）征求对方当事人对调解的意见。一方当事人申请调解，另一方当事人不一定会接受调解。因此，调解员应该征询对方当事人对调解纠纷的意见。最常见的联络方式是电话联络，另外还有通过第三人转达（带口信）、电子邮件、传真等方式。在人民调解中，调解员主动上门也是一个重要的联络方式。调解员可以根据所涉纠纷情况自主决定采用合适的联络方式。

调解员在与对方当事人沟通中应进一步阐述调解机制及其运用和调解的优点等内容，并回答有关问题，使其对调解有充分的认识和认同。如果该方当事人没有马上作出决定，此时，应给予一定的时间考虑，不能迫使其参加调解，否则可能为后面的调解带来隐患。同时，调解员要耐心回答有关问题，消除当事人可能存在的疑惑。在该方当事人考虑的时间内，调解员应和提起调解的一方当事人保持联系，对另一方是否同意调解进展适时作出回应。

（5）填写纠纷受理登记表（见附1）。对当事人提出的纠纷调解申请，经调解组织审查后，认为该当事人申请符合受理事项，还需征得对方当事人同意，才可以发出受理案件通知书（见附2）。一些比较规范的人民调解委员会同时还会给当事人发举证通知书（见附3）。如果对方明确拒绝参加调解，人民调解委员会就不能受理该纠纷调解。无论受理与否，都要填写受理纠纷登记表；对于涉及面广、跨辖区的疑难、复杂纠纷，认真做好登记并移交相关部门处理。

（四）人民调解委员会主动受理和移交受理

1. 人民调解委员会主动受理

人民调解委员会主动受理民间纠纷，是人民调解有别于其他纠纷解决机制的特色和优势。人民调解委员会通过定期排查，及时发现矛盾纠纷线索，主动介入，把矛盾纠纷化解在萌芽状态。同时，人民调解委员会也可以接受群众举报，对正在发生的矛盾纠纷主动调解，防止矛盾纠纷激化转化。基于人民调解的任务——调解民间纠纷，防止民间纠纷激化，维护社会稳定，要求人民调解委员会以维护社会稳定为自己的工作目的，积极主动地提供调解服务，及时发现矛盾，主动化解纠纷。如果不主动化解纠纷，就无法防止矛盾激化，就会使人民调解失去维护社会稳定第一道防线的作用。

主动受理和人民调解自愿的原则并不矛盾。前者是工作的态度与方式，后者是工作的原则和根本要求。只有两者有机地结合起来，才能顺利完成人民调解的工作任务，避免民间纠纷的激化。

2. 移交受理

一是人民法院移交。人民法院在受理、审理案件时，可以将适宜人民调解委员会调解的案件，在征得当事人同意后，移交、委托人民调解组织调解。二是公安机关移交。公安机关在处理治安案件、交通肇事案件时，可以将适宜人民调解的案件交由人民调解委员会调解。三是其他有关部门移交。如信访部门、工商行政管理部门、医疗行政部门、住房和城建部门、环境保护部门、国土资源保护部门、农业部门、人力资源和社会保障部门等在处理人民群众来信来访或涉及消费权益、医疗、征地拆迁、环境污染、土地承包流转、劳动争议等纠纷时，可以将适合人民调解解决的纠纷，移交给相关人民调解委员会进行调解。

附录：纠纷受理阶段文书

附1：纠纷受理登记表

纠纷受理登记表

纠纷类型：_____ 编号：_____

当事人：_____

纠纷简要情况：_____

_____

_____

受理日期：于_____年_____月_____日告知当事人_____受理该纠纷。

经过调解，于_____年_____月_____日达成调解协议，协议主要内容_____，当事人于_____年_____月_____日全部（部分/拒绝）履行。

因调解不成，于_____年_____月_____日告知当事人_____因_____决定不受理（或终止调解）该纠纷，告知当事人（解决途径）_____。

调解员（签名）_____

登记日期____年____月____日

附2：××人民调解委员会受理案件通知书

××××人民调解委员会

受 理 案 件 通 知 书

（　　　）×民调通字第　号

_____：

你诉请与_____一案的调解申请书已收到。经审查，申请符合法定条件，本委员会决定立案审理，并将有关事项通知如下：

一、在调解过程中，当事人必须依法行使各项权利，有权行使《民事诉讼法》相关的权利，同时也必须遵守调解过程中的秩序，履行调解中的义务。

二、如需委托代理人参加调解，应向本委员会递交有委托人签名或者盖章的授权委托书，授权委托书须记明委托事项和权限。

××××人民调解委员会

年　　月　　日

（公章）

附3：人民调解委员会举证通知书

××××人民调解委员会

举 证 通 知 书

（　　　）×民调通字第　号

_____：

根据《民事诉讼法》、《最高人民法院关于民事诉讼证据的若干规定》和《人民调解法》，现将有关举证事项通知如下：

一、当事人应当对自己提出的申请请求所依据的事实或者反驳对方申请请求所依据的事实承担举证责任。当事人没有证据或者提出的证据不足以证明其事实主张的，由负有举证责任的当事人承担不利后果。

二、你必须在_____日内提供相关证据和足已证明自己主张的其他证据

·19·

材料。

三、向_____人民调解委员会提供的证据，应当提供原件或者原物，或经_____人民调解委员会核对无异的复制件或者复制品，并应对提交的证据材料逐一分类编号，对证据材料的来源、证明对象和内容作简要说明，依照对方当事人人数提交副本。

四、申请鉴定，增加、变更请求，应当在举证期限届满前提出。

五、如你方申请证人作证，应当在举证期限届满的_____日前向本委提出申请。

六、申请证据保全，应当在举证期限届满的_____日前提出，本委可根据情况要求你方提供相应的担保。

七、你方在收到本通知书后，可以与对方当事人协商确定举证期限后，向本委申请认可。

八、你方在举证期限内提交证据材料确有困难的，可以依照《最高人民法院关于民事诉讼证据的若干规定》第36条的规定，向本委申请延期举证。

九、你方在举证期限届满后提交的证据不符合《最高人民法院关于民事诉讼证据的若干规定》第41条、第43条第2款、第44条规定的"新的证据"的规定的，视为你方放弃举证权利。但对方当事人同意质证的除外。

十、符合《最高人民法院关于民事诉讼证据的若干规定》第17条规定的条件之一的，你方可以在举证期限届满的7日前书面申请本委调查收集证据。

年　月　　日

（公章）

二、调解准备阶段工作

（一）选定调解主持人和调解员

人民调解委员会对于已受理的纠纷，应在正式调解前尽快确定一名纠纷调解主持人。《人民调解法》第19条规定："人民调解委员会根据调解纠纷的需要，可以指定一名或者数名人民调解员进行调解，也可以由当事人选择一名或者数名人民调解员进行调解。"根据这一规定，调委会应根据纠纷的复杂、难易程度和调解人员的业务能力，指定合适的调解员对受理的纠纷进行调解。对于调解难度较大的纠纷，除了指定纠纷调解主持人外，可根据需要指定若干人民调解员共同参加调解。也可根据当事人的意愿，由他们自己选定调解员来调解纠纷。

根据《人民调解法》第20条的规定："人民调解员根据调解纠纷的需要，在征得当事人的同意后，可以邀请当事人的亲属、邻里、同事等参与调解，也可以邀请具有专门知识、特定经验的人员或者有关社会组织的人员参与调解。"因此，根据纠纷调解的具体情形，可以邀请那些热心调解工作、在当地有较高的威望和影响力、有一定的法律知识和政策水平、富有正义感、语言表达能力强，以及对纠纷比较了解的个人，加入到纠纷调解的过程中来。被邀请的单位或个人应积极配合，共同做好调解工作。

在确定调解人员时，要遵守有关回避的规定以维护人民调解的公正性。回避主要有两种方式：调解人员的自动回避；根据当事人的申请回避。有下列情况之一的应当回避：（1）调解员与当事人存在亲属关系；（2）调解人员与当事人有其他关系，可能影响调解的公正解决；（3）调解人员与纠纷的处理结果有利害关系的；（4）有其他正当理由的。遇有回避情形的，人民调解委员会应另行指定调解人员，或由当事人提名、其他方都同意的调解员主持或参与。

（二）调查核实纠纷

人民调解组织受理纠纷后，选定好的调解人员就要深入开展调查工作，充分掌握材料，弄清纠纷情况，判明纠纷性质和是非曲直，并做好相应事项的调查笔录（见附4）。这是正确、圆满调解纠纷的前提，也是做好调解工作和达成调解协议的基础。

1. 调查的内容

在正式调解纠纷前，调解员要分别向当事人和相关知情人询问纠纷的事实和情节，了解当事人双方的要求及其理由，根据需要向有关方面调查核实，做好调解前的准备工作。

调查的内容主要是纠纷性质、发生原因、发展过程、争议的焦点、目前所处的程度，以及证据和证据来源、当事人个性特征和当事人对纠纷的态度。重点弄清纠纷症结和事实真相的关键情节。

2. 调查的途径

（1）耐心听取双方当事人的陈述，了解纠纷过程及他们的真实思想和要求；

（2）向纠纷关系人、知情人和周围的群众做调查，进一步掌握其他有关情况，并印证双方当事人的陈述；

（3）到当事人所在单位了解情况，必要时可寻求单位领导和有关人员的支持；

（4）有些纠纷还须到现场调查，有些疑难的伤害纠纷还须请有关部门进行伤情检查鉴定，查明伤害程度。

在调查过程中，调解人员应当对调查情况作出详细的记录，必要时可以请被调查人写出书面材料。在广泛调查的基础上，进行综合分析，通过去粗取精、去伪存真，抓住纠纷的主要矛盾和矛盾的主要方面，对症下药，这样才能有效、顺利地调解纠纷。

（三）拟订调解预案

具体负责对纠纷事项进行调解的调解人员，在调查了解纠纷详情后，对纠纷事实和相关证据、裁决进行分析、判断，并在此基础上拟订调解预案。调解预案大致应包括以下要素：

（1）纠纷概况，即矛盾双方当事人发生纠纷的具体情况；

（2）争执的焦点，即双方当事人的主要矛盾；

（3）调解要达到的目的，即调解双方都能接受的一致意见；

（4）调解所具体涉及的法律、法规、规章、政策条款；

（5）调解过程中可能出现的问题及对策，要站在双方当事人的立场，设计调解方案，提出对策，以便顺利解决问题；

（6）具体的工作方法和工作重点，根据双方矛盾的焦点，确定工作方法，在重点问题上给予调解；

（7）对调解可能达成的协议的基本设想。

调解预案一般应由调解主持人或参与调解工作的调解员亲自拟订。对于疑难、复杂、易出现反复的纠纷，应事先做好多次调解的准备。在调解时，要根据实际情况的变化，灵活、有效地把握调解活动的节奏和进程。

（四）调解地点、规模和形式的确定

1. 调解地点的选定

人民调解委员会调解纠纷一般在专门设置的调解场所进行，根据需要也可以在便利当事人的其他场所进行。基层人民调解委员会应当创造条件，设置专门的用于调解纠纷的场所，如人民调解室等。对于一些事实清楚、情节简单、争议不大的纠纷，或应当事人要求，人民调解委员会从便利当事人的角度出发，也可以在其他场所，如当事人所在的车间、田间、地头、家里进行调解。对于疑难复杂的矛盾纠纷，则应当在专门的调解场所进行。

2. 调解规模的确定

对于那些比较小的纠纷或隐私、不宜公开调解的纠纷，可由人民调解员主持，仅限于纠纷当事人参加。对于一些家庭纠纷，如婆媳不和、夫妻吵架、兄弟姐娌间的矛盾，以及赡养、继承、财产之类的纠纷，可由人民调解员主持在家庭范围内开调解会，必要时邀请他们的亲友、邻居参加，帮助调解。对于打架斗殴、遗弃、虐待、侵占、伤害、损害名誉等影响较大、有教育意义的纠纷，还可以将参加调解会的人员扩大到村民小组、居民小组、楼院、车间等范围，以扩大教育范围。

3. 调解会的组织形式

人民调解组织召开调解会议，纠纷当事人双方必须出席，调解会由人民调解员 1~3 人组织进行，小型纠纷可由调解员 1 人组织，比较大的复杂的纠纷，可由 2~3 人组织，必须指定主持调解人。在当前调解实践中，一般采用会议式调解、圆桌式调解和庭式调解的形式。

（1）会议式调解，这是传统的调解方式，调解人员把纠纷当事人召集到一个地方，以开座谈会的形式展开调解。会议式调解既体现了双方当事人之间不同的利益诉求，调解员的中立立场，也适当拉近了对立的当事人之间的心理距离，适合于面对面的调解。

（2）圆桌式调解，即调解人员、记录人员、调解双方当事人围坐在圆桌旁，在平缓的气氛中陈述纠纷事实，交换相互看法，协商解决纠纷。圆桌式调解可以缓解调解当事人的对立情绪和对抗心理，为达成调解铺平道路。圆桌式调解模式在位置上由对立变为平等，在形式上由按指令发言变为平和互动。对

双方当事人晓之以情、动之以理、明之以法地讲解，让他们知晓权利义务、违法成本，规避产生不利后果的危险，达到解决纠纷的目的。

（3）庭式调解。具体做法是：仿照法院的"开庭审理"模式，通过纠纷双方当事人举证质证、当庭控辩，找准发生纠纷的"症结"所在，再"对症下药"进行调解。它引入了法院开庭审理、仲裁庭开庭仲裁制度，以开庭形式对民间纠纷进行调解。包括：公开选聘调解员，公开调解规则，公开调解员名册，公开办案流程，公开办案动态，公开开庭调解和建立调解监督机制等主要内容。庭式调解具有程序规范、制度严格、依法调解、可信度高等优点，提高了调解成功率，有效缓解了政法力量的不足，密切了干群关系；同时对于防止调解员徇私舞弊、及时化解矛盾纠纷、防止矛盾激化、减轻上级部门的信访压力均有重要作用。

（五）送达调解通知书

通常在每一次面对面调解正式实施前，调解员要将参加调解通知书（见附5）送达各纠纷当事人，告知其该案的调解时间、调解地点等，要求其准时到场。每一份调解通知书均应有存根，上有当事人签名、调解员签名，以及人民调解委员会的公章等。有的人民调解委员会配有送达回执（见附6）。

（六）调解现场的布置

调解现场的布置直接关系到当事人与其他调解参与人在调解现场的心理感受，在一定程度上影响着调解工作的实效。适当的现场布置能拉近调解员与当事人及当事人彼此之间的心理距离，调适当事人与其他调解参与人的心理压力，营造良好的调解氛围；反之则不然。因此，调解现场的布置不可小觑。

调解现场的布置主要通过选择与纠纷情况和纠纷调解方案相适应的现场及调解现场环境布置来实现。调解的方式有面对面调解和背靠背调解、座谈会调解或联合调解等。调解组织应选择与上述调解方式相适应的现场，如选择圆桌式调解、会议式调解或庭审调解等。

1. 调解工作室的布置

（1）桌椅布置。根据纠纷调解的需要和选择的调解方式，可以将桌椅摆放成圆形或椭圆形、"T"字型及法庭式等格局。在桌子上相应的位置摆放调解员、记录员、申请人、当事人等桌签。在适当的位置可设旁听席。

（2）墙面布置。在调解庭入口悬挂××人民调解委员会标牌。在调解员席后方墙壁正中悬挂司法部统一制定的人民调解工作标识，周围墙壁悬挂人民调解委员会工作制度、纪律，纠纷双方当事人权利、义务，调解组织人员名单，调解受理范围及调解流程等。

2. 调解休息室及其他

除了调解工作室，在条件许可下，最好还设置 1~2 个小会议室和调解休息室。小会议室及休息室要空间相对封闭，能在里面举行私人会议。需要良好的隔声条件，适用于当事人休憩和背靠背调解，以及在调解间隙供一方当事人私下商谈。

调解现场的布置没有固定模式，基本原则是现场的布置要适应纠纷的类型、当事人的特征，有利于调解的实施和调解协议的达成。调解人员要善于运用各种元素营造良好的调解工作现场环境。比如利用暖色调的装饰有利于平复当事人的情绪，有助于化解矛盾与纠纷；再如绿色植物、鲜花等有利于当事人心平气和，容易达成调解协议。

在确定好调解的时间、地点和方式后，应及时通知当事人。

附录：调解准备阶段文书：

附 4：调查笔录

××××人民调解委员会

调 查 笔 录

时间：＿＿＿＿＿＿＿＿＿＿　　地　点：＿＿＿＿＿＿＿＿＿＿

事由：＿＿＿＿＿＿＿＿＿＿　　调查人：＿＿＿＿＿＿＿＿＿＿

被调查人：＿＿＿＿＿＿＿＿＿＿＿＿＿＿＿＿＿＿＿＿＿＿

笔录：＿＿＿＿＿＿＿＿＿＿＿＿＿＿＿＿＿＿＿＿＿＿＿＿＿＿

＿＿＿＿＿＿＿＿＿＿＿＿＿＿＿＿＿＿＿＿＿＿＿＿＿＿＿＿＿＿

＿＿＿＿＿＿＿＿＿＿＿＿＿＿＿＿＿＿＿＿＿＿＿＿＿＿＿＿＿＿

被调查人（签名）＿＿＿＿调查人（签名）＿＿＿＿＿＿

记录人（签名）＿＿＿＿＿＿

附5：人民调解委员会参加调解通知书

××××人民调解委员会

参加调解通知书

_____

　　我委员会受理　　　　　　　　　一案，现决定于　　年　　月

日（农历　　　）　午　　时　　分在_____依法调解，

请准时参加。

　　特此通知

此致

××××人民调解委员会（公章）

调解员：×××、×××

年　　月　　日

附6：人民调解委员会送达回执

××××人民调解委员会

送 达 回 执

文件名称	送达日期	接收人签名	备注

三、调解实施阶段工作

（一）调解前准备

1. 提前到达

一旦正式确定调解的时间和地点，调解员应在确定的时间最早到达调解场所。调解员较早到达调解场所等候当事人，是对当事人的礼貌，能让当事人有

被重视的感觉，方便沟通。早一步到达可以有充分时间给予当事人必要的指引，使他们能够按照有关的安排就座并开始调解程序。同时，提早到达，可以保证调解员有充分的时间查看调解场所，如椅子、打印机等与调解有关的设施是否已经准备就绪，避免到时候手忙脚乱。

2. 安排就坐

双方当事人到达调解场所以后，调解员必须为双方安排合适的位置就坐。一般而言，当事人应该在调解员的两侧，并且距离应该基本相等。这样可以避免造成当事人对调解员偏袒一方当事人的误解。如果当事人有亲友或代理人在场，一般安排当事人靠近调解员的位置，亲友或代理人坐在离调解员较远的位置。

3. 参加人员的确定

在双方当事人到场以后，调解员应确认双方身份。在有其他人员到场的情况下，应注意甄别是否有在正式调解时"多余"的人。如当事人提出不公开调解的，参与正式调解的仅为当事人或其代理人，其他亲友可在休息室或其他地点等待；如果同来的其他人员情绪异常、言语激烈，可能会影响或冲击调解的，对该类人员一般不宜安排其参加正式调解。不管属于哪种"多余"的人，调解员都应做好解释和安抚工作。

4. 确认授权情况

如果有代理人到场参加调解，无论当事人自己是否参加，调解员都应审查授权委托书。授权委托书必须写明委托事项和权限，调解员要确认代理人的委托权限。如果代理人没有授权委托书则不能参加调解。为避免没有授权或授权不完整、权限不足等情况的发生，调解员在调解前通知或会见当事人时应明确告知当事人相关事宜。

5. 一方当事人缺席的处理

有时候，调解员虽然已经和当事人约好了调解的时间和地点，但也有到了约定时间，一方当事人按时到场，另一方当事人未到的情况。这时，调解员应尽快与未到的当事人取得联系，询问其原因。如果当事人在赶来的途中，应询问大概到达的时间，并向对方当事人进行解释；如果有其他合理理由不能前来，可向另一方当事人进行说明，取得谅解后另行确定时间；如果当事人不愿意参加调解，调解员可询问不愿意参加调解的原因，并尽可能争取当事人参加调解；若当事人坚持不愿意，也不宜强求；如果联系不上，也应向已到场的当事人说明情况，在征得其同意后，视情况另行安排调解。

（二）开场陈述，履行相关告知义务

在第一次面对面调解开始之时，调解员需要一个简短的开场陈述。调解员的开场陈述在整个调解中起着不容小觑的作用。其主要作用有：融洽调解参与人之间的气氛，为后续的调解创造一个平缓而积极的氛围；让当事人了解调解的主要特征；尽可能取得当事人对调解员的信任；让当事人对调解的过程有大致的了解；确认参加调解的人是有权决定调解结果的人。

1. 调解员开场陈述主要内容

（1）调解员的自我介绍；

（2）本次调解会议的目的；

（3）调解员公平公正主持的承诺；

（4）调解规则，特别要强调发言礼节，如应尊重调解员和对方当事人，不得随意打断调解员和对方当事人的发言，不得有攻击性的语言等。

2. 向当事人出示人民调解告知书，告知相关事项

在正式调解开始之前，调解员有义务将人民调解工作需要当事人了解的有关内容告知纠纷当事人。需要告知的内容有：

（1）人民调委员会的性质；

（2）调解的原则；

（3）人民调解协议的法律效力；

（4）当事人在调解中所享有的权利和应承担的义务。

《人民调解法》第 23 条规定，当事人在人民调解活动中享有下列权利：选择或者接受人民调解员；接受调解、拒绝调解或者要求终止调解；要求调解公开进行或者不公开进行；自主表达意愿、自愿达成调解协议。

《人民调解法》第 24 条规定，当事人在人民调解活动中履行下列义务：如实陈述纠纷事实；遵守调解现场秩序，尊重人民调解员；尊重对方当事人行使权利。

3. 询问当事人是否清楚以上所告知内容，对当事人不清楚的问题予以解答

出示人民调解告知书，并由当事人仔细阅读后，询问当事人对以上所告知

的内容是否清楚，对其不清楚的问题应予以解答，对不具备阅读能力的当事人应给予耐心讲解。当事人确定自己已经清楚，在人民调解告知书上注明。

4. 再次询问当事人是否愿意接受调解

在正式调解之前，需要进一步确认当事人是否愿意接受本调解委员会的调解，并由当事人在人民调解告知书上签字说明。对当事人明确拒绝调解的，不得调解。

5. 当事人签名确认

当事人对以上事项确认无误后，应当在人民调解告知书上签名并写上日期。

（三）调解的进行

1. 双方当事人陈述

根据《人民调解法》第22条规定的要求，人民调解员要充分听取当事人的陈述。因此，双方当事人陈述是调解工作的重要环节和步骤。调解开始时，必须首先由双方当事人对纠纷进行陈述并出示证据，以表达各自对纠纷责任的看法和解决纠纷的具体意见。调解人员要积极、耐心地引导当事人讲清事实真相，并做好相应的记录；在此过程中进一步开展深入调查，查明事实，分清责任，确认争议的问题。对于个别当事人在陈述过程中故意歪曲事实、无理纠缠的，应当及时予以制止和纠正。

需要注意的是，即使有代理人在场，陈述也应以当事人本人完成为宜。因为当事人亲自陈述能较直观地反映纠纷的客观情况，真实表达自身的情感，并能使当事人为自己的陈述更加负责、更加自重，在一定程度上能避免谎言及可能出现的"狮子大开口"。调解员可在开场陈述前和当事人及其代理人先行沟通，鼓励当事人本人作事实陈述。如果当事人坚持让代理人代为陈述，调解员对此应予以尊重。在代理人陈述结束后，调解员应询问当事人有没有补充和其他意见，或者请当事人进行适当的总结或评论。如果当事人一方确因疾病（严重感冒、失声等）或身体等原因而致说话困难的，调解员应向另一方稍作解释并取得理解。

在当事人陈述的时候，调解员的主要工作是聆听，包括对语言表达、身体语言等的观察，了解各方的真实想法和需要，理解纠纷内部诱因，发掘潜在的矛盾，寻找调解的积极因素，控制陈述的秩序，并应适当做些记录，以便概括和总结。调解员在聆听的过程中，需要记下当事人陈述中积极的表述，并思考解决问题的初步框架。

如果在一方当事人陈述过程中，另一方当事人打断对方发言，调解员应及时予以制止。制止的方式应视情况而定，如果只是轻微的"插嘴"，调解员以适当的手势制止即可；如果经常打断，或语调过高，调解员必须坚决制止，并再次强调调解的基本规则。如果在对方陈述时表露出烦躁或心不在焉，调解员可以适当的眼神表示，并说明下一个就轮到他发言了。另外，如果是当事人陈述语言过于啰嗦，或出现其他诋毁等词语，调解员也应予以提醒或制止。

2. 概括总结，并确定调解议题

在双方陈述后，调解员应当进行概括和总结。调解员在概括和总结时，应对争议的问题和相关利益进行综述。首先对双方表述一致的要进行确认，其次对双方争议的事项进行确认，同时对双方当事人的想法也需确认。调解员在概括和总结中，还应传达当事人的情感和积极表述。要特别注意的是，在概括和总结中，要尽量剔除当事人的负面消极词语，尽量多地加入正面积极的语言。在这一阶段调解员对不清楚的细节可以要求当事人进行补充或解释，尤其是双方对事实表述不一致的时候，询问显得更加重要。但是这并不是说肯定有一方在撒谎，也可能只是当事人看问题的角度不同或者属于表述上的技巧，调解员一般不应质问。有些争议的事实也可以在后面的调解过程中予以澄清，此时调解员不妨先记录下来。

在概括和总结之后，双方的争论的焦点就明朗了。调解员根据争论的焦点确定调解议题，或让当事人提出调解议题。调解议题就是希望解决的事项和解决顺序，包括讨论的重点及优先顺序等。这有利于在调解的后面阶段进行有针对性的讨论并解决问题。虽然有些调解可以不经过任何议程确定而达成一个解决方案，但一般来说，如果没有一个明确的议程，之后的调解容易偏离预期，显得松散或无的放矢，不但可能影响当事人对调解人及对方当事人的评价，甚至可能导致调解失败。

一般来说，议题不需要太多，太多容易给当事人造成"畏难情绪"，影响对调解成功的预期。普通纠纷的议程中大的议题可以为 3～6 个，有些大的议题可以包括小的议题。

讨论的顺序对调解的成功也具有非常重要的意义。通常的做法是，先就双方争议较小的，相对容易达成一致意见的议题开始讨论，由易到难。这样容易给当事人以信心继续深入调解，在不断累积小的信心及成功经验后再讨论难点，相对容易成功。当然，有一些调解员喜欢在调解的开始，就对争议较大的难点进行调解。他们的理由是：在调解初期，双方当事人情绪饱满，精力旺盛，思路清晰，而在长时间调解后，当事人容易疲惫、思路出现偏差等，不利于重点问题的解决。

3. 讲解法律法规及政策事理，劝导当事人转变思想，互相谅解

在听取了双方当事人的陈述后，调解人员应当依据纠纷当事人的特点、纠纷的性质、难易程度、发展变化的情况，采取灵活多样的方式方法，依据有关法律、法规和政策规定，对双方当事人进行耐心细致的说服、教育和疏导，帮助他们提高认识，解开思想上的疙瘩，消除对立情绪。在此基础上，引导双方当事人就纠纷事实和责任交换意见，达成一致，使双方当事人重归于好。

4. 讨论议题，提出纠纷解决方案，或引导当事人提出纠纷解决方案

接下来，组织双方当事人针对前面提出的议题逐个进行讨论。在讨论和谈判过程中双方当事人必定都希望探明对方的"底线"，调解员也需要探明双方当事人的"底线"，并为此重新营造一个"底线"。调解员应尽可能占有、收集与调解相关的事实、数据、推论及法律理由等信息，本着互利互助、公平合理的精神，综合考虑法律的规定、公序良俗、双方当事人各自的过错程度、经济状况、彼此的关系、经济纠纷的实际情况等因素，提出双方都能接受的调解意见。引导一方或双方当事人提出解决问题的方案，向一个彼此均可接受的合意点靠拢，促成协议的达成。

这是一个技巧性很强的过程，调解员应注意掌握以下技巧：（1）对期望过高的当事人，调解人员应在查明事实、分清责任的基础上冷静分析，击碎其幻想，告知其若不放弃非常之念谈判只能陷入僵局，劝说其放弃幻想直至中止调解或终结调解；（2）不要轻易相信当事人所说的底线是其真正的承受极限，了解当事人的最终要求，对不松口的当事人可告知其谈判已陷入僵局，促使当事人让步；（3）妥善处理"离席威胁"，真诚地劝说当事人，或休庭，将面对面调解改为背靠背的私下会议。上述方式都不合用时，可视情况告知作出离席表示的一方当事人将终止调解等。

在调解过程中，要注意根据调解进程和实际情况采用适当的调解方法，如背靠背调解法、利弊分析法、换位思考法、褒扬激励法等；还要密切注意当事人的情绪和周围情况的变化，以便及时发现纠纷激化的苗头，有效采取对策，防止纠纷激化。对于已有激化征兆或易向恶性案件转化的纠纷，要及时采取必要的防范措施，以免当事人情绪失控，酿成恶性事件。

（四）制作调解笔录

《人民调解法》第 27 条规定："人民调解员应当记录调解情况。"据此规定人民调解委员会在调解纠纷过程中，应制作调解笔录（见附 7）。调解员通过制作调解笔录，记载调解的过程。调解笔录包括首部、正文和尾部三部分。正文主要记载调解员调解纠纷的过程，当事人对纠纷的态度等。尾部由当事人、调解员、参加人、记录人签名。

人民调解委员会在调解纠纷的过程中，应制作调解笔录。即使调解不成功，也要保留笔录。

附录：实施调解阶段文书

附 7：调解笔录

调解笔录

时间：_____　　地　点：_____

事由：_____　　调解员：_____

当事人：_____

当事人：_____

笔　录：_____

_____

_____

_____

_____

_____

当事人（签名）_____ 调解员（签名）_____

当事人（签名）_____ 记录人（签名）_____

四、调解结束阶段工作

在当事人逐渐向合意点靠拢并基本达成共识时，调解员应当趁热打铁，将双方召集在一起，主持调解协议的达成。在调解人员主持下，由当事人双方自行协商，达成解决纠纷的协议。对多次做思想工作仍不具备达成调解协议条件的，不应久拖不决，应及时终止调解。

（一）达成调解协议

经人民调解委员会调解解决的纠纷，达成具有民事权利义务内容的调解协议，或者当事人要求制作书面协议的，应当制作书面调解协议。简单的纠纷也可达成口头协议。口头协议，一般是即调即结。

调解协议应当场制作，主要内容包括当事人基本情况纠纷简要事实、争议事项及双方责任、权利义务、履行协议的方式、地点和期限等内容，双方当事人签名或盖章，调解主持人签名，调解委员会盖章后生效。调解协议书一式四份，其中双方当事人各执一份，调解组织留存一份，报乡镇（街道）司法所备案一份。调解协议应当载明的事项有以下几个方面（见附8）：

（1）纠纷当事人基本情况；

（2）纠纷简要事实、争议事项及纠纷当事人责任；

（3）纠纷当事人的权利和义务；

（4）履行协议的方式、地点、期限；

（5）纠纷当事人"自愿接受或同意调解协议上述内容"的文义；

（6）纠纷当事人签名，调解员签名，人民调解委员会印章。

（二）未达成调解协议

《人民调解法》第26条规定，人民调解员调解纠纷，调解不成的，应当终止调解，并依据有关法律、法规的规定，告知当事人可以依法通过仲裁、行政、司法等途径维护自己的权利。据此规定，如果一个纠纷经多次做工作，仍不能达成协议，就不能久调不决，要在做好相关工作的基础上，告知当事人向乡镇、街道人民调解委员会申请调解，或者向基层人民政府申请处理，或者向人民法院起诉。人民调解委员会可以帮助打不起官司的当事人寻求法律援助。

（三）制作纠纷调解登记表

纠纷调解结束，无论调解是否成功，都应制作纠纷调解登记表（见附9）。

制作纠纷调解登记表，在首部写明纠纷类别、编号及当事人的基本情况，在正文写明纠纷简要情况，调解达成协议的时间和协议的主要情况，协议履行情况。纠纷调解不成的，也要此表进行说明。尾部有登记人签名，并写明登记日期。需注意的是，有的人民调解委员会将此表与纠纷受理登记合并在一起。

附录：调解结束阶段文书

附8：调解协议书

人民调解协议书

编号：_____

当事人：_____

当事人：_____

纠纷简要情况：_____

_____

_____

_____

_____

经调解，自愿达成如下协议：_____

_____

_____

_____

履行协议方式、地点、期限_____

_____

_____

本协议一式_____份，当事人及人民调解委员会各持一份。

当事人（签名）_____

当事人（签名）_____

（人民调解委员会章）

调解员（签名）_____

日期_____年___月___日

附9：纠纷调解登记表

纠纷调解登记表

编号：（　　）×民调字第　　号

纠纷类别：_____

申请人：_____

被申请人：_____

纠纷事实及申请事项：

_____

_____

_____

_____

经调解，于　　年　　月　　日达成如下协议：

_____

_____

_____

协议履行情况：_____

_____

登记人：_____

___年___月___日

五、调解回访阶段工作

（一）调解回访的含义

调解回访，指的是人民调解委员会主持调解达成协议后，应适时派员了解掌握协议履行情况，听取当事人和群众的意见，以巩固调解成果。

当事人应当自觉履行调解协议，调解人员有义务督促当事人履行协议。对于诸如自我检讨、赔礼道歉、保证改过等内容的协议，可以在达成协议的现场，当即履行。对于需要一定时间才能完成的协议内容，如返还原物、恢复原状、赔偿损失、提供劳务等，能当日履行的尽量当日履行；如不能当日履行，当事人必须做出承诺，保证在一定期限内履行。人民调解委员会应当对调解协议的履行情况适时进行回访，并就履行情况做好记录（见附10）。

（二）调解回访的要求

要做好回访工作，必须坚持以下几点。

（1）必须坚持实事求是的原则。要本着对当事人负责的精神，认真进行，讲求实效，不走过场。

（2）回访工作必须及时。人民调解委员会要在调解协议达成后的适当时间内派员进行回访，以便及早发现和解决新出现的情况和问题，减少工作中失误，避免影响扩大。

（3）回访应当有重点地进行。对那些比较复杂、疑难的纠纷，或者协议的履行有一定难度的纠纷，或者当事人思想情绪尚不稳定、容易出现反复的纠纷，要列为重点回访的对象，坚持适时回访。

（4）回访必须注意发现问题，加强对当事人的说服教育工作。如当事人思想出现反复，或者有些问题尚未落实的，或是未能完全履行协议的，调解人员都应当及时发现。针对不同情况及时采取措施加以解决，引导、说服当事人本着互谅互让的原则，自愿达成协议，从而化解矛盾。

通过回访，可以产生以下效果：①使调解组织了解和掌握调解工作的效果；②发现调解的不足，改进调解工作；③帮助、督促当事人履行调解协议；④果断采取措施，排除纠纷重新发生的隐患。

（三）对当事人不履行协议或达成协议后反悔情况的处理

当事人不履行调解协议或者达成协议后又反悔的，人民调解委员会应当按下列情形分别处理：

（1）当事人无正当理由不履行协议的，应当做好当事人的工作，督促其履行。

（2）如当事人提出协议内容不当，或者人民调解委员会发现协议内容不当的，应当在征得双方当事人同意后，经再次调解变更原协议内容；或者撤销原协议，达成新的调解协议。

（3）对经督促仍不履行人民调解协议的，应当告知当事人可以请求基层人民政府处理，也可以就调解协议的履行、变更、撤销向人民法院起诉。对当事人因对方不履行调解协议或者达成协议后又反悔，并起诉到人民法院的民事案件，原承办该纠纷调解的人民调解委员会应当配合人民法院对该案件的审判工作。

附 10：回访阶段文书：回访记录

回访记录

当事人：_____　调解协议编号：_____

回访事由：_____　回访地点：_____

回访情况：_____

_____

_____

_____

受访人（签名）_____

回访人（签名）_____

_____人民调解委员会章

____年____月____日

六、调解材料的立卷归档

《人民调解法》第 27 条规定："人民调解委员会应当建立调解工作档案，将调解登记、调解工作记录、调解协议书等材料立卷归档。"根据这一规定，在纠纷调解结束后，调解员要将调解过程中形成的调解文书和相关材料立卷归档，进行妥善保管，以备查阅（见附11、附12）。

附11：调解卷宗封面

_____人民调解委员会

卷宗

卷宗类型：_____

卷　　名：_____

年　　度：_____　　卷　　号：_____

调解员：_____　　调解日期：_____

立卷人：_____　　立卷日期：_____

保管期限：_____

备　　注：_____

附12：调解卷宗目录

卷 宗 目 录

序号	文件名称	页次
1		
2		
3		
4		
5		
6		
7		
8		
......		
备注		

本卷内共计　　页　　附证物　　袋

七、人民调解协议及其变更

人民调解协议是发生纠纷的双方当事人在自愿平等的基础上，就争执的权利义务，依照法律政策达成的一致协议，也是在人民调解委员会主持下形成的解决纠纷的法律文书。《人民调解法》首次以法律的形式肯定了人民调解协议的法律效力，该法第 31 条规定，经人民调解委员会调解达成的调解协议，具有法律约束力，当事人应当按照约定履行。

（一）人民调解协议的性质及其效力

1. 人民调解协议的性质

2002 年 9 月 5 日通过的《最高人民法院关于审理涉及人民调解协议的民事案件的若干规定》，首次明确了人民调解协议具有民事合同的性质。该规定第 1 条："经人民调解委员会调解达成的、有民事权利义务内容，并由双方当事人签字或者盖章的调解协议，具有民事合同性质。当事人应当按照约定履行自己的义务，不得擅自变更或解除调解协议。"

民事合同是平等主体的自然人、法人和其他组织之间设立、变更、终止民事权利义务关系的协议，凡是在民事主体之间就财产利益或者某些身份利益所自愿达成的协议，均属民事合同。人民调解组织调解的范围主要是民事纠纷，人民调解协议虽然是在人民调解委员会主持下，由双方当事人达成的协议，但却是双方当事人意思表示一致的结果，是双方当事人在地位平等的基础上自愿达成的具有民事权利义务关系的协议，符合民事合同的特征。

需要注意的是，有些人民调解协议，其内容不涉及民事权利义务，不属于民事合同。例如妻子与丈夫约定改掉酗酒恶习，或遇事与妻子商量、不擅自做主，等等。这样的调解协议不具有民事合同的性质，不具有法律意义。这种调解协议虽然不会对当事人产生法律约束力，但可以发挥道德约束作用，对净化社会风气、建设和谐社会具有积极意义。因此，仍要鼓励当事人通过达成协议来解决纠纷。

需要强调的是，《人民调解法》并没有规定人民调解协议属于民事合同。在实践中，人民调解协议的效力应高于一般的民事合同。因为《人民调解法》第 33 条规定："经人民调解委员会调解达成调解协议后，双方当事人认为有必要的，可以自调解协议生效之日起 30 日内共同向人民法院申请司法确认，人民法院应当及时对调解协议进行审查，依法确认调解协议的效力。"人民调解协议可以申请司法确认，而一般的民事合同是不可以申请司法确认的。

2. 人民调解协议的法律效力

前面提及的《最高人民法院关于审理涉及人民调解协议的民事案件的若干规定》首次赋予人民调解协议一定的法律效力，初步实现了人民调解制度和诉讼制度的对接，在当时具有积极意义。《人民调解法》第31条第1款规定："经人民调解委员会调解达成的调解协议，具有法律约束力，当事人应当按照约定履行。"这一规定明确了人民调解协议在法律上的效力，即履行调解协议不仅是当事人的道德义务，也是其法定义务。

根据上述规定，人民调解协议的法律效力主要体现在以下三个方面：

（1）人民调解协议具有法律约束力，当事人应当按照协议内容履行自己的义务。一方当事人不履行的，对方当事人可以要求其履行，也可以请求人民调解委员会督促其履行。

（2）人民调解协议不具有强制执行力，但可以申请司法确认，由人民法院依法确认调解协议的效力后，该调解协议具有强制执行力。

人民法院依据《最高人民法院关于适用简易程序审理民事案件的若干规定》审查后，确认调解协议的效力。确认调解协议效力的决定送达双方当事人后发生法律效力，一方当事人拒绝履行的，另一方当事人可以依法申请人民法院强制执行。

必须指出的是，《人民调解法》第31条第2款规定，人民调解委员会应当对调解协议的履行情况进行监督，督促当事人履行约定的义务。依据该规定，人民调解委员会的职责是监督协议的履行情况，督促当事人及时履行自己的义务。但如果当事人经人民调解委员会督促仍然拒绝履行协议的，人民调解委员会不能强迫当事人履行，而只能根据《人民调解法》第31条和第32条的规定，建议另一方当事人向人民法院起诉或以其他方式解决纠纷。

（3）在民事诉讼中，人民调解协议书具有较强的证明力。人民调解协议书在证据种类上属于书证。人民调解协议书的内容是在人民调解委员会主持下达成的纠纷解决共识，其写明了纠纷发生的原因、主要事实、达成协议的内容，并有当事人的签名或盖章、调解员的签名和人民调解委员会的印章，是双方自愿达成协议的真实记录，在制作程序上是比较严格的。因此，人民调解协议书一般来说具有比普通合同更强的证明力。《最高人民法院关于审理涉及人民调解协议的民事案件的若干规定》第3条第1、2款规定："当事人一方起诉请求履行调解协议，对方当事人反驳的，有责任对反驳诉讼请求所依据的事实提供证据予以证明。当事人一方起诉请求变更或者撤销调解协议，或者请求确认调解协议无效的，有责任对自己的诉讼请求所依据的事实提供证据予以证明。"因此，经过调解且达成协议的一方或双方当事人反悔起诉到人民法院的，如果没有新的确实、充分的证据加以证明，人民调解协议是不能被当事人单方面任意推翻的。

（二）人民调解协议的司法审查

1. 对调解协议的履行或内容发生争议的审查

根据《人民调解法》第32条规定："经人民调解委员会调解达成调解协议后，当事人之间就调解协议的履行或者调解协议的内容发生争议的，一方当事人可以向人民法院提起诉讼。"对调解协议的履行发生争议主要是指当事人不愿意履行或履行不符合约定，或在订立调解协议时对履行的期限、方式等约定不明确等；对调解协议的内容发生争议，指的是当事人认为在订立调解协议时存在误解、显失公平等情形，或当事人认为自己是在受欺诈、胁迫等情况下订立的调解协议。当事人到人民法院提起诉讼，应当遵守《民事诉讼法》和有关司法解释关于管辖、起诉和诉讼时效等事项的规定。根据《最高人民法院关于审理涉及人民调解协议的民事案件的若干规定》第5条的规定，人民法院可依法确认调解协议无效。

2. 对调解协议效力的审查

《人民调解法》第33条规定："经人民调解委员会调解达成调解协议后，双方当事人认为有必要的，可以自调解协议生效之日起30日内共同向人民法院申请司法确认，人民法院应当及时对调解协议进行审查，依法确认调解协议的效力。"这是《人民调解法》对调解协议的司法确认制度。根据此规定，人民法院依法确认调解协议有效，一方当事人拒绝履行或者未全部履行的，对方当事人可以向人民法院申请强制执行。人民法院依法确认调解协议无效的，当事人可以通过人民调解方式变更原调解协议或者达成新的调解协议，也可以向人民法院提起诉讼。当事人依法申请强制执行，应当遵守《民事诉讼法》和有关司法解释关于管辖、起诉和诉讼时效等事项的规定。

在司法实践中，当事人向人民法院对人民调解协议提请司法审查，人民法院不予确认该协议效力的情形：一是调解协议不明确，无法确认和执行的；二是确认非法同居等身份关系存在的协议；三是主张以物抵债的协议等。

（三）人民调解协议的有效、无效、变更和撤销

1. 人民调解协议的有效

签订人民调解协议的目的在于希望得到法律的保护，只有有效的人民调解协议才能受法律保护。要想使人民调解协议有效，根据《最高人民法院关于审理涉及人民调解协议的民事案件的若干规定》第 4 条规定，有效的调解协议必须具备下列条件：

（1）当事人具有完全民事行为能力。根据《民法通则》第 11 条规定："18 周岁以上的公民是成年人，具有完全民事行为能力，可以独立进行民事活动，是完全民事行为能力人。16 周岁以上不满 18 周岁的公民，以自己的劳动收入为主要生活来源的，视为完全民事行为能力人。"如果纠纷由限制民事行为能力人和无民事行为能力人引起，则由其监护人参加调解。纠纷当事人也可以委托授权代理人参加调解。法人的民事行为能力自其成立时取得，至法人消灭时终止。法人行为能力通过法人的法定代表人或代理人实现。

（2）意思表示真实。意思表示真实，是指人民调解协议的当事人就纠纷解决所表达出来的意见与其内心真实意愿一致。意思表示真实有两层含义：一是"意思自由"，即当事人内心意思与外部表示是其自觉自愿作出的，不存在欺诈、胁迫或妨害其自由形成意思和自由表示意思的因素；二是"表示一致"，即表示出来的意思与行为人的内心真意相符，不存在误解、表示错误、内心保留等妨害意思表示一致的因素。

（3）不违反法律、行政法规的强制性规定或者社会公共利益。法律规范可分为任意性规范和强制性规范。前者允许主体变更、选择适用或者排除该规范的适用。后者必须依照法律适用，不能以个人意志予以变更和排除适用。这类规范不允许当事人违反，否则将导致法律的全然否定性评价。如不得买卖禁止流通物等。社会公共利益，是社会全体成员的共同利益，社会经济秩序、政治安定、道德风尚等皆应包括在内。当事人达成的人民调解协议如果损害了社会公共利益将会导致该协议无效。

人民调解协议必须同时具备上述条件才是有效的。缺乏上述条件中的任何一个，协议都不具有法律效力。

2. 调解协议的全部无效或部分无效

人民调解协议的无效，是指因欠缺人民调解协议的有效条件而不具有法律约束力，不发生履行效力的人民调解协议。根据《最高人民法院关于审理涉及人民调解协议的民事案件的若干规定》第5条的规定，有下列情形之一的调解协议无效：

（1）损害国家、集体或第三人利益。当事人为解决争议对自己的利益进行处分，符合民法的平等自愿原则，法律对这种处分予以保护。但是，人民调解协议不能损害国家、集体或者第三人的利益，否则是无效的。因为其他主体的利益也是受法律保护的，任何人不得侵犯。

（2）以合法形式掩盖非法目的。以合法形式掩盖非法目的，是指当事人达成人民调解协议的行为在形式上是合法的，但在目的上是非法的。在实施这种行为的过程中，当事人故意表示出来的形式并不是其要达到的目的，也不是其真实意思，而只是希望通过这种形式掩盖和达到其非法目的。例如，张某与其表哥周某签订了货物买卖合同，但张某无法按时交货，两人发生纠纷。后来两人在人民调解委员会的主持下达成了调解协议，张某表示愿意用所有的财产赔偿周某所受的损失。但事实上，张某欠银行一大笔货款，他赔偿周某的目的是转移财产、逃避银行的债务。这种行为就其外表来看是赔偿他人损失，是合法的，但是其目的是非法的，会对他人造成损害，因此这种协议是无效的。

（3）损害社会公共利益。在我国，一般认为社会公共利益主要包括两大类，即公共秩序与公共道德两个方面。公共秩序，是指社会之存在及其发展所必须的秩序。公共道德，则是指社会存在及其发展所必须遵循的道德准则。公共秩序和善良风俗对于维护国家、社会一般利益及社会道德观念具有重要价值。社会公共利益是社会全体的共同利益，不违反社会公共利益是人民调解协议的有效要件。而违反社会公共利益的人民调解协议则不发生法律效力。

（4）违反法律、行政法规的强制性规定。人民调解协议无论从内容还是从形式来说都应具有合法性。违反法律、行政法规强制性规定的人民调解协议无效。例如，在家庭财产继承上，男女享有平等权利。如果调解协议违反这一规定则是无效的。但也不能随意扩大对"违反法律、行政法规的强制性规定"的理解，只有违反法律、行政法规的禁止性规定，才是调解协议无效的情形之一。因此，不能以调解协议中存在违反法律授权性规定和倡导性规定为由，认定该调解协议违法而无效。

（5）人民调解委员会强迫调解的，调解协议无效。虽然人民调解是一种有效并且被广泛适用的纠纷解决方式，但是，纠纷当事人对是否采用这种方式有选择权。如果当事人不愿选择人民调解的方式，而是选择诉讼或者其他方式，那么人民调解委员会就不能进行调解。这是民法平等自愿原则的体现，也是人民调解自愿原则的要求。如果人民调解委员会强迫当事人调解就干涉了当事人的自由，达成的所谓调解协议也不具有合法性，是无效的。

人民调解协议部分无效，不影响其他部分的效力，其他部分仍然有效。如果一个人民调解协议由若干部分组成，或在内容上可以分为若干部分，有效部分和无效部分可以独立存在。一部分内容无效并不影响另一部分内容的效力，那么一部分内容被确认无效后，其余部分继续有效。

3. 人民调解协议的变更

人民调解协议的变更，是指因人民调解协议当事人意思表示存在瑕疵，通过权利人行使变更权，使已经生效的协议发生变更。根据《人民调解法》第33条和《人民调解工作若干规定》第37条的相关规定，调解协议的变更，一是调解人员在回访中发现原来的协议有错误或不当之处而提出变更，二是当事人认为原调解协议有不当之处而要求变更，三是人民法院依法确认调解协议无效的，当事人可以通过人民调解方式变更原协议或者达成新的协议，也可以向人民法院提起诉讼。

无论是哪种情况，都要尊重当事人的意愿，在取得双方当事人同意的基础上进行重新调解。经重新调解，对调解协议进行修改或者撤销原调解协议、达成新的调解协议并进行登记。人民调解协议的变更，主要包括协议双方权利、义务的变更，即标的的种类、品种、规格、数量、质量等的变动，以及履行协议的时间、地点、方式或者其他权利、义务的变更。

4. 人民调解协议的撤销

人民调解协议的撤销，是指因人民调解协议当事人意思表示存在瑕疵，通过权利人行使撤销权，使已经生效的协议终止。

根据《最高人民法院关于审理涉及人民调解协议的民事案件的若干规定》第6条的规定，下列调解协议，当事人一方有权请求人民法院变更或撤销：

（1）因重大误解订立的。所谓重大误解，是指行为人对于与法律行为有关的重大事项存在错误认识，并使行为与自己的意思相悖的情形。当事人在签订人民调解协议时，对涉及协议法律效果的重要事项存在认识上的错误，其后果使当事人受到较大损失，以至于根本达不到缔约的目的。如果当事人对涉及协议法律效果的重要事项能正确认识就不会订立合同。在此种情况下，如果直接认定协议有效，会严重损害当事人的利益，亦不符合私法自治的宗旨，故而法律规定此种情况下订立的人民调解协议可变更或撤销。

（2）在订立调解协议时显失公平的。显失公平是指一方当事人利用自己的优势或者利用另一方没有经验、轻率，致使协议双方的权利义务严重不对等，明显违反了公平原则。需要注意的是，这种不公平是在订立协议时就已经存在，而不是订立协议后才出现。对于显失公平调解协议的判断主要在于结果上的不公平，但在操作上，对具体标准的掌握缺乏统一性，实践中只能根据个案情况进行认定。

一方以欺诈、胁迫的手段或者乘人之危，使对方在违背真实意思的情况下订立的调解协议。损害方有权请求人民法院变更或撤销。

当事人请求变更的，人民法院不得撤销。

对可撤销的人民调解协议，有变更和撤销两种救济方法。权利人有权请求变更人民调解协议，也有权请求撤销人民调解协议。变更还是撤销，取决于权利人的态度，当事人请求变更的，人民法院不得撤销。这体现了对当事人处分权的尊重。但撤销权不能永久存续。根据《最高人民法院关于审理涉及人民调解协议的民事案件的若干规定》第7条的规定，有下列情形之一的，撤销权解除：除斥期间届满；明示或者默示放弃撤销权。

八、典型案例操作示范

【示例1】

【基本案情】

93岁的张爷爷有一子两女，儿子（我们称为张大爷）插队后在当地结婚，没回北京。当年张爷爷和奶奶心疼孙子（我们称为小张）就把孙子接到北京，由爷爷奶奶照看长大。现在小张已经长大（二十七八岁）并有了自己的工作。一天，小张陪着爷爷来到社区调委会，要求调解。小张诉说：与爷爷同住的小姑虐待爷爷,他们为了独占房子把爷爷逼到养老院去了,因而原来爷爷的房子不能给小姑,要小姑把房子还给爷爷,并改为爷爷的名字;而张爷爷则说,自己与小女儿的矛盾在于房子本来是我的名字,怎么就变成她(指小女儿)的名字呢?要改过来,不然我的其他孩子该有想法了。

请问:如果你是社区的人民调解员,你需要采取什么工作步骤来调解小张及爷爷与小姑之间的矛盾?

【操作指引】

(一)调解程序的启动

1. 接待当事人小张和张爷爷

简要听取小张和张爷爷的陈述,确定本机构能否处理此案。按照人民调解制度的相关规定,公民之间、公民与法人和其他组织之间有关人身、财产权益和其他日常生活中的纠纷,由当事人所在地(单位)、纠纷发生地或指定的人民调解委员会管辖。本纠纷是赡养纠纷,且是本镇辖区内发生的纠纷,本社区人民调解委员会可以处理,可告知小张写一份调解申请书。

2. 受理纠纷

社区人民调解委员会在接到小张和爷爷的申请后,工作人员随即与小张的小姑(我们称之为张小姑)进行了联系,询问其是否愿意参加调解,得到肯定答复后,社区人民调解委员会决定受理此纠纷。工作人员填写了纠纷受理登记表,并向小张和爷爷发了××人民调解委员会受理案件通知书和××人民调解委员会举证通知书。与张爷爷和小张约定,等定好时间和地点通知他们正式调解。

(二)调解准备工作

1. 选定调解主持人和调解员

社区人民调解委员会指派具有丰富调解经验的调解员老王做调解主持人。老王了解情况后,认为张爷爷年纪大,应尽快化解该纠纷,让张爷爷尽快安顿下来,安享晚年。鉴于工作量比较大,老王找了两位调解员一起着手调解该纠纷。

2. 调查核实纠纷

该调解主持人随同其他两名调解员随即开展纠纷事实调查核实。张小姑叙说,张爷爷及其老伴一直由张小姑陪伴照顾,张小姑本来有两间市区的平房。

但为了方便照顾父母亲，与父母商量好之后，与父亲单位协商，将原来的平房换成了目前居住的一套两居的房子。换房之时，征询了张大姑及张大爷（即小张的爸爸）的意见，两人均同意把房子的名字写成张小姑，由张小姑照料二老生活。张大爷（即申请人小张的父亲）到东北插队就留在了当地，小张出生后与爷爷奶奶生活，张小姑也参与照料了小张，比如开家长会什么的都由张小姑参加。为了核实张小姑所说，调解员又与张大姑及张大爷电话联系，两人均证实了张小姑的说法，称当初换房改名时，张爷爷、张奶奶及两人都是知情并同意，目前两人对该套房屋均不主张权利。调解员还去张小姑的单位房管部门调查此事；调查还了解到，张奶奶已于几年前去世，生前一直由张小姑照料；目前张小姑身体状况很差，是胃癌前期，不得已才将张爷爷送到养老院。因为张大姑目前自己就住养老院，张大爷在外地也无法赡养老人。经过多方调查，调解员们掌握了较为详细的资料，核实了纠纷的相关细节，并将所有调查都做了相应的记录。

3. 拟订调解预案

调解员老王会同其他两名调解员对纠纷事实和相关证据进行分析、判断，拟订了调解预案。准备好消除双方争执的各种可行性方法和技巧，确定调解中当事人可能提出的问题及解决方法，以及化解矛盾纠纷所需要的法律法规或政策条款。

4. 确定调解时间、地点和形式

调解员三人根据案情商议后，认为在社区调解室调解该纠纷比较合适。因为双方的矛盾并不是很尖锐，宜采用圆桌式的调解形式。同时，还和双方当事人商议确定了大家都方便的时间。最后，通知大家在确定时间到社区调解室进行调解。

（三）实施调解

1. 正式调解前的准备

调解当天，老王和两名调解员提前来到调解室，等待双方当事人的到来，然后引导他们在合适的位置就座。

张小姑还请当年办理换房的工作人员来到了调解现场，张大姑也来了，一些邻居也想来听一听。老王在征得大家同意后，也安排他们在合适位置就座。

2. 开始陈述，履行相关告知义务

在第一次面对面调解开始之时，调解员需要一个简短的开场陈述。开场陈述内容包括：调解员的自我介绍，本次调解会议的目的，调解员公平公正主持的承诺，以及调解规则。特别要强调发言礼节，如应尊重调解员和对方当事人，不得随意打断调解员和对方当事人的发言，不得有攻击性的语言等。并告知张爷爷、张小姑和小张有关注意事项：人民调解委员会的性质，调解的原则，人民调解协议的法律效力，以及当事人在调解中所享有的权利和应承担的义务；并询问双方当事人是否清楚以上所告知内容，对当事人不清楚的问题予以解答。

再次询问小张、张爷爷和张小姑是否愿意接受调解，并让他们签字并写明日期。

3. 调解进行

（1）由张爷爷、小张和张小姑分别陈述相关事实。

（2）调解主持人老王概括总结，并确定调解争议点：张小姑有无虐待张爷爷行为及房子的归属。

关于张小姑有无虐待爷爷，小张举出了一些实例，张小姑进行了解释，在场的调解员和旁听的人都认可，张爷爷本人也否认了这一点。再看张爷爷，虽然93岁了，但身体还是比较硬朗，不胖也不瘦，气色也很好。关于张爷爷为什么不能在家住，要去养老院，张小姑拿出了诊断证明，自己是胃癌前期，需要花时间去治疗，不能很好地照顾老人家了。在张大姑的提议下，才让张爷爷去张大姑目前所在的养老院。张大姑证明了这一点，并说养老院条件不错。

关于房屋的归属，张爷爷还有点想不明白。张小姑单位的工作人员带来了当年的换房协议及相关手续，上面有张爷爷本人的签字。现场除当面询问了张大姑的意见外，还连线了张大爷，张大爷也在电话中明确表示房子归小妹妹，并责骂儿子，还向张小姑道歉，说教子无方。

至此，事实已经十分清楚了，调解员们首先劝解张爷爷说，您看身体这么好，儿女孝顺，您就好好安享晚年吧。一席话说得张爷爷乐呵呵的。调解员再劝说小张，先用褒扬激励法，表扬小张关心爷爷、照顾爷爷这样的举动很不错，再用情感唤起法，鼓励小张回忆张小姑在其小时候对他的照顾；最后用换位思考法让其体量张小姑身体有病的困难。

（四）调解结束

经过一番劝解之后，小张深感愧疚，表示这次提起调解有些鲁莽，没把事情弄清楚就怀疑小姑，并向张小姑道歉，张小姑也接受了道歉。大家表示以后要继续关心爷爷，经常去养老院看望爷爷。小张也作了相应保证。一场纠纷就此化解。

记录人员将整个调解过程做了记录，让双方当事人签字。

（五）调解回访

调解员老王过了两星期到养老院看望张爷爷，有张大姑的陪伴，张爷爷在养老院已经适应下来，还认识了一些朋友。大家一起聊聊天，有时还下下棋、打打牌，张爷爷对这样的生活还是比较满意的。张小姑正按医生的嘱咐坚持治疗，小张也安心工作。老王将回访获得的情况都记录在回访记录上。

【示例2】

【基本案情】

2012年7月21日上午，家住和易社区的王大妈随同老姐妹们到附近捷佳超市逛逛，顺带购买一些日用品。其他大妈们都买了自己所需的东西，但王大妈一样中意的东西都没看到。在其他大妈结账时，王大妈想提前出去等大家，看看外面的特产店有无自己想要的货品。在经过安检门时，报警器一边闪烁一边鸣鸣直叫，超市工作人员当场对王大妈随身携带的包进行了检查，没有查出违规带出的商品，工作人员又将王大妈带至办公室进行了搜身检查，还是没有查出违规带出的商品。超市工作人员对王大妈说了一声"对不起"就让王大妈离开。

王大妈十分气愤。那时正是购物高峰期，人来人往，王大妈在众目睽睽之下被带到办公室搜身检查。况且还有许多老邻居，让王大妈十分崩溃，甚至无地自容。王大妈与超市工作人员理论，要求捷佳超市通过媒体公开道歉，并赔偿精神损失5000元。超市认为工作人员当场已经口头道歉了，根本就没有必要到媒体上公开道歉，精神损失更是子虚乌有，不同意进行任何赔偿。王大妈找了几次超市，超市均不予理睬。无奈之下，王大妈找到了和易街道人民调解委员会，申请调解。

和易街道调解委员会接到王大妈的申请，电话询问捷佳超市，超市表示愿意接受调解。于是，和易街道调委会组织双方调解。双方对事实没有争议，但对赔礼道歉的方式和赔偿金额争议较大。和易街道调委会专门就这两个争议点进行调解。调解员根据《民法通则》《消费者权益保护法》及相关司法解释的规定，指出了超市应负的责任，并引导超市负责人换位思考。如果你自己处于那样一个环境下，该是何样心情。经过一番劝解和说服，最终双方达成了调解协议：一、捷佳超市赔偿王大妈精神损害抚慰金人民币 1500 元，于本协议签订起 3 日内送到王大妈家中；二、捷佳超市在其大厅张贴向王大妈道歉的公告半个月，时间从 2012 年 8 月 5 日至 8 月 20 日。

问题：请根据该案调解情况，拟写一份调解协议书。

【操作指引】

×××人民调解委员会人民调解协议书

编号：（2012）和民调字第 045 号

申请人：王大妈，女，56 岁，××钢铁厂退休职工，家住和易小区 3 号楼 202 室。

被申请人：捷佳超市，位于××市××区和易中路 106 号，法定代表人吴丽慧，超市经理。

纠纷简要情况：2012 年 7 月 21 日上午，王大妈到捷佳超市购物未果，经过超市安检门时，报警器报警。超市工作人员当场对王大妈随身携带的包进行了检查，并将其带至办公室进行了搜身检查，均未查出违规带出的商品。王大妈以人格权受到侵害为由，请求本人民调解委员会进行调解，要求捷佳超市通过媒体公开道歉，并赔偿精神损害赔偿 5000 元，捷佳超市表示愿意接受调解。经查，双方对事实部分没有争议，但对赔礼道歉的方式及精神损害赔偿数额争议较大。根据《民法通则》《消费者权益保护法》及相关司法解释的规定，本人民调解委员会对纠纷进行了调解。

经调解，双方自愿达成如下协议：

一、捷佳超市赔偿王大妈精神损害抚慰金人民币 1500 元（大写：壹仟伍佰圆）。

二、捷佳超市在其大厅张贴向王大妈道歉的公告半个月。

履行协议的方式、地点、期限：

一、协议签订后 3 日内（2012 年 8 月 8 日前）捷佳超市将现金 1500 元

（大写：壹仟伍佰圆）送至王大妈家中。

二、协议签订后半个月内（2012年8月5日至2012年8月20日）捷佳超市在其大厅张贴向王大妈道歉的公告。

本协议一式三份，当事人、本人民调解委员会各持一份。

申请人：王大妈（签字）

被申请人：捷佳超市

法定代表人：吴丽慧（签字）

（人民调解委员会印）

调解员：×××

2012年8月5日

【相关法律、法规】

1. 《人民调解法》
2. 《最高人民法院关于审理涉及人民调解协议的民事案件的若干规定》

第三节　民间纠纷调解技巧

调解能否成功，调解的技巧是决定因素之一。好的调解技巧能起到事半功倍的效果，比如：能让调解员较快获得当事人的充分信任，并有效地把握调解的进程，最终让当事人成功达成调解协议。

民间纠纷调解的技巧主要有调解方式技巧、调解方法技巧、调解中的交流技巧及纠纷要素技巧等。

一、调解方式技巧

调解方式是指调解人员在调解纠纷的过程中所采用的具体方式。目前常用的调解方式有：单独调解、共同调解、直接调解、间接调解、公开调解、非公开调解、联合调解等。

（一）单独调解、共同调解和联合调解

1. 单独调解

单独调解是指由纠纷当事人所在地或纠纷发生地的人民调解委员会单独进

行的调解。这是人民调解委员会最常用的调解方式之一。单独调解适用于调委会独任管辖的纠纷。这类纠纷不涉及其他地区、其他单位的关系人。调解组织对纠纷双方当事人都比较熟悉，便于深入调查研究，摸清纠纷发生、发展情况，针对当事人的心理特点开展调解工作；便于督促调解协议的履行；便于解决当事人合理的实际困难。因此调解成功率较高。单独调解应注意因人熟、地熟、情况熟而照顾情面或碍于一方势力所造成的不公正调解等弊端。

2. 共同调解

共同调解是指由两个或两个以上的调解组织，对于跨地区、跨单位的民间纠纷，协调配合，一起进行的调解。跨地区、跨单位的民间纠纷指的是纠纷当事人属于不同地区或单位，或者纠纷当事人属于同一地区或单位而纠纷发生在其他地区或单位的。

共同调解民间纠纷与人民调解委员会单独调解民间纠纷的方法、步骤基本相同。但共同调解实施起来较单独调解要复杂。因此，人民调解委员会在与其他地区或单位的人民调解委员会共同调解纠纷时应注意：

(1) 共同调解是数个调解组织共同调解一起纠纷，在受理后，必须分清主次，以一个调解组织为主，其他调解组织协助。一般情况下，以先行受理民间纠纷的人民调解委员会为主，其他各方为协助调解方。当有两个或两个以上人民调解委员会同时受理时，应本着有利于纠纷调解的原则确定由其中哪个人民调解委员会管辖，并以有管辖权的人民调解委员会为主调解，其他有关各方协助调解。

(2) 在实施调解前，要详细研究制订调解计划，明确分工。在进行调解时，参与调解的调解组织要相互配合，加强信息交流，协调一致地开展工作。

(3) 共同调解，要以事实为依据，以法律为准绳，对当事人要一视同仁，防止小团体主义、宗派主义对调解工作的干扰。

(4) 调解协议达成后，各调解组织要以高度负责的精神督促本辖区内当事人认真履行调解协议。

(5) 以主调解的人民调解委员会进行纠纷统计，并做好纠纷档案管理工作。

3. 联合调解

联合调解是指人民调解委员会会同其他地区或部门的调解组织、群众团体、政府有关部门，甚至司法机关，相互配合，协同作战，共同综合治理民间纠纷的一种方式。

联合调解与共同调解既有区别又有联系。联合调解不仅适用于跨地区、跨单位、跨行业的纠纷，久调不决或有可能激化矛盾的纠纷，以及涉及调解组织无力解决当事人合理的、具体要求的纠纷，而且更适用于调解由土地、山林、坟地、宗教信仰等引起的大型纠纷和群众性械斗，适宜于专项治理多发性、易激化纠纷，以及其他涉及面广、危害性大、后果严重的民间纠纷。联合调解较共同调解规模更大，必要时可在当地党委、政府的统一领导下，发动政府职能部门及司法机关共同对民间纠纷进行疏导、调解、处理。联合调解处理程序应遵循参与部门的工作程序，如调解程序、处理程序、司法程序。

联合调解除共同调解应注意的问题外，还应注意以下几点：

（1）加强组织领导，联合调解工作对象是大型的、复杂的民间纠纷，需要参与的各部门之间密切合作。

（2）加强调解处理民间纠纷中的信息传递和反馈。大型纠纷往往涉及几个地区或者跨越县界、省界，参与调解处理的部门较多，并且分散。因此，必须加强调解处理民间纠纷信息传递和反馈，使主管领导了解纠纷发生、发展动态，了解调解处理效果，了解群众对联合调解的反映；同时也可使各部门更好地贯彻领导意图，按照民间纠纷调解处理部署开展工作。

（3）要严格政策界线。联合调解往往会与行政处理、法院审判相联系，因此，要严格按照各部门的分工，防止以罚代调，以调代罚，严禁越权处理。

（二）直接调解和间接调解

1. 直接调解

直接调解是指调解人员将纠纷双方当事人召集在一起，主持调解他们之间的纠纷。直接调解可以单独调解，也可共同调解。在实行这种调解之前，调解人员一般都事先分别与当事人进行谈话，掌握处理这起纠纷的底数。

直接调解普遍适用于以下几种情形：

（1）情节比较简单的纠纷，这类纠纷事实清楚，经说服教育，当事人能够认清是非曲直，使矛盾得到解决；

（2）矛盾冲突只限于双方当事人之间的纠纷；

（3）当事人隐私或其他不宜扩散的纠纷。

调解人员在采用直接调解的方式时，特别需要对当事人做深入细致的思想工作，促使当事人之间和解，在新的基础上增进团结。

2. 间接调解

间接调解是指调解人员动员、借助纠纷当事人以外的第三者的力量进行调解。

间接调解方式的运用可分为两种情况：一是针对某些积怨深、难度大的纠纷，动员、借助当事人的亲属、朋友的力量，共同做好当事人的思想转化工作。这种调解方式在实践中经常被用来与直接调解结合或者交替使用；二是针对某些纠纷的当事人依恋于幕后人为其出主意的心理特征或其意志受幕后人控制、操纵的特点，先着重解决好与纠纷当事人有关的第三者的思想认识问题，然后利用人们对亲近的人较为信任的心理共性，把对纠纷的正确认识通过第三者作用于当事人，促其转变。如有些婚姻纠纷，表面上看是夫妻之间闹矛盾，其实是公婆或岳父母在背后指使、操纵。对这类纠纷调解人员受理后，应首先从做公婆或岳父母工作入手，解决好他们的思想认识问题，然后再通过他们做夫妻双方的工作。间接调解是人民调解委员会在实践中经常运用的一种工作方法和调解技巧，其中蕴含着深刻的哲学道理。

（三）公开调解与不公开调解

1. 公开调解

公开调解是指人民调解委员会在调解纠纷时，向当地群众公布调解时间、调解场所，邀请当事人亲属或朋友参加，允许群众旁听的调解方式。

这种调解形式主要适用于那些涉及面广、影响大、当事人一方或双方有严重过错，并对群众有教育示范作用的纠纷，以起到调解一件、教育一片的作用。采取公开调解的方式要注意：

（1）纠纷选择要有典型意义，要使群众通过参与调解受到法律、政策及社会公德教育；

（2）所选择的纠纷不得涉及当事人的隐私；

（3）公开调解要注意方法，不能搞成"斗争会"或"批判会"，应以说服教育为主，促成当事人之间和解。

公开调解是人民调解委员会通过调解工作宣传法律、法规、规章和政策，教育公民遵纪守法，尊重社会公德的重要方式。

2. 不公开调解

不公开调解是指人民调解委员会在只有当事人在场无其他人参加的情况下进行的调解。不公开调解是与公开调解相对而言的。不公开调解是人民调解委员会针对纠纷当事人的特点和纠纷的具体情况，灵活采用的调解方式和调解技巧。因此，不公开调解适用于涉及纠纷当事人隐私权的纠纷，如一些婚姻纠纷、恋爱纠纷、家庭内部纠纷和人民调解委员会认为不宜公开调解的其他纠纷。有些纠纷当事人心胸狭小，有些当事人认为家丑不可外扬，还有的纠纷内容属于不宜公开的。采用不公开调解，能够使纠纷当事人说出心里话，使调解人员找到纠纷症结，对症下药调解纠纷。

二、调解中的沟通技巧

（一）倾听技巧

在调解中，调解员倾听的目的在于了解当事人要求帮助的目的，进而了解和掌握有关案情的信息，为提出解决方案打好基础。那么我们如何倾听？

1. 倾听的方式

在调解中，调解员需仔细倾听和情感反馈，主要有以下几种方式：

（1）被动地倾听，不打断，只提宽泛的问题（如"是吗?""噢"等语言）；

（2）主动地倾听，融入当事人的叙述中；

（3）注意身体语言，注意控制自己的语速和音调。

2. 在倾听的过程中要做到"听全""听准""听懂"

要"听全"，就要有耐心，即便是杂乱无章的冗长叙述，也要耐心听完。否则，就容易从片面情况出发，得出不合实际的结论，出现错误。

要"听准"，就要聚精会神，对问题的细节或关键情节不能含混和疏漏，必要时可做记录。

要"听懂"，就要边听边总结，以便抓住问题的实质和争议的焦点，为调解工作打下良好基础。

倾听时不仅要获取当事人陈述的事实内容，还要观察当事人陈述时的表情，揣摩当事人心理。这样有助于了解当事人希望什么、担心什么、想促进什么、想避免什么。若能准确地识别信息，并以适当的、简明的语言概括出当事人面临的问题和期望，有助于赢得当事人的信任。

（二）询问技巧

当事人不懂法律，他们的诉说会遗漏忽略一些重要的法律事实，或者对自己有利的说得多，对自己不利的说得少或者干脆隐瞒不说，所以调解员应当主动发问，让当事人来回答。调解员发问有两个目的：第一，弄清楚事件的主要情节；第二，使纠纷涉及的"事实"更加清晰明确，进一步突出主题。

询问要注意方式，对涉及当事人隐私或其刻意回避问题要委婉、旁敲侧击式地提问；提问要"得法"。为了不使当事人产生误解，发生疑虑，形成心理压力，调解员提问的方式要根据不同的对象和不同性质的问题而有所区分，其主要区分有：

（1）谈心式。适用于当事人顾虑重重，欲言又止等情况，这时要用善良的语言鼓励对方说下去，表示你是在关心他所叙述的问题，从而建立起信任，引导他说出事实真相。

（2）探讨式。适用于一些重大而又有疑难，或者在新形势下出现的新问题，或者是已经发生了争议，但无法律明文规定的一些问题。提问要简明扼要，问题要一目了然，不要含糊不清，同时提问要化整为零。所提问题不宜太大、太笼统。

（3）发问式。适用于当事人不知如何说明或一时难以说明的情况。通过提问引导当事人讲清存在的矛盾，回忆某些重要过程和重要情节，从模糊不清的问题中抓住矛盾和争议的焦点。

（三）重组信息技巧❶

重组信息是将当事人陈述的语言或内容稍加修改从而正面加以表述的技术，或者将当事人尚未完全表达的意思以正面方式表达出来。这是一种调解员用来逐渐向正确方向推动当事人前进的技术，即从冲突转向和解。❷作为调解员，必须熟练掌握重组信息的技巧。

例如，在一个民间借贷纠纷中，一方当事人说："我根本就不相信他会按照协议规定履行。"调解员："你的意思是想要一些确保他履行协议的保证吗?"这个重组的目的是将一个纯粹负面的主张转变为一个更加正面、前瞻性

---

❶ 王红梅主编：《民间纠纷调解》，华中科技大学出版社 2011 年版，第 102 页。

❷ ［英］迈克尔·努尼：《法律调解之道》，杨利华、于丽英译，法律出版社 2006 年版，第 43 页。

的讨论点。❶

（四）总结确认技巧❷

总结是在调解过程中，一方或双方当事人发表完自己的意见以后，调解员可以用自己的话，对当事人的陈述或者调解建议以准确的口头纲要形式进行重述。❸调解员可以通过概括，进一步确定当事人的观点，促进彼此的交流，并就已经取得的进展来鼓励当事人。

在双方当事人都做完开场陈述后，调解员可以分别总结各方陈述，向当事人证明调解员的确已经听见并且注意到他们所有的问题和关注所在，同时也确保当事人已经理解了对方陈述的内容。经常使用的句型是："我想确认一下我是否理解了您所说的。您的意思是否是……是这样的吧？"如果当事人对调解员的总结并不完全认同，那么调解员需要继续认真倾听当事人的更正，然后再总结。

在一个调解阶段完成后，调解员一般会总结至今已取得的进展以鼓励当事人继续良好协商。同样，在前期调解顺利、后期陷入僵局的情形下，调解员有必要总结和确认已经达成的共识，为打破僵局作铺垫。经常使用的句型是："双方经过良好协商和慎重考虑，到现在为止，在……这几点上双方的意见是一致的，是这样的吧？"

（五）重视调解中的非语言技巧

在调解人员与当事人的沟通中，除了语言技巧的运用外，伴随着语言沟通时的目光、面部表情、身体动作等非语言技巧的运用，在交往中也起着不可或缺的重要作用。有的心理学家甚至认为：表达一项信息的情绪效果 = 7% 词语 + 38% 声音 + 55% 面部表情（包括肢体语言）。在运用各种语言技巧对当事人进行调解时，伴随着调解人员的不同目光、面部表情和身体动作，可以起到强化交流信息的内容，表达调解人员的情感，有助于对当事人施加积极的心理影响。比如在运用期待、鼓励性语言时，调解人员以语重心长的语调、期待的目光与和蔼的面部表情来表达，当事人就容易受到感化而接受调解人员的规

---

❶ 孙赟峰主编：《如何做好调解工作》，中国法制出版社 2013 年版，第 156 页。

❷ 王红梅主编：《民间纠纷调解》，华中科技大学出版社 2011 年版，第 101 页；孙赟峰主编：《如何做好调解工作》，中国法制出版社 2013 年版，第 156 页。

❸ ［英］迈克尔·努尼：《法律调解之道》，杨利华、于丽英译，法律出版社 2006 年版，第43 页。

劝，努力表现出调解人员所期待的行为。

1. 面部表情的运用技巧

人的面部表情能够传递很丰富的感情。同情和关心、厌恶和鄙视、信任和尊重、原谅和理解、容纳和排斥、愤怒和反感、欣慰和喜悦等，都会难以隐蔽地暴露在面部表情上。面部表情在调解人员进行调解工作的每一个活动中，无不潜移默化地发挥作用。它可以影响调解人员与纠纷双方及纠纷双方之间情感的表达和沟通，可以影响作为一名调解人员所应具有的形象及其人格力量的发挥，还可以影响纠纷的顺利解决。恰如其分地运用发自内心喜怒哀乐的面部表情，可以增强劝说效果。要注意避免不良表情导致的调解消极影响。

在调解中，调解员的面部表情要注意以下几点：❶

（1）保持面部表情的基调。即严肃中有温和，庄重中有真诚。严肃、庄重的表情，可以给人以公平、公正的感觉；而温和、真诚的表情，让人觉得值得信赖。保持这样的面部表情，可以为调解创造良好的气氛，使当事人放松下来，向人民调解员倾吐心声。

（2）表情鲜明、灵敏。调解员的面部表情要随着与当事人谈话所涉及的内容和发展变化，及时准确地予以配合。当谈到对方家庭有不幸和灾难时，就应当自然地流露同情、关心和安慰的情态；当谈及对方的思想和工作有进步、有成绩的时候，就应当适时流露出喜悦和欣慰的情态等。这时如果毫无表情的话，势必会引起对方的反感或不满。一定要克服那种似是而非、模糊不清的表情，千万不要让当事人捉摸不透。

（3）表情真实、适度。所谓真实，就是要让纠纷当事人从人民调解员的面部表情看到调解员的真实内心世界。任何装模作样、矫揉造作的面部表情都会令人反感乃至厌恶。此外，任何面部表情都必须恰如其分，适可而止。过于夸张的表情，往往会使谈话内容失去真实性和严肃性，甚至造成当事人对调解人员的不信任。

2. 眼神的运用技巧

眼神或目光其实是面部表情中的一部分，眼睛是心灵的窗户，而眼神则是通过窗户传递出内心世界的本质。一个公正无私的人，他的心底就像一方晴朗

---

❶ 盛永彬、刘树桥主编：《人民调解实务》，中国政法大学出版社2010年版，第152页。

的天空，清澈、洁净、透明，从他的眼神中流露出来的那种公正、公平的力量，能让我们的心情变得阳光、变得灿烂；一个与人为善的人，眼神中流动着的鼓励和肯定，像一股股暖流，温暖滋润着我们的心灵，鼓舞着我们的斗志；一个充满爱心的人，眼神也一定充满爱意，严肃中透露着慈祥，平静中透露着期盼，就像一条汩汩流淌的河流，不断地荡涤着我们的心灵。因此，眼神的运用在调解中具有很重要的作用，有必要单独谈一谈。

第一，在听当事人陈述纠纷情况或提出要求时，应主动与当事人进行直接的目光接触；第二，在向当事人宣传社会主义法律和道德时，人民调解员的目光应炯炯有神，显示出对法律和道德的信心，流露出内心的刚毅和坚定；第三，在当事人主动认错或提出和好方案时，人民调解员的眼神里都应带着笑意，流露出鼓励、赞赏的目光；第四，在调解过程中，人民调解员不要斜视当事人，目光不要游离，不要躲躲闪闪，避免与当事人的目光接触更是要不得的；第五，目光要与有声语言、手势、姿态密切配合、协调一致。❶

3. 身体姿势的运用技巧

身体姿势则是指人坐、立、行的姿势，它是语言表达的一个得力助手，能加强我们说话表达时的效果，能辅助有声语言圆满地表达内容，充分地抒发感情；它可以对重要的词语、句子进行加重或强化处理，具有强调功能；而且还能生动、形象地表达口头语言中所没有的东西，尤其是在表达情感、情绪和态度方面，身体姿势有时甚至比口头语言更明确、更具体、更有感染力。

身体姿势是内心状态的外部表现，它受人的情绪、感觉、兴趣的支配和驱使。谈到由肢体表达情绪时，我们自然会想到很多惯用动作的含义。诸如鼓掌表示兴奋，顿足代表生气，搓手表示焦虑，垂头代表沮丧，摊手表示无奈，捶胸代表痛苦。当事人以肢体活动表达情绪，别人也可由此辨识出当事人所表达的心境。

任何一个与内心情绪不相吻合的姿势，都会显得别扭和可笑。在调解过程中，调解人员最好是在与对方面对面的体位基础上保持身体微微前倾。一般来说，在向当事人了解纠纷情况时，调解员坐在椅子上时应腰背挺直，身体稍微向前倾，目光直视当事人。这种姿势表示对对方讲的话感兴趣，会给人留下谦

---

❶ 盛永彬、刘树桥主编：《人民调解实务》，中国政法大学出版社 2010 年版，第 153 页。

虚、洗耳恭听的印象。在主持调解会议时，坐姿更应当自然、大方，应坐在椅子中央，腰背挺直，双腿并拢，不要倚靠椅背，双手也不要搭在椅把上。对人进行劝说采用这种靠近对方并微微前倾的姿势，既能减少外界的各种干扰，听清楚对方说的话；又能给人一种亲切感和体己感，容易使对方获得一种被关心、爱护的心理体验。

在调解中，身体姿势的运用要注意以下三点：❶

第一，要有真实性，发自内心，是真情实感的流露，而不要故作多情，矫揉造作；

第二，要注意其自然性，把握分寸，适度而为，而不要有意夸张，以致失态；

第三，要有变化，即随着当事人的情感变化适度发生变化，真正做到"诚其衷而行其外"。

4. 手势语的运用

手势语是使用频率较高的体态语言。手势语是通过手和手指的动作来传情达意的体态语言。手势语有助于有声语言的表情达意，可以传递谈话内容的部分信息，能加强语言的力量，丰富语言的色调。因此，调解人员在调解过程中，如果能恰到好处地发挥手势语的作用，将会大大提高调解语言的质量，强化与当事人交流的效果，从而有效地在当事人心目中树立良好的形象，赢得当事人的好感和信任。

在调解中，手势语的运用要注意以下几个方面：

（1）手势适合。所谓适合，在这里有两种意思：一是内容和形式要适合。即语言要与手势所表示的意义适合，这是质的适合。二是手势的多少要适合。这是量的适合。一定要注意手势动作的准确、幅度大小合适、力度强弱恰当、速度快慢及时间长短合适；注意避免一些在日常生活中会不自觉流露出的一些错误手势：如端起双臂、双手抱头、摆弄手指、手插口袋、十指交叉、双手叉腰、随意摆手、指指点点、搔首弄姿等。

（2）手势要适度。手势语在调解或谈话中虽然有不可取代的作用，但它毕竟处于辅助位置。换言之，手势语要靠礼貌、得体的调解用语，热忱、微笑

---

❶ 盛永彬、刘树桥主编：《人民调解实务》，中国政法大学出版社 2010 年版，第 154 页。

的面部表情，以及身体其他部位姿势的相互配合，才能使当事人感觉到调解员的公正公平、表里如一。所以在调解中，手势语的使用一定要规范和适度。如手势过多、过大，手舞足蹈，不仅与调解员的角色不相适应，还有轻浮之嫌，实不可取。

（3）手势要简练。每做一个手势，都力求简单、精练、清楚、明了，要做到干净、利索，不可拖泥带水。

（4）手势要自然。调解员的手势贵在自然。自然才是感情的真实流露，自然才能真实地表情达意，才能给人以真实感，才能赢得当事人的信任。

三、纠纷要素的运用技巧

（一）把握纠纷的时间要素

调解案件的顺利与否、成功与否均与所承办案件的人民调解员能否把握好调解时机和火候紧密相联。这就要求在调解案件的每一个节点，都要把握时机，借势发力，用较小的成本，达到调解的目的。

把握纠纷的时间要素，是调解人员要根据时间预测和调解纠纷中的特点来选择恰当的时机进行工作，以取得最佳的工作效果。纠纷中所涉及的时间要素主要包括三个方面：纠纷发生的时间、纠纷持续的时间、调解纠纷的时机。纠纷发生的时间往往具有一定的规律，它是调解人员做好预防工作所必须掌握的要素之一。纠纷持续的时间，往往说明了纠纷的复杂程度和调解工作的难易程度。对于那些持续时间长、隔阂深、问题比较复杂的纠纷，调解人员要做好持续作战的准备。调解纠纷的时机包括两个方面的内容：一是指对于持续时间长久未解决的纠纷，调解人员要选取最佳时机再一次进行调解；二是指在调解纠纷的过程中，调解人员要把握好说话的时机。在调解中运用时间要素的技巧，主要包括纠纷发生的时间预测技巧、调解纠纷的时机把握技巧等。

1. 调解员需掌握的时间要素技巧

（1）纠纷发生的预测技巧。有些民间纠纷的发生、发展具有季节性，如农忙季节就容易发生农田水利纠纷，草场、牲畜纠纷，农用物资纠纷，春耕费用的借贷纠纷等。而在农闲季节容易发生宅基地纠纷，婚姻家庭纠纷，邻里纠纷等。有些民事纠纷的发生与其他一些事件的发生具有关联性。例如，在重大工程建设过程中就容易发生以下纠纷：征地补偿和拆迁安置纠纷，工程建设中的环境污染纠纷，民工工资发放矛盾纠纷等。把握了这些纠纷的发生规律，调解组织和工作人员就可以做好有效地预测，及时地预防、避免和减少纠纷的发生。

（2）把握纠纷调解的时机。主要有以下几个方面：一是在受理当事人的申请时。当事人首次到调解机构申请调解纠纷，一般都很希望能在这里得到调解。但大多数人对纠纷处理的结果都没有足够的思想准备，而发生的事实和后果因事发不久也来不及向他人述说，对相关事实的陈述往往还处在"第一时间"，比较真实、可靠。此时，如果双方当事人同意调解，在事实上又没有多大分歧，调解很容易成功。二是在调解工作准备时。在询问纠纷的事实和情节之后，各方当事人对双方的观点及争议有了基本的认识，已能够比较理智、客观地对待纠纷，从而增强了调解的可能性。三是在调解进行当中。在纠纷事实特别是关键事实已经明确的前提下，调解人员要重点宣讲有关法律规定，让当事人认识到违法就要承担法律责任，对其所享有的权利和承担的义务心中有底，为调解打下有利基础。四是在制作调解协议时。由于调解的纠纷一般都涉及权利义务内容，因此，当事人都比较看重书面调解协议。在前几个阶段的调解基础上，各自的权利义务也已明确。但在制作调解协议书时，当事人容易生变。承担义务的一方往往觉得吃了亏，难以接受，享有权利的一方也摇摆不定，觉得没有完全达到自己所求。调解人员要抓住这一时机，边说服当事人接受调解，边抓紧时间制作调解协议书，及时促成双方当事人达成调解协议书并签名。五是在调解协议履行时。实践证明，调解协议大多以当场履行为宜，可以减少和避免不履行调解协议或者达成协议后又反悔。

2. 运用纠纷时间要素技巧应注意的问题

（1）在调解时不要急于求成，要选择好时机。在调解时不要急于求成而是要反复调查研究，耐心细致做工作，抓住有利时机稳妥解决。如在双方对案件的事实争议很大的时候，双方感情尖锐对立的时候（如离婚案件）就不能急于调解。俗话说得好，"话不投机半句多"。双方虽然争议不大，但是说话不投机，这个时间最好不要调解。待双方情绪稍微缓和时再调解。

（2）根据谈话的环境和当事人的心态来决定谈话的内容。调解员要根据谈话的环境和当事人的心态来决定谈话的内容，特别是批评教育和提出要求之类的话，更要注意说话方式和说话时间，以免引起当事人的反感和敌视。

（二）把握纠纷的地点要素

纠纷的地点要素，是指受生活环境和传统习俗的影响，发生在不同地方的相同纠纷会呈现出不同的特征。譬如：同样是因为建房时所建房屋高于邻居家的房屋而引起的邻里纠纷，在发达的农村地区，邻居往往会因为采光权受影响而与建房者发生纠纷，大多表现为争吵、阻扰施工等；而在落后且封建迷信思想严重的农村地区，邻居往往会以自家的风水受影响而与建房者发生纠纷，发生打架斗殴的概率大大增加。调解人员需熟悉并掌握纠纷的地点要素，根据纠纷的特点及当事人的情况来选择相应的地点进行调解，以达到最佳的调解效果。

纠纷发生的地点不同，纠纷态势的发展程度就会不同，调解纠纷的地方选择可能就不相同。例如：婚姻家庭纠纷，如果是发生在家庭之外，其严重性就会增加，当事人之间的矛盾就要升级甚至已经升级，调解的难度也就会增加，调解人员在选择调解地点时需选择比较公开的场合；而如果发生在家庭内部，问题也许会比较容易解决，此时可选择比较隐蔽的环境进行调解。

调解人员要根据纠纷特点选择调解地点的技巧：对于一方过错明显且不讲理、态度蛮横的侵权、损害类纠纷，可以选择严肃型场合；对于家庭婚姻类的纠纷，可以选择亲切型场合；对同个单位的当事人之间发生的纠纷，可以选择归属型场合；对需要调动当事人特殊感情（如夫妻感情、父母子女、兄弟姐妹等）来促进调解的纠纷，可以选关联型场合。

调解人员在运用纠纷的地点要素技巧时，要注意克服"怕上门"的不良心理，而且不能因条件简陋而忽视对地点要素技巧的运用。

（三）把握纠纷的原因要素

纠纷的原因是指纠纷发生的起因，也就是引发纠纷的事实，包括直接原因和间接原因，远因和近因。纠纷的原因是纠纷的根结所在，因此，也就是调解人员调解时的切入点。抓住了纠纷的原因，调解的时候就能直奔主题，就不会在一些枝节的问题上浪费时间和精力。

纠纷原因要素技巧，是指在调解过程中，调解人员对引发纠纷的原因要摸透、摸准，只有正确了解、分析和认定纠纷的原因，才能做好调解工作。

纠纷发生的原因有主要原因与次要原因之分。对纠纷的发生起主要的、主导性作用的，是纠纷的主要原因；对纠纷的发生起次要的、辅助性作用的，是纠纷的次要原因。分清原因的主次，是在合理分配责任基础上进行合理调解的关键。在实践中，分清原因的主次对交通事故纠纷、医疗事故纠纷的调解具有特别重要的意义。

有时一起看似简单的民间纠纷，可能直接原因和间接原因同在，远因和近因共存。但是，直接原因和近因在现实的矛盾纠纷中有时是很难查明的，往往隐藏在表象原因之后。我们可以把这两类原因分别称为表面原因和真正原因。如一些婚姻纠纷由于涉及羞于启齿的隐私问题，当事人可能避开真正原因，而把纠纷的产生归结到经济、家务等表面原因方面。所以，这就是要求调解人员深入实际做艰苦细致的调查工作，拨开层层面纱，找到深藏其后的引发纠纷的真正原因。只有抓住真正的原因，才能从根源上彻底解决纠纷。

因此，调解人员运用原因要素技巧应注意：一是要注意寻找主要原因。在现实中，一个纠纷的发生是由多个原因所引起的。处理这类纠纷时，调解人员要善于判断或寻找哪个原因是引起纠纷的主要原因，只有抓住了主要原因，才能对症下药，顺利解决纠纷；否则便会在细枝末节的问题上浪费时间和精力，无助于问题的解决。二是要注意弄清楚掩盖在表面原因下的真正原因。调解人员在调解过程中有时会发现这样一种情况，即当事人之间的矛盾依其表现的或直观反映出的事实进行处理，却无法解决。在这种情况下，当事人一般都存在不想说或难以说出口的隐情，往往这种隐情才是引发纠纷的真正原因。这时调解人员就要耐心细致地做当事人工作，让他说出实情。实情不说出，调解成功的几率就很低。

（四）把握纠纷的情节要素

纠纷的情节要素主要是指纠纷发生、发展的整个过程中的真实情况。纠纷的萌芽、发生、发展乃至激化的全部事实经过、纠纷过程中双方当事人各有哪些过激的语言和行为，甚至双方当事人各自的企图、动机和目的等都是调解纠纷的事实依据。调解人员只有在充分掌握事实依据的情况下才能做到有备无患，打有准备之战。

调解人员运用情节要素的技巧时，首先要查明基本事实，包括引起争议的原因、争执的焦点。然后在事实基本清楚的基础上，衡量各方当事人的行为和要求是否合情、合理、合法。其次，对关键细节要了解清楚。有些当事人就是因为在一些细节问题上和对方当事人存在"过节"，心里的那道坎迈不过去而赌气。因此，调解人员应细心询问当事人并对关键情节调查清楚，为成功调解打下基础。最后，在调解过程中，要因事制宜，有的放矢。对于蛮不讲理、死不认账、心存侥幸的当事人，调解人员出示真实全面的事实证据，可以起到威慑当事人、促使其低头认错的作用。而对于心存疑虑、有所顾虑的当事人，一个充分掌握纠纷情节的调解人员更能赢得他们的信任和配合。

调解人员运用情节要素技巧时，切忌道听途说，不深入实地调查研究。要做好调解工作，不能只听一方诉说。只有深入调查，掌握翔实的第一手资料之后，才能在调解时有理有据，避免说话时授人以把柄，使自己处于被动局面。

四、与不同当事人打交道的技巧

调解纠纷实际上是调解人员对双方当事人所做的疏导、说服工作。由于自然状况、社会阅历、文化素质和道德观念的差异，每个人都有着不同的个性特征。不同个性特征的当事人对纠纷和调解人员的工作会有不同的看法。因此，调解人员要针对不同性格的人采取不同的调解策略。❶

（一）对重感情、讲义气而且直爽的人，要运用情感感染法

在调解纠纷过程中，遇到这一类当事人时，不要急于点题。这类人往往爱面子，先用一些触动感情的语言与其谈一些纠纷以外的事情，如生活、工作、学习、生意等，也可以用动情的话提一些家常事，然后逐渐转入正题，由远而近，进行调解。

（二）对刚烈、脾气暴躁、不怕扯破脸皮的人，要运用以柔克刚法

这一类人往往很傲慢，怕软不怕硬。遇到这一类当事人时，调解人员要热情主动，以诚相待，轻言细语地利用朋友式的语言谈一些让当事人感兴趣的事情，要采取和风细雨的方式，耐心开导。切忌硬碰硬，切忌居高临下。

（三）对乐于听奉承话、爱戴高帽子的人，要运用先守后攻法

在调解纠纷时遇到这一类当事人，要多说一些好听的语言，先表扬他（她）的长处，使他（她）产生自豪感，然后趁机指出他的缺点和不足。再举一些开始并没有引起重视，导致后果比较严重的例子让当事人比较一下，有比

---

❶ 唐素林主编：《纠纷调解与基层法律服务》，知识产权出版社 2014 年版。

较就有鉴别。这时，见缝插针，鼓励他（她）改正缺点，弥补过失，做一个受人尊重的人。这样一抬一拉，举一反三，让当事人联系自身认真思考，会在调解中顺利接受调解人员的意见，达到化解矛盾的目的。

（四）对惰性强、遇事优柔寡断、缺乏自我主见的人，要运用正义威慑法

这类人往往是情形不稳定，对问题把握不准。在调解时，调解员运用的语言要有针对性和原则性，攻势要猛，让他们招架不住，促使他们积极配合调解人员的工作，化解纠纷。

（五）对于重视亲情的当事人，要用亲情触动法

对于这一类当事人，要善于运用亲情纽带作用进行劝导，帮助其回忆家庭成员间的幸福时光，劝导其多看对方优点，唤起情感，能够很好地化解矛盾。

（六）对固执己见、多次做工作难于见效的人，要运用群众抨击法

在调解过程中对待这类当事人，要用措词较为严谨的法律术语明确告知其该承担的法律后果和责任，或者有意识地组织开展民风评议活动，发动群众对其行为进行评议，使他们感到孤独无援，造成思想压力，陷入不认识错误就会成为"过街老鼠，人人喊打"的尴尬境地。为了摆脱这种尴尬局面，他们可能会很快认识错误，积极配合工作。

（七）对冷酷型性格当事人要运用情感感染法

冷酷型性格的人心理上有时近乎于丧心病狂，行为上缺乏正常人所具有的感情，没有关心，没有同情，麻木不仁，近乎于冷血。这种人多是在冷酷环境中成长的，在情感上容易和别人发生冲突。对这类人的调解必须以火热的爱心和真挚的情感去融化其冰冷的心，让其感受到社会有真情，周围充满爱。只有这样，才能使人民调解工作收到圆满的效果。

（八）对家人非正常死亡、情绪激动的当事人，要采用"快刀斩乱麻法"

在诸如交通事故、工伤事故中，当事人因车撞致死或因事故死亡后，家属情绪会非常激动，可能会聚集在肇事者家中或事故发生地"讨说法"。一般情况当地政府会组织人民调解员等主动介入调解。事故的原因可能较为简单，但场面可能较为复杂，此时调解人员往往需要"快"。因为此时死者家属可能情绪较为激动和脆弱，较容易受到外界影响；这种情况一方面为调解创造了良好条件，他们较容易受有威望的调解人员引导；另一方面也容易给调解制造障碍，因为他们也较容易受其他亲友的"鼓动"。与此同时，肇事方往往也会非常忐忑、懊恼，他们也想尽快了结纠纷。反之，如果事情久拖不决，就会夜长梦多，当事人可能会更加"悲愤"，亲友聚集更多，增加调解的难度。因此，对于此类纠纷，调解人员要尽早介入，尽量采取较快的办法化解纠纷。❶

（九）对调解人员或调解机构有对立情绪的当事人❷

当事人对调解人员不满的原因有很多，有可能是调解人员和当事人或当事人的亲友之间以前有过不愉快；也可能是因为对纠纷本身的不满及认为调解人员应倾向自身的愿望落空等而产生的对立情绪。对此，调解人员应努力向当事人进行解释，争取当事人理解。如果当事人不能理解，则可以尝试换一个调解人员，或者由当事人共同选择一个调解人员。

如果对调解机构有对立情绪，也可能影响调解工作的开展。此时也可进行正面沟通，以争取消除误解，或者结束调解，由当事人选择诉讼等其他途径。

如果在调解中出现超出自己能力控制的状况，应保持冷静，迅速向领导请示汇报，寻求同事或医务人员、警察等协助，处变不惊，机智地解决问题。

总之，调解人员只有把握了纠纷当事人的个性特征，清楚当事人内心的真实想法，才能有的放矢、对症下药，有针对性地采取各种调解方式和方法，攻心为上，突破当事人的种种心理障碍，以达到化解纠纷、息事宁人的目的。

五、掌控整个调解过程的技巧

（一）与当事人建立信任

与当事人建立信任、融洽的关系，对于纠纷调解成功非常必要。当事人越信任调解员，与调解员关系融洽，调解成功的可能性就越高。需要注意的因素有：一是客观因素，包括衣着、姿态、办公室的布局、与当事人打交道的方式（如是否守时）等；二是主观因素，包括对当事人真诚和尊重的态度、表现同情、稳定和平息当事人情绪的能力、调解人员相关经验和能力、有效地交流、不隐瞒坏消息、信息保密和安全感的提供等。

在调解过程中，首先，要建立当事人对调解程序的信任。例如可以对当事

---

❶ 孙赟峰主编：《如何做好调解工作》，中国法制出版社 2013 年版，第 162～163 页。
❷ 孙赟峰主编：《如何做好调解工作》，中国法制出版社 2013 年版，第 166 页。

人理智地选择调解表示肯定和认同，并告知人民调解的调解成功率在 97% 以上。❶ 在调解一开始就向当事人解释调解程序的特点和流程，在调解过程中保持坦诚、倾听和积极的态度，始终向当事人传递一种乐观向上的情绪。其次，要建立当事人对调解人员的信任。可以将调解人员拥有的资质和经验告知当事人；一开始就表明调解人员与任何一方没有任何利益关系，不会偏袒任何一方；以积极关切的态度对待当事人，耐心倾听当事人向自己"讲述"他们的处境；对当事人的不幸表示适度的同情和关注，但这种同情和关注应以不招致另一方当事人的反感为限。再次，还需要建立当事人相互之间的信任。要鼓励当事人以诚信的态度对待另一方；鼓励当事人相互理解，共同探讨一个或多个对双方都有利的解决方案；要求当事人整理双方的共同点，确认双方都认同的事项；鼓励当事人就一些小的分歧先达成一致意见，让当事人感受到彼此的诚意，建立对继续调解的信心。

（二）保持中立，给人公平公正感

公平、公正和中立是有效调解纠纷的基本前提，让当事人感受到调解人员在整个调解过程中没有偏向任何一方非常重要。在调解中，调解人员个人的意见是不可避免的，但必须保持中立的态度和客观公允的公平立场。保持公平、公正和中立通常要求做到以下方面：尽可能地给予每一方当事人同等的注意以及相同的时间；避免以太过口头（语言）或者非口头（行为、身体语言等）的方式透露调解人员对纠纷的个人观点；一般不作指责，即使需要也应该注意方式方法，以教育引导为主；调解人员在调解过程中应当向当事人郑重申明他已经听到、理解并且非常重视他们所求的利益和需要，而不是敷衍；注重结果的公正，而非仅仅是形式上的平等和公正。

（三）控制调解过程和场面

调解员要有效控制调解过程，在调解之初，要将有关调解的基本要求首先告诉参加调解的各方当事人，让大家按照规则进行辩论，尊重他人讲话，不能随意打断别人发言。在调解过程中，既要让各方当事人充分表达自己对案件的感受，又要保证交流的气氛是积极的、顺畅的。

---

❶ 《中国聚焦：我国拟立法鼓励"人民调解"化解基层矛盾》，新华网，http://news.xinhuanet.com/legal/2010-06/22/c_12249492.htm，2014 年 8 月 19 日访问。

在调解过程中原则上实行程序与实体的分离，即调解人员对程序具有控制权，控制调解的进程；当事人对实体享有自治权。调解人员对调解程序的控制主要包括决定具体的调解方式，如调解人员可以视情况决定采用单独调解、联合调解、直接调解、间接调解、公开调解、非公开调解等方式；决定调解的时间、地点等；主持调解，包括时间上的把握、争论点的确定、发言顺序的安排、调解僵局的打破等。此外，虽然实体决定由当事人自行作出，调解人员无权强迫，但是为更好地促成调解，化解当事人之间矛盾，调解人员对实体也可以进行适度的指导。如向当事人提供类似纠纷的法律规定或判例，阐述法律风险；向当事人提供关于事实认定的专业意见；对当事人提出的方案进行评价，指出不合法和不合理之处，使其放弃不切实际的要求；为当事人提供一个或者多个纠纷解决方案，供当事人参考或选择。

（四）应对突发情况

在调解过程中，调解人员的作用是帮助当事人厘清他们的问题、需要和利益，设计出有效的解决方案，并且辅助他们最终达成一个符合双方需要和利益的协议。每个调解人员必须具备一定的应变力，学会应对突发情况，才能取得成功。比如：在调解僵持或者陷入危机的时候，调解人员就应当积极应变来推动调解，如可以从价值观之争引向共同利益的发现；调解人员也可以直接讨论某个问题，集体研讨，也可以暂停调解，或者先易后难，以小的合意促进重大问题上的积极回应等。

（五）因人、因案而异采取不同的调解方法和技巧

调解人员要面对不同的当事人，当事人因其职业、学历、背景、生活习惯等各异，每个人对语言和相关的做法理解和接受能力也不一样。比如：同样一句话，你这样说，他就听得懂，换一种说法，他就听不明白了。有时，调解人员提出的调解建议，即便调解人员在为他着想，他可能也不一定理解和接受。

对文化知识不多的当事人或老年人，调解人员要尽量耐心地进行解释，语言要平实和朴素，多采用当地俚语和俗语，少用专业术语，以免造成沟通不畅，语气平和，语调适中，语速也不可太快，不能让当事人产生居高临下或不耐烦的感觉，这不利于建立信任关系和调解工作的开展。

对于一些受过良好教育或社会地位较高的当事人，如教师、医生、官员、人大代表等，对他们要多使用敬语和专业术语，不能使用那些粗俗的语言；由于他们有文化又见多识广，在调解中，引导他们说出自己的"高见"，因势利导地进行调解。这些人也会因为自己的身份原因，在调解中更加自重，配合调解。因此，调解人员在进行调解的时候，要学会因人制宜、因地制宜，因案而异，要到什么山唱什么歌，灵活运用调解方法和技巧，化解纠纷。

六、民间纠纷调解方法技巧

调解纠纷，调解人员必须通过有针对性的调解方法的运用，才能保证取得较好的调解效果。如果调解的方法运用得恰当，可以使调解起到事半功倍的效果。反之，如果调解的方法运用得不恰当，则可能导致调解不成功，甚至会使纠纷进一步恶化。

（一）苗头预测法的运用

苗头预测法，就是要求调解人员要善于洞察和发现纠纷发生、发展、变化的苗头和客观规律，特别是纠纷当事人的思想和行为不断变化的特点，找出纠纷发生、发展、变化的原因，及时确定预防、解决纠纷的对策，把纠纷化解在萌芽状态或者遏制住其发展的势头，避免纠纷发生，防止矛盾进一步恶化、升级。

由于我国正处于社会转型时期，我国民事主体的利益和要求日趋多元化，利益冲突在所难免，纠纷多且容易激化。有些纠纷会处在一种隐发的状态，一旦条件成熟或者一些因素介入，就会爆发，甚至后果会很严重，直接影响社会的稳定。有些纠纷极易出现反复，难以调解。运用苗头预测法就能够主动地预测并掌握这些纠纷的发生、发展态势，面对可能发生的纠纷及发展变化的复杂情况就可以及时采取有效措施进行预防和解决，从而有效预防纠纷的发生，避免纠纷进一步复杂、激化，防止严重事态的发生。可以说，运用苗头预测法处理纠纷是目前解决民间纠纷的一种非常重要、有效的方法。

在实践中通常做法是，社区民调员通过"民情台账"，细化规范工作，主动走访发现问题。一是主动了解居民的实际困难。每周至少两次，主动到百姓家了解居民最需要解决的实际困难。对于排查到的问题及时解决，有难度的及时上报有关部门。二是特别对困难家庭、"两劳"释解人员等重点人群不定期进行走访，时时掌握其动态，做到心里有数。三是做好登记工作，认真记明当事人的自然情况和纠纷事由，建立翔实档案。

（二）面对面调解法

面对面调解法是指调解人员在调解民间纠纷时，将纠纷当事人召集在一起，当面摆事实、讲道理，在调解的过程中双方当事人和调解人员同时到场的调解方法。

面对面调解有利于凸显调解人员的中立地位，保障程序公正。面对面调解法一般在以下两种情况中可以适用：

（1）适用矛盾较小，涉及亲情类纠纷。表现为当事人之间或者分歧不大，或者矛盾不尖锐，或者纠纷当事人之间有一定的感情基础，需要坐在一起来解决问题，如家庭、婚姻、邻里、同事、朋友之间的纠纷大都可以运用此调解方法。此类纠纷并不十分复杂，容易处理。所以让当事人面对面地各自说出对纠纷的态度和要求，可以进行更好地沟通，也容易明确双方的分歧，从而进行调解。

（2）适用于双方分歧逐渐缩小、对抗性不强，情绪也较稳定的情形。此类情形是在调解人员做了大量工作的基础上，当事人双方的分歧越来越小，情绪也趋平稳冷静，有可能进行理智协商的情形下，宜采用面对面调解的方式。在面对面调解过程中，为了防止场面失控情形的出现，调解人员必须有能力主导话题、安抚情绪。一旦出现场面失控的苗头，调解人员要注意把握时机、灵活或者中止调解。

（三）背靠背调解法的运用

背靠背调解法是指调解人员在调解民间纠纷时，分别对当事人进行个别谈话沟通，在调解的过程中只有一方当事人和调解人员到场的调解方法。换句话说，就是调解时不让当事人进行直接面对面地沟通，而是由调解员分别对当事人进行说服、教育，使双方不断让步，分歧趋于接近，从而促成调解的方法。

背靠背调解一般适用于调解人员需要私下了解当事人的情况，比如想了解当事人的谈判底线时，或者当事人情绪较激动，双方存在明显的对抗情绪，或者当事人固执己见，对事实的认识分歧较大的情形。此时，如果采用面对面的摆事实讲道理，反倒激化矛盾，使调解陷入僵局。如果调解人员分别听取双方当事人对纠纷的看法和各自所持的态度，考察双方的共同点和差异，寻找调解的突破口，然后分别对当事人进行说服、教育，逐步使双方缩小分歧，并形成双方都能接受的调解方案，促使调解成功。

在背靠背调解时调解人员需要特别注意，由于当事人之间的沟通有赖于调解员的传递，所以调解人员一定要谨慎掌握分寸。在传递信息的过程中，既要去除会引起对方当事人不满的用词，又要保持表达意见者的原意，不能为了追求调解成功运用欺瞒等手段。否则就有违调解自愿原则，也会使当事人彻底丧失对调解人员的信任。

（四）换位思考法的运用

换位思考法就是在解决纠纷时，使调解人员和当事人都能设身处地地站在对方的立场上体验和思考问题，体察对方的感受和态度，形成与对方在情感上的共鸣，从而理解对方并改变自己的观点、态度和做法，使问题得到圆满的解决。

从纠纷解决情况看，换位思考法的运用体现在以下两个方面：

一是人民调解员的换位思考，即调解人员要站在纠纷当事人双方的立场和角度，促使当事人全面解决纠纷。调解人员站在当事人的立场，有助于与当事人顺利沟通，了解双方的不同观点、感受和想法，得到对方的信任。这样双方的情绪才有可能平静和缓和，能够坐下来理智商议解决方案。调解人员一定要以当事人的心态来理解具体的纠纷，而不能仅仅站在"一般人"的立场来思考当事人"应该"有什么想法、感受和要求。

二是当事人之间的换位思考，即调解人员引导、启发纠纷当事人相互在对方的立场上考虑问题。人民调解员在调解民间纠纷时，除了自己站在当事人双方的立场和角度进行调解外，还要引导、启发当事人之间进行换位思考。只有这样才能使调解顺利进行。

人民调解员在采用引导、启发当事人之间进行换位思考的方法进行调解时，一方面要求当事人要善于从公正客观的角度出发考虑纠纷的具体情况，寻求合理的解决方法；另一方面要给当事人描述对方的处境，讲述出当事人所不了解的对方的苦衷，并通过类似"如果你是对方，会怎么办"、"如果是你，你将会……"或者"如果你的亲属是对方，会怎么样"的假设性问题引导当事人思索对方的立场、感受和想法。值得注意的是，人民调解员引导、启发当事人互相之间进行换位思考，并不是直接告诉当事人对方的想法及感受，而是应当通过告知对方的处境等背景资料和不断提出适当问题的方式引导，让当事人自己体会对方的感受，得出正确的结论。这种引导当事人主动的思考可以减少由于对调解人员的抵触或不信任而有可能对调解造成的消极影响。

人民调解员采用换位思考的方法，要给当事人讲明凡事都要全面看问题的观点，告诉当事人面对纠纷既要考虑自己的理由和利益，又要考虑对方的想法和感受。只有双方都能设身处地地站在对方的角度去思考、去感受、去体会，才会感觉对方的想法也是情理之中的事，才能进行有效的沟通。换位思考，实质上是促使双方相互理解，消除对抗情绪，从而达成和解。

（五）褒扬激励法的运用

褒扬激励法，主要是对纠纷当事人本身所具有的优点和长处或者在该纠纷中表现出来的正确做法，运用激励的语言唤起当事人自尊心、荣誉感，调动当事人的积极性，使当事人主动做出让步，以了结纠纷的一种方法。调解人员要善于发现当事人的优点和长处，并及时用热情洋溢的话语加以赞赏、表扬，巧妙地唤起当事人的自尊心、荣誉感，不失时机地鼓励当事人以高姿态、高风格来对待纠纷。

褒扬激励法对调解工作具有很好的促进作用：一是平稳当事人的情绪。因为大部分人都希望得到别人的支持和肯定，而对批评一般都比较反感。因此，当纠纷出现后，人民调解员通过对当事人表扬激励，使当事人的抵触心理得以缓解，当事人激动的情绪将趋于平静。这样，就可以为调解工作创造一个良好的氛围。二是赢得当事人的信任，缩短人民调解员和当事人之间的距离。三是通过褒扬激励法，还可以堵住当事人反复不定的后路。对当事人给予肯定的评价，等于是公开给他贴了一个好的标签，会使当事人以此作为衡量自己行为的标准，从而不会做出与此相悖的行为。这时再提出符合该标签特点的要求，当事人为了名副其实，就会容易达成调解协议。

运用褒扬激励法需要注意以下技巧：（1）不能无中生有地丰承或进行虚伪的称赞。对当事人的赞扬应该是针对当事人实实在在、真真切切的优点或长处，是当事人自己认可的闪光点。（2）对当事人的赞扬、激励要注意分寸，不能夸大。（3）人民调解员可以选择多种多样的赞扬方法。人民调解员可以直接肯定当事人的优点，亦可引用当事人尊重信任的其他人对他的评价，或者引用大家对他的一致看法，甚至引用对方当事人对他的客观积极的评价。（4）适当运用"二分法"，即人民调解员对这类纠纷进行调解时，不能一味地赞扬激励，一定要注意当事人行为的两面性，对正确的方面要充分给予肯定，对错误的方面要进行必要的批评。

（六）情感触动法的运用

情感触动法就是在调解中利用亲情、友情、族亲、邻里关系和调解人员的情感方式打动当事人促成和解的方法。对那些感情基础较好的纠纷当事人，通过使他们回忆从前相处、或者共同生活、或者共同经历的情与景，使其重温过去的美好时光，再现同舟共济、相互包容、相互理解、相互支持的历程，体会到他们从前的深厚感情，从而产生心灵触动，使纠纷得以解决的调解方法。

这种方法一般适用于同事、朋友、家庭、婚姻等当事人之间具有感情基础的纠纷。当同事之间、朋友之间、父母子女之间、兄弟姐妹之间、夫妻之间出现纠纷时，基于一时的气愤或情绪激动，一方当事人与对方强烈对峙，甚至恶语相加。但是，他们之间的纠纷并不是不可协调、不可化解的纠纷。这时，需要人民调解员引导当事人回忆从前相处的时光，唤起他们的感情。通过情感触动，让纠纷当事人想到对方的好，从而对自己的行为进行反思，最终做出妥协或回心转意。

该种方法的运用是基于纠纷当事人之间有着较好的感情基础，他们之间的纠纷可能通过情感的因素得到化解和解决。因此，人民调解员如果运用该种方法进行调解，事前一定要做好充分的调查工作。首先了解纠纷当事人之间是否有着较好的感情基础，其次充分掌握纠纷当事人之间相处或共同生活的经历，即掌握大量的第一手材料。这样，才能够恰当地运用该种方法，并运用手中掌握的材料达到唤起旧情的效果。如果纠纷当事人之间没有良好的感情基础，则不能运用该种方法；否则，结果可能适得其反。

此外，在运用情感触动法时还需注意利用其他可资利用的感情因素，不要只盯着纠纷双方当事人的感情因素。比如：夫妻因感情不和而离婚，可以利用父亲或母亲对孩子的爱，让双方和平分手。

（七）明法析理法的运用

明法析理法就是指调解人员在调解过程中向当事人讲解法律法规和政策规定，向当事人讲明道理，纠正他们的某些错误观点，让他们意识到自己的有些行为和主张是于法不合、于理不通的。若他们一意孤行可能要承担不利的法律后果，从而引导当事人按照法律规定的思路寻找纠纷的解决办法。

很多纠纷的产生，是由于当事人对法律不甚了解或者只是一知半解。如果调解人员能够把法律的规定诠释透彻，把案情同法律规定有机地结合起来对照分析，当事人很容易接受。若是法律对此类纠纷没有规定，也能够结合政策、公序良俗讲解，当事人也会接受而听从调解人员的引导把纠纷妥善了结。

明法析理法的适用对象大多是法律意识淡薄、法律知识欠缺的当事人。调解人员耐心讲明相关法律规定，再辅以类似案例的讲解，当事人就容易接受。

在使用明法析理时，根据纠纷情况的不同，调解人员需要耐心再耐心地向当事人释明法律，调解人员也需要运用严肃的语气、简短明了的语言对当事人进行法律震慑。

在运用明法析理法时还要巧妙地运用社会舆论对当事人的影响力，因为大多数纠纷当事人都会很在意周围人对他们的道德评价。如果当事人的行为违背道德的要求，肯定会受到舆论的谴责。舆论的压力会促使当事人选择更符合社会道德观念的行为。

（八）利弊分析法的运用

利弊分析法是指调解人员从各方面为当事人分析接受调解或接受某一调解方案的利和弊，从而引导当事人作出最理性、最有益的选择。弗洛伊德说过，一个人做一件事，不是为了得到一些乐趣（利），便是为了避开一些痛苦（弊）。所以，利弊是做与不做任何事情的理由。问题是几乎任何一个选择都是利弊共存的。既然我们没法找到只有利没有弊的选择，我们就要学会权衡。当事人在面对纠纷时，其思想往往具有局限性和片面性，容易固执地盯着事情利的一面或者弊的一面，从而坚持自己的观点不肯妥协。作为调解人员，就要启发、引导当事人从事情的多方面对利弊进行综合分析和思考，在客观权衡之下做出最有利的选择。

调解人员引导当事人进行利弊分析主要包括：解决纠纷所需的经济成本、时间、精力等其他成本，纠纷的持续或解决对工作、生活等的影响，对未来需维系的人际关系、情感关系的影响，对个人声誉的影响，若调解不成涉诉的成本和支出，败诉的风险，胜诉以后执行不能的风险，案件的社会影响，等等。

利弊分析法是在调解中最常用的调解方法，同时它又是一个综合性的调解方法。在利弊分析法的运用过程中往往需要同时运用到明法晰理法、情感触动法等其他调解方法。

（九）热处理法和冷处理法的运用

所谓热处理法和冷处理法的运用是指调解人员在调解工作中要掌握纠纷的火候，适时采用不同方法。有的纠纷不要急于求成，宜放一放，给当事人一个思考、回旋余地；有的纠纷则需趁热打铁，快刀斩乱麻，否则将夜长梦多，使案件激化，造成恶劣的后果。

热处理法适用于纠纷简单、事实清楚或双方当事人认识上基本一致的纠纷。此种纠纷一旦发生，应立即组织人员调解，避免久拖不决，使矛盾纠纷扩大或激化；还适用于时间紧、危害大，不及时解决就可能导致矛盾激化，造成人身伤害的纠纷。如打架斗殴、停水断电、水质污染、影响生产生活等纠纷，必须立即解决，使损失控制在最小范围内。

冷处理法一般针对比较激烈的纠纷。这类纠纷的当事人一般文化水平比较低，或者脾气暴躁，容易冲动失去理智。

（十）现场调解法

现场调解法是调解人员亲自到纠纷发生的现场或者纠纷发生地了解、勘查、比对案件事实情况，在获得可靠依据后组织当事人双方现场调解的方法。到现场调解有两个目的：一是方便当事人；二是可以在现场获取当事人双方举证均不能解决的疑难问题。调解人员能够亲自到纠纷发生地不仅使当事人比较欢迎，而且可以实地指认，让当事人真正明白错对的原因，容易使调解员与当事人之间沟通，使调解员就案情的分析判断进行正确的处理。此法主要是针对不易判明的事实而使用的，也是减少当事人跑路、促使当地群众接受法治教育的好方法。

对界址、引水、通行等相邻关系纠纷，需采用现场调解法。调解这类纠纷时调解人员应到现场勘察了解，邀请有关专业人员和村干部、邻居和亲朋好友参加。由当事人陈述理由，出示证据，大家共同评判是非，作出合理的结论，最后再说服有过错的一方，促成纠纷的调解。

对有现场可查的纠纷，尤其是权属类纠纷案件，如停止侵害、排除妨碍、承包经营权、林业承包合同纠纷、污染纠纷等，调解人员需坚持到争议发生地实地查看现场，现场了解实际情况，并向当地群众了解纠纷产生的原因，倾听他们的意见，在可能的情况下，寻求他们的配合，做到就地调解。

（十一）重点突破法的运用

1. 抓住主要矛盾调解法

抓住主要矛盾调解法是指调解人员在调解时，依照纠纷的具体情况，抓住纠纷发展过程中起决定作用的矛盾进行调解的方法，即抓住当事人最关心的核心问题进行调解。

运用抓住主要矛盾调解法需注意以下几个方面：首先，人民调解员要立足于对纠纷的全局和整体的深刻认识和准确把握；其次，既要善于捕捉主要矛盾，注意采取有效措施集中力量解决好主要矛盾，又要注意根据纠纷的发展变化，判断主要矛盾和次要矛盾的转化，调整自己对主要矛盾的认识，修正调解方案，有效掌握调解工作的主动权。最后，抓住主要矛盾进行调解并不意味着忽视次要矛盾的解决。

2. 抓住关键人物调解法

抓住关键人物调解法，就是调解人员在调解纠纷时，抓住纠纷当事人中起关键作用的人物，首先对其说服、劝解，形成初步调解结果，从而带动其他纠纷当事人接受该调解结果的方法。

在某些群体性的纠纷中，某些纠纷当事人往往对纠纷的性质、事态并不起多大影响。他们往往是追随着某些纠纷当事人，听从或者参考这些纠纷当事人的意见，见机行事，随波逐流。因此，在调解时，只要集中力量，突破那些关键当事人的防线，那么整个纠纷也就容易解决了。

运用抓住关键人物调解法的关键是确定谁是纠纷中的关键人物或核心人物。只有确定了谁是纠纷中的关键人物，才能对其集中精力进行突破。这就要求人民调解员必须通过细致的调查，了解每一个纠纷当事人的具体情况，特别是每一个纠纷当事人在纠纷中所起的作用，找出影响纠纷解决的关键人物。

3. 先易后难、逐个击破法

采用先易后难、逐个击破的方法进行调解，就是在人民调解组织和调解人员对纠纷进行调解时，先对纠纷中比较容易接受调解的当事人进行调解，达成调解协议，然后再对较难接受调解的当事人进行说服、劝导，最终使调解获得成功。

当不同的纠纷当事人对解决纠纷的态度不同时，人民调解员可以通过背靠背的方法，先对容易接受调解的纠纷当事人动之以情、晓之以理，达成调解协议。然后再对其他纠纷当事人进行说服教育，在调解成功的当事人的调解结果基础上，让其他当事人知晓调解的底线，再无理取闹也不会有结果，从而最终接受人民调解员的建议。

（十二）模糊处理法的运用

模糊处理法，是指人民调解员调解纠纷时，对一些非关键又无法调查清楚的事实不进行深入调查，对纠纷当事人之间的一些非原则性问题，并不进行细致的分析和探究，而是粗线条地作出处理的调解方法。

由于民间纠纷所涉及的某些事实并不能清晰地进行判断，或者纠纷的处理结果不宜绝对地"一是一，二是二"。如果在这些枝节问题上斤斤计较反而会影响调解的效果。采用模糊处理法就可以避免这些问题。

调解人员运用模糊处理法并不是无原则地调和、各打五十大板，而是建立在以法律和政策为依据，分清是非责任，保护受侵害一方当事人的合法权益，让有过错方承担相应的义务基础上的。具体有以下几个方面：

（1）模糊表述。在纠纷的调解过程中，难免会碰到一些问题不宜做出非此即彼的判断。此时，就应进行模糊表述。而且，现实生活中大量现象的模糊性及人的某些认识的模糊性，也决定了某些问题模糊表述的必要性。在纠纷调解时更是如此，特别是对一些一时难以分辨或难以启齿的问题，运用模糊表述的方法效果会更好一些。

（2）模糊传达双方信息。对于那些当事人双方意见分歧较大、情绪波动大、对抗较严重的民间纠纷，人民调解员对双方陈述的事实、表达的要求要适当"过滤"后再传达给对方。这样就可以避免当事人的分歧和对立升级。

（3）模糊调查。人民调解员在调查此类纠纷的具体情况时，特别是在了解纠纷的具体事实时，不要企图把纠纷发生过程中的每一个事实、每一个细节、当事人的每一个行为及所说的每一句话都调查得清清楚楚，这既没有必要也不可能。所以，要采用一种模糊的方式对纠纷事实进行调查，其调查程度只要基本脉络清晰、基本事实清楚，足以分清是非责任就可以了，某些不易查清且不影响纠纷当事人责任认定的事实可以忽略。

（4）模糊调解。模糊调解强调在调解过程中，人民调解员只要在大是大非的基础上，使当事人双方的权利和义务得到保障和明确、协议得以达成就可以了，不需要对任何问题都面面俱到、查证属实并严格区分责任。因为，对责任的严格区分有时是不可能的：有些纠纷确实很难确定纠纷双方当事人的责任；有些纠纷如果严格区分责任，并绝对地要纠纷当事人承担责任是不现实的。这样的做法往往导致调解不成功。所以，在有些情况下，人民调解员要求纠纷当事人承担的责任只要基本符合法律的规定，双方当事人没有异议就可以了。当然，模糊调解并不等于和稀泥，调解的基本原则还是要坚持的，谁是谁非也必须分清楚。

（5）模糊批评。模糊批评就是在调解过程中，对当事人的模糊行为、错误思想，在适当的时机和场合指出来，但不过分指责和死死抓住不放，而是强调"点到为止"。模糊批评实质上就是既适时、适当指出纠纷当事人的错误，又让纠纷当事人接受，不致让当事人感觉人民调解员是专门针对自身的缺点、错误进行说教。批评要程度适当，恰到好处。

（十三）舆论压力法的运用

舆论压力法，就是人民调解员在进行调解时，通过提示当事人关注周围的人对此事的看法和评价，给纠纷当事人造成一种压力，使纠纷当事人放弃自己不正当的要求，从而达成调解的方法。

舆论压力法适用于以下两种情况：一种情况是"熟人社会"。主要表现在乡村、单位内，甚至城市生活小区内发生的纠纷。另一种情况是纠纷当事人为知名人士。

运用舆论压力法需注意的问题：（1）人民调解员一定要掌握公众对此纠纷是什么看法的信息。（2）要注意分辨哪些舆论是正确的，哪些舆论是错误的。正确的舆论导向，会给拒不履行法律义务或提出过高要求的当事人带来心理压力。如对少数典型的赡养案件进行曝光，不仅促使当事人达成调解协议，主动履行赡养义务，而且还达到了审理一案教育一片的效果。

（十四）适当强硬手段法的运用

适当强硬手段法，是指在适当情况下要依靠强硬手段解决纠纷。

运用适当强硬手段法要注意的是：首先，是纠纷当事人具有严重违法的前提。其次，在采用其他人民调解的方法不能解决问题时，再考虑适当强硬手段法的运用。最后，保证运用适当强硬手段法的合法性。

（十五）多方协助调解法的运用

依靠多种社会力量协助调解法，就是指在调解过程中，除了依靠人民调解员自身的力量进行调解外，还根据需要邀请当事人的亲友和当地有威望的人、有一定专门知识的专业人士及其他社会力量给予支持和帮助，从而完成调解工作的方法。

作为人民调解员要学会调动一切可以调动的积极因素来做工作。这些积极因素包括以下方面：

（1）依靠当事人的亲友。人民调解员要善于动员当事人的亲友协助调解，因为他们与当事人的关系比较密切，彼此之间存在着一定的信任基础，依靠他们协助调解，容易为当事人所接受。

（2）依靠当事人家族中或者当地有威望的人。在当事人家族中或者在当地有威望的人，是指那些社会经验丰富、明白事理、会处理事情，在当事人家族中或者在当地有影响并受到尊重的人。依靠这样的人对纠纷当事人进行调解，纠纷当事人基于对这些人的尊重和信赖，往往能够听得进这些人讲的话，接受某种调解结果。

（3）依靠媒体的力量。对于一些知名人士或有地位的人，在调解过程中可能比较强势，导致调解陷入僵局。这时调解人员能够善用媒体，将所涉纠纷通过媒体曝光，会给当事人带来压力。迫于舆论压力，当事人会降低姿态，主动化解纠纷，利于纠纷的解决。

（4）依靠相关部门。如果发生一些重大、复杂或群体性的纠纷，调解人员可请求相关部门到场协助，联合调解，化解纠纷。

运用多方协助调解法，调解人员需注意：一要注意照顾当事人的情绪，避免盲目依靠他人调解引起当事人的不满，造成不好的后果。二要要求协助调解的人从当事人的利益和社会安定团结的大局出发，运用法律和政策，自愿提供帮助和支持，公正、客观地劝服当事人。

上述人民调解的具体方法是调解过程中经常使用的一些方法。当然，实践中还可能有一些比较实用的方法未被列入。而且上述方法彼此之间并不是孤立的，这些方法可以根据纠纷的具体情况结合起来共同使用，即在一个纠纷中可同时使用两个以上的调解方法，特别是在调解复杂纠纷的过程中，尤为必要。

七、典型案例操作示范

【示例1】

【基本案情】

2012年1月4日，市东华社区桃园新村10号楼的几户居民十分气愤地到社区反映该栋楼因为一楼下水道堵塞后，一楼房主关闭自来水主阀门导致楼上几家均无法用水，日常生活受到极大的影响，与一楼房主几次协商没有结果。现在他们找到社区请求社区帮助解决。

问题：关于此纠纷应采用何种调解方式？

【操作指引】

因为一楼下水道堵塞后，一楼房主关闭自来水主阀门导致楼上几家均无法用水而引发纠纷。纠纷人数虽然较多，但属于社区调解委员会单独管辖的纠纷。因为它不涉及其他地区、其他单位的关系人。社区调解委员会对纠纷双方当事人都比较熟悉，便于深入调查研究，摸清纠纷发生、发展情况，针对当事人的心理特点，开展调解工作；便于督促调解协议的履行；便于解决当事人合理的实际困难，所以宜采用单独调解的方式；因为该纠纷情节比较简单，事实清楚，经说服教育，当事人能够认清是非曲直，使矛盾得到解决；且矛盾冲突只限于双方当事人之间。这时，调解人员在采用直接调解的方式时，需要对当事人做深入细致的思想工作，促使当事人之间和解，在新的基础上增进团结。

【示例2】

【基本案情】

某信用社大兴分社值班员华天，因请假参加学习造成一个工作日未到岗上班。在隔日上班后，因当天前来办理业务的群众很多，柜台前比较拥挤。大兴乡居民胡伟因急事前日未能办理金融业务，对值班员华天心存不满。因喝酒后，未按排队要求办理业务，并出言不逊，引发值班员华天与其吵闹，造成营业中断。营业室柜台护栏被胡伟砸烂，值班员华天的私家车也受到胡伟的损害。事发后，信用社主任章民贵赶到现场进行制止。

乡司法所接到信用社章主任请求调解的电话申请后，立即派出模范调解员张桂芳进行调解。张桂芳先走访了当地群众，从群众口中得知：值班员华天性情孤傲，服务态度较差，群众意见较大。胡伟在街道做生意，经常与信用社有业务往来，为人不太讲究细节。在走访群众后，分别与双方当事人进行约谈，在取得较大的进展后，便约定隔日在乡司法所进行纠纷调解。

双方当事人按时被请到大兴乡人民调解室。调解人员宣布调解纪律，听取了当事人的陈述，张桂芳就双方当事人在此次纠纷中的错误行为从法律角度进行了剖析。明确指出胡伟损坏公私财物是一种违法行为，应当给予赔偿；值班员华天没按时到岗到位，也没有履行告知义务，给胡伟从事经营活动带来不便，属工作失误，应当给予道歉。

通过对纠纷的层层剥离分析后，胡伟、华天认识了自己的错误，同时对自己的错误行为深感后悔。在调解人员的主持下，值班员华天向胡伟当场道歉，信用社主任章民贵也因管理上的疏忽，向胡伟表示了歉意。因华天、章主任的举动，胡伟也受到了感化和教育，主动地承认了自己的错误。通过对营业室护栏、华天私家车损失进行了估量，以胡伟赔偿损失800元化解了纠纷。

问题：调解委员会工作人员是如何运用调解技巧处理好这起纠纷的？

【操作指引】

在该纠纷调解中，调解人员巧妙运用了人物要素、情节要素和地点要素技巧进行了调解。首先调解人员通过调查，了解到华天为人孤傲，这种人不太愿意承认自己的错误。于是调解人员根据纠纷事实首先指出华天没按时到岗到位，也没有履行告知义务，给胡伟从事经营活动带来不便，属工作失误，应当给予道歉。华天认识到自己的错误，当场给胡伟道歉，信用社主任也因管理不当向胡伟道歉。胡伟虽然为人不讲究细节，但华天和信用社主任的道歉还是感动了他，也主动承认了自己的错误，并赔偿了所造成的损失。同时调解地点选择在调解室比较正式，给双方一个威严感。大家容易态度端正，认真对待纠纷的解决，纠纷就容易调解成功。

【示例3】

【基本案情】

王春明，系某街道原王庄村居民，共养育四子：王喜、王华、王吉、王洪。2009年底，王庄村拆迁，老三王吉先行拆迁，并安置于幸福小区。王春明与其他三个儿子后拆迁拿房，王春明与老伴自此一直与老大王喜一起居住，相安无事。但至2012年，王春明夫妻因家庭琐事想要回自己在拆迁中的面积，单独居住，父子五人由此产生矛盾。11月，王春明在胸口挂"还我主权"的牌子，敲着锣，腰间系着导尿袋，带着患病老伴，情绪激动地来到街道上访，要求政府帮他们解决家庭内部安置房分配及赡养矛盾。

问题：如果由你负责本纠纷调解，你将采用哪些调解方法？你将怎样具体使用这些方法进行调解？

【操作指引】

这是一起典型的因拆迁引起的赡养纠纷。街道接案后，调解委员会工作人员一方面立即与王庄村委会取得联系，向当地知情人员了解情况；另一方面，迅速行动，按提供的名单、地址、电话及时与王春明的四个儿子联系，对相关当事人进行走访了解，希望当事人能统一思想，尽快参加调解。但之前王春明夫妇与四个儿子因房产分配及赡养纠纷闹得不可开交，五人都不愿与对方对话，都希望通过法律途径来解决此事。可是王春明现在身体状况令人堪忧，如果走诉讼程序必然耗时较多。如何尽快解决此事，让老人能够尽快安享晚年，成了摆在调解人员面前亟待解决的难题。

针对五人不愿与对方对话的情形，调解人员采用背对背调解法进行说服，采用"各个击破"的方法，由一名调解员负责劝说一方。在劝说中采用了感情调解法等方法进行多次劝说，多次的电话沟通与上门，终于让五人看到了调解人员解决此事的诚意和能力，最终同意一起召开家庭会议，大家坐下来对此事进行协商。

调解前，街道调解员仔细查阅了当时的拆迁协议及拿房记录，并走访了事情的知情者，做到了心中有数。调解时，调解员先是对王春明的身体状况进行阐述，并说出了老人家希望全家和睦、安享晚年的希望。同时提醒王春明的四个儿子要换位思考。如果自己把孩子养大，年老生活无着落，该是一件多么寒心的事。你们也有老的一天，如果你们的儿女也这么对你们，情何以堪。调解员的一翻话说得大家都低下了头。但在面对王春明的房产分配及今后的赡养问题时，四人仍是争锋相对：老三王吉认为自己先行拆迁，在房产分配上没有多拿，这是老大王喜、老二王华及老四王洪的问题。且如果父母愿意分开居住，其本人愿意赡养，但是如果仍与老大王喜居住，自己将不负责赡养，因为父母的房产全部被其他三人拿走，谁拿房谁赡养。而老大、老二和老四均不承认自己所拿的安置房中有父母的面积。针对他们之间存在分歧，调解人员与社区及时进行分头调解工作，调解人员一方面拿出调查的证据，将老大、老二、老四三人应拿面积与实际面积进行对比，让他们对自己多占的面积无法辩解，另一方面从《中华人民共和国老年人权益保障法》及《中华人民共和国婚姻法》等法律法规中有关赡养的规定对他们进行解释。社区工作人员则不断从风俗人情及周围群众的真人真事对他们进行劝解，使他们一要让周围百姓认为兄弟间是团结友好的，二要为自己的儿孙做好榜样。通过上述明法析理的方法，兄弟四人在统一思想认识的前提下，共同签订了赡养王春明夫妇的协议书。王喜、王华、王洪分别从三人的安置面积中退出 $40m^2$、$20m^2$、$20m^2$，合计 $80m^2$ 的面积给王春明夫妇，且产权归二老所有。二老去世后，该房产由四个儿子继承，二老的赡养由四个儿子共同承担。

第二章　婚姻纠纷调解要点与技巧

家庭是社会的基本组成部分。目前，我国正在致力于建设和谐社会，而家庭的和谐是社会和谐的基础。婚姻家庭关系的和谐稳定有助于社区的和谐与稳定，进而实现社会的和谐与稳定。如果对婚姻家庭矛盾处理不当，不仅会影响家庭的和谐，也会影响社区及社会的稳定。因此，做好婚姻家庭矛盾纠纷预防和化解工作，是构建和谐社会的必然要求。关注婚姻家庭问题，分析婚姻家庭矛盾纠纷的形成原因，探求纠纷预防和化解的新途径、新方法，对于构建和谐家庭、维护社会稳定具有十分重要的意义。

婚姻家庭纠纷类型，从大范围来讲，可以分三大类，婚约同居纠纷、结婚纠纷及离婚纠纷。其中离婚纠纷本身又包括离婚纠纷、离婚后财产纠纷、离婚后损害赔偿纠纷、共同财产分割纠纷、子女抚养纠纷等一系列的矛盾纠纷。婚姻家庭案件注重解决当事人的情感与财产双重矛盾，特别是婚姻案件，有可能影响当事人的一生。因此，注重调解是婚姻家庭纠纷首先应当做到的，在调解无效的情况下，再行诉讼。因此本章专注婚姻纠纷中典型纠纷调解。

第一节　解除同居关系纠纷调解要点与技巧

一、解除同居关系纠纷的特点

婚姻法上的同居，是指未办理结婚登记而共同生活。实践中有两种同居情形：一是《最高人民法院关于适用〈中华人民共和国婚姻法〉若干问题的解释（一）》（以下简称《婚姻法解释一》）第 5 条所规定的"未按婚姻法第 8 条规定办理结婚登记而以夫妻名义共同生活"，即非婚同居；另一种情形是《婚姻法解释一》第 2 条所规定的"有配偶者与他人同居",指有配偶者与婚外异性,不以夫妻名义,持续、稳定地共同居住,即婚外同居。这两种同居情形在 2001 年《婚姻法解释一》实施之前,均定性为非法行为。《婚姻法解释一》第 5 条规定,未按《婚姻法》第 8 条规定办理结婚登记而以夫妻名义共同生活的男女,起诉到人民法院要求离婚的,应当区别对待:(一)1994 年 2 月 1 日民政部《婚姻登记管理条例》公布实施以前,男女双方已经符合结婚实质要件的,按事实婚姻处理;(二)1994 年 2 月 1 日民政部《婚姻登记管理条例》公布实施以后,男女双方符合结婚实质要件的,人民法院应当告知其在案件受理前补办结婚登记;未补办结婚登记的,按解除同居关系处理。这是法律对同居关系性质的认识所发生的一个质的变化。

形成同居关系的原因较为复杂。虽然同居是双方自愿选择的一种生活方式,但双方当事人因为感情、利益等原因想要解除关系时,容易形成纠纷,且调解难度较大。对同居关系调解申请人,要告知《婚姻法》有关同居关系的规定。凡要求解除同居关系的不予受理,但可提示当事人选择合法方式保护自己个人财产等方面的合法权益。但是解除同居关系涉及子女抚养、财产分割及以后再婚等问题,因此必须慎重处理。

二、解除同居关系纠纷调解处理的原则

(一)协议解除同居关系原则

同居是双方自愿选择的一种生活方式,但这种关系是脆弱的两性关系,不仅同居双方的利益无法得到法律保障,而且增加了社会的负担和不安定因素。在双方不愿继续同居时,应以明智的态度,通过协议解除同居关系,就同居期间的财产、债务,甚至包括感情、子女等事项做出妥善处理。虽法律未明文规定可以通过协议解除同居关系,但这种协议未违反法律规定,且可以达到解除同居关系的目的,应受到法律保护。另一方面,解除同居毕竟对同居者的人生有较大影响,为了做到稳妥,特别是考虑有关子女抚养、财产分割及以后再婚等问题,同居双方亦可通过诉讼方式解除同居关系。

(二)保护非婚生子女利益原则

同居是一种非正常的男女生活方式,不为法律所认可和保护,但同居期间男女双方所生子女仍然受我国《婚姻法》保护。非婚生子女的出生,主要是

父母的过错，子女本身并无过错，任何歧视非婚生子女的思想和行为都是错误的。我国《婚姻法》规定，非婚生子女享有与婚生子女同等的权利，任何人不得加以危害和歧视。非婚生子女与婚生子女的法律地位是完全相同的，《婚姻法》中有关父母子女之间权利和义务的规定，如抚养教育、管教保护、赡养扶助和遗产继承等，同样适用于父母与非婚生子女。另外，《婚姻法》规定，"不直接抚养非婚生子女的生父或生母，应负担子女必要的生活费和教育费的一部分和全部，直至子女能独立生活为止"。

（三）依法合理分割同居期间所得财产原则

处理同居期间的财产和债务时，应遵守如下规定：同居期间，双方对财产、债务有约定的，从其约定；无约定的，解除同居关系时，应由双方协议；在协议过程中，要根据财产的具体情况，按照照顾子女和女方权益的原则依法合理分割财产。

三、解除同居关系纠纷调解要点

（一）关于同居财产分割纠纷的调解

1. 关于同居期间形成财产的处理

同居期间的共同财产是指由双方共同管理、使用、收益、处分，以及用于债务清偿的财产。具体分割财产时，应照顾妇女、儿童的利益，考虑财产的实际情况和双方的过错程度，妥善分割。解除同居关系时，同居生活期间双方所得的收入和购置的财产，按共同财产处理，应参照婚姻法的规定，适用平等分割原则处理。如果一方有证明其财产是个人的，则不能分割。同居期间一方自愿赠送给对方的财物，可比照赠与关系处理。一方向另一方索要的财物，按照最高人民法院《关于贯彻执行民事政策法律若干问题的意见》处理。

2. 对因同居关系分手所产生的财产纠纷，要查清所争议的财产性质

要把同居双方共同财产与下列财产区别开来：一是与同居双方个人所有的财产区别开来，约定同居期间归各自所有的财产及法定属于同居一方所有的财产，不能参与分割；二是与子女的财产区别开来，子女通过继承、受赠所得的财产或者其他归子女个人所有的财产，不能参与分割；三是与其他家庭成员的财产，即双方父母、兄弟姐妹等家庭成员个人所有的财产区别开来。

3. 关于同居期间所产生的债权债务的处理

同居期间为共同生产、生活而形成的债权、债务，可按共同债权、债务处理。同居期间，双方关于财产、债务有约定的，从其约定；无约定的，解除同居关系时，应由双方协议。协议不成时，由人民法院根据财产的具体情况，按照顾子女和女方权益的原则进行调解。在此强调一下，同居期间所负的债务，是指双方为共同生活或为履行抚养、赡养义务及一方或双方治疗疾病等需要所负的债务。同居前一方借款购置的房屋等财物已转化为双方共同财产的，为购置财物借款所负的债务属于共同债务。个体工商户、农村承包经营户所负的债务，属于双方经营，并以双方共同财产承担责任的，也属于双方共同债务。

4. 同居期间一方患有严重疾病的情形

一方在共同生活期间患有严重疾病未治愈的，分割财产时，应适当予以照顾，或者由另一方给予一次性经济帮助。

5. 因一方死亡而产生的继承权纠纷的处理

对于同居期间因一方死亡，产生子女亲友争夺继承权的纠纷，要准确把握男女双方属同居关系而非夫妻关系，相互之间没有继承权。但可以根据《继承法》第 14 条之规定："双方互尽抚养义务的，作为法定继承人以外的人可分得适当的遗产。"

（二）同居关系纠纷中子女扶养问题的调解

1. 非婚生子女享有与婚生子女同等的权利

同居男女虽然没有办理结婚登记，但所生育子女享有与婚生子女同等的权利，仍然受到法律的保护。根据《婚姻法》第 25 条规定："非婚生子女享有与婚生子女同等的权利，任何人不得加以危害和歧视。不直接抚养非婚生子女的生父或生母，应当负担子女的生活费用和教育费，直至子女能独立生活为止。"

2. 关于未成年子女的抚养权和抚养费问题

我们要按照《婚姻法》规定的父母子女关系处理，首先由双方协商，协商不成的，应根据子女的利益和双方的具体情况作出调解。法律规定哺乳期内的子女原则上应由女方抚养，如果女方有不利于子女健康成长的疾病、恶习的，或者男方条件好，女方同意的，也可以由男方抚养。子女有辨识能力和判断能力的，应该征求子女本人的意见。具有抚养权的一方将未成年子女送养他人的，须征得对方同意。子女随一方生活，对方支付子女抚养费，主要包括生活费、教育费、医疗费及其他必要性费用。抚养费标准：有固定收入者为每月收入的20%～30%，也可适当提高或减少；没有固定收入者，为当地公布年人均收入的20%～30%，可要求一次性支付。

四、典型案例操作指引

【示例1】

【基本案情】

王先生从内地到深圳打拼已有十多年，事业小有成就，车房皆备。由于长期的两地分居，王先生与妻子的关系不好，闹到要离婚的地步，但为了孩子一直没有离成。王先生在工作中与付某相识，并钟情于年轻貌美的付小姐，与付某成为了朋友。后来王先生告诉付某：自己与妻子离婚了，并向付某表达爱意。双方确立了恋爱关系，半年后同居。同居后，付某觉得找到了靠山，而工作十分辛苦也不尽人意，在王先生好言好语的劝慰下，付某便辞职在家专心做家务服侍王先生。同居一年后，付某发现王先生仍与妻子保持关系，并没有真正离婚，觉得自己上当受骗，很是气愤。付某向王先生提出分手，同时对王先生名下的房子、汽车和存款提出分割的诉求，王先生自然不同意。产生纠纷后，双方找到所在社区调解委员会请求调解。

请问：如果你是人民调解委员会工作人员，你将如何处理该纠纷？

【操作指引】

社区调解委员会工作人员经过调查，确认双方属于同居关系，且是自愿申请调解，可以受理，于是受理了该纠纷，并指派有经验的调解员李辉主持调解该纠纷。

调解员李辉了解了案情后，决定采用背靠背的方式与双方分别进行谈话。

李辉：付小姐……你与王先生是同居关系，你与他同居后没有职业和收入，只做家务，没有收益，所以没形成同居期间的共同财产。而王先生的存款及不动产等，是与你同居前就在他名下的个人财产，你要求分割财产的诉求没有法律依据，得不到法律的支持。但是，对于你受到的损害，我们可以说服王先生给予应该的补偿。

付某：他恶意欺骗了我的感情，他就应该受到惩罚，否则我就是死也饶不了他，我要到法院控告他！

李辉：王先生违背社会公德的行为应该受到批评和指责。但现在他已经认识到自己的错误，并愿意与你和解。王先生的富有，也是你抵挡不住的诱惑，你应该总结自己不够慎重、轻易上当的原因。

经过说服疏导，付小姐冷静下来，调解员又进一步做王先生的工作。

李辉：王先生，你违背社会公德致使付小姐与你同居，给她造成了巨大精神损失。如有悔过表示的话，建议你依据付小姐在与你同居期间投入的劳务给她以相应补偿，以减轻其心理上的损伤。

在调解员的批评劝导下，王先生同意对付某在与其同居期间所做的家务劳动给予 8 万元作为劳务补偿金。付某知道自己的诉求得不到法律支持之后，不再提出分割财产的请求，接受了王先生的劳务补偿。双方就此达成和解协议，和平分手。

【分析指引】

对于同居纠纷中财产争议的调解，要注重以法律为导向，同时辅以情理疏导。在此案调解中，如果不讲清付小姐的诉求于法无据，如果不引导王先生给付小姐应得的补偿，调解就无法进行下去。调解员对王先生不道德的行为进行批评教育，同时引导其良心发现，给受损害的付小姐做出应有的经济补偿，也给他自己留一个台阶下。这种调解方式，体现出最大限度地增加和谐因素，最大限度地减少不和谐因素的调解理念和调解智慧。

【示例 2】

【基本案情】

小齐、小英系邻村青年男女，2008 年经媒人介绍定下婚约，小齐给小英送见面礼 800 元，2009 年送看家礼 1000 元，2010 年举行结婚仪式的结婚彩礼 1 万元。两人举行仪式后开始同居，未到民政局领取结婚证。小英于 2011 年生下一女儿，因为生的是女儿，婆家人一直不满意，小英就一直居住在娘家。小齐于 2012 年开始外出打工，只春节回家过年。2013 年小齐外出打工期间，与另外一女孩相识并恋爱，2014 年春节小齐回家要与小英分手。小英家对分手之事坚决反对，小英的舅舅知道此事后，还与小齐发生了抓扯打斗，造成小齐鼻骨骨折，构成轻伤。小齐遭到人身伤害后，坚决要求小英舅舅赔偿医疗费，并追究他的刑事责任，也更坚定了他与小英的分手决心。两家人陷入水火不容的境地，小英一看与小齐和好无望后，带着女儿到镇政府接待大厅又哭又闹，寻死觅活。

【操作指引】

为了尽快平息纠纷，避免事态扩大，镇司法所立即派员展开了调解工作。调解过程中，小英情绪非常激动，调解员首先努力安抚小英的情绪，让她为孩子着想，为了孩子要好好生活下去。待小英表示不会做出过激行为后，调解员才通知小齐前来调解。

在小齐到来之前，调解员先做小英舅舅的工作。调解员针对小英舅舅出手打人的行为进行了严肃的批评和教育，并告知他根据《刑法》第234条第1款之规定，故意伤害他人身体的，处3年以下有期徒刑、拘役或者管制。其作为长辈应当以理服人，感情的问题不是用拳头可以解决的，对小齐造成的人身伤害，其应当按照《民法通则》等有关法律规定进行赔偿。一席话让小英舅舅认识到了自己的错误，并表示一会儿见到小齐后一定心平气和、不再起冲突。

小齐来了之后，调解员对小齐作了严肃的批评，教育小齐要有责任感。虽然两人只举行婚礼，没有办理结婚登记手续，但在周围人的眼里俨然已是夫妻，况且两人已有小孩，要为孩子健康成长着想。小齐自知理亏，低下了头。

随后，调解员对小英舅舅打伤小齐之事进行了调解，调解员劝导小齐，作为小辈的小齐应当体谅长辈当时的心情。毕竟是他变心在前，道义上理亏，在某些事情的处理上应当作一些让步。尽管小英舅舅对小齐抛弃外甥女的行为表示强烈的谴责，但还是较为清醒地认识到了自己行为的严重性，愿意就人身伤害对小齐做出适当赔偿。而小齐也自知理亏，松口说如果能够和平分手，可以不追究其刑事责任并放弃赔偿要求。小英舅舅和小齐的敌对情绪有了很大的缓解，这为下一步调解工作奠定了基础。

针对小齐与小英解除同居关系纠纷，调解员组织当事人另行调解。为了确保调解顺利进行，调解员决定采取背靠背调解方式，分头了解当事人的真实想法。调解员首先找到小齐，小齐认为和小英分开时间太长了，感情也淡了，而且她和自己家人的感情也不好，家人也不同意再和她在一起，分手是最好的选择。调解员严肃地批评小齐说，虽说你和小英没有办理结婚证，但你们已举行婚礼，还有了孩子，现在提出分手，真是不负责任。同居后分手给女人带来的伤害比男人要严重得多，况且还有孩子，她们要怎么面对以后的生活？周围的人会以怎样的眼光看她们？一席话说得小齐面有愧色，但还是坚持分手，并愿意补偿小英母女俩。调解员找到小英进行耐心细致的说服工作，小齐不负责任固然可恨，但你们闹成这样，你也是有责任的。首先未处理好与小齐家人的关系，这两年你一直住在娘家，与小齐分开时间长，联系不多，最终导致两人感情破裂。当初同居是双方两情相悦、你情我愿的事情，现在分手不可避免，好在你还年轻，咱们要向前看，报复吵闹只会消耗、折磨彼此，增加彼此的怨恨，最终结果无非是两败俱伤，对孩子成长也不利。经过耐心细致的劝说，双方都认识到自己应负的责任，均表示愿意友好分手。经过几次谈判之后，小齐表示，彩礼不再要回，小英的嫁妆由小英带走，另支付孩子抚养费 5 万元，双方以后不再来往，友好分手。小英十分感激调解员给予的帮助，并表示将吸取这次教训，牢记调解员的教诲，重新振作起来。在今后生活中做一名自尊、自信、自立、自强的女性，开始新的生活，把孩子抚养成人。

【分析指引】

调解是在调解员的主持下，本着双方当事人平等、自愿的原则，相互之间展开对话、进行协商，最终解决和消除纠纷的活动。掌握调解的恰当时机，是本次纠纷调解成功的基础。在本次矛盾纠纷中，调解员考虑到女方小英一家的激动情绪，此时调解纠纷时机尚不成熟，因此调解员暂缓了调解的时间。首先尽量安抚小英的情绪，待小英情绪稳定，并表示不会做出过激行为后，才通知小齐前来调解。应该说，调解时机的把握比较恰当，为以后调解顺利进行打下了基础。

在本次矛盾纠纷调解中，调解员巧妙使用了明法析理、情理交融、利弊分析等调解方法，首先依据法律指出小英舅舅的错误，依据情理批评了小齐的不负责任，耐心地指出各自存在的问题和应负的责任。正是由于调解员在调解过程中把握了正确的调解方法和技巧，因此有效地解决了双方的矛盾，使双方能够心平气和地接受调解。特别是对小英从一开始坚决不同意，到最终愿意和平分手，其态度转变得益于调解员的耐心疏导。同时，表示将吸取这次教训，重新振作起来，这也是调解所起到的积极效果。

第二节　离婚纠纷调解要点与技巧

家庭是社会的细胞。婚姻质量的高低，不仅直接影响个人生活质量的高低，更影响到家庭与社会的和谐与稳定。但随着改革开放和经济发展，以及传统家庭生活方式的改变，人们的婚恋观念也在逐渐发生着变化，导致现在婚姻家庭矛盾的增多、离婚率居高不下。根据国家民政部公布的统计数据，中国的离婚率呈上升趋势，从2004年的1.28‰逐年上升到2012年的2.29‰。❶

离婚是指夫妻双方依照法定的条件和程序解除婚姻关系的法律行为。离婚作为导致婚姻关系终止的法律事实，必然产生一系列相应的法律后果。这表现在当事人人身和财产关系两方面。在人身关系方面，因夫妻身份而确定的相互扶养的权利义务、相互继承的权利、监护关系、共同生活关系均因离婚而解除，同时当事人获得再婚的权利。在财产关系方面，离婚中止了夫妻之间的财产关系，产生夫妻共同生活财产与个人财产的认定和分割、债务的定性与清偿、特定情形下的经济补偿、对生活困难一方的经济帮助等法律后果。但是，离婚对父母子女的关系并无影响，父母子女间的关系不因离婚而解除；离婚后，子女无论由父亲或母亲抚养，仍是父母双方的子女，父母对子女有抚养教育的义务。养父母与养子女间的身份关系及其权利义务关系，也不因养父母离婚而消灭；养父母离婚后，养子女不管是由养父还是养母抚养，仍是双方的养子女。

离婚纠纷是民间纠纷中常见的一类纠纷，它危及夫妻关系，影响家庭和睦，给社会带来不安定的因素。因此，正确调解离婚纠纷，对建立和巩固社会主义制度下的夫妻关系和家庭关系，促进社会安定团结，建设和谐社会，具有重要意义。人民调解委员会调解离婚纠纷，要坚持婚姻法的婚姻自由基本原则，提倡社会主义道德风尚，反对封建主义、资本主义的婚姻观点和旧习俗。同时，应尊重当事人的意愿，不得强行调解，更不得因未经调解或调解不成而阻止当事人向人民法院起诉。

一、当前婚姻纠纷的类型及特点

（一）道德观念的变化造成的矛盾纠纷

近二三十年来，我国经济不断发展，人民的生活也逐渐富裕，人们的道德观念也发生了变化。家庭在物质文化生活水平不断提高的同时，因婚外恋导致

---

❶ 民政部：去年离婚310万对　离婚率逐年上升　增幅超结婚率，人民网，引用日期2013年06月19日

的家庭纠纷日益增多。非法同居、包二奶、找情人等现象已屡见不鲜。因婚外情引发的家庭纠纷在逐年上升。

（二）家庭暴力问题造成的矛盾纠纷

与其他暴力行为相比，家庭暴力具有身份的特定性、时间连续性、行为隐蔽性和手段多样性等特点。加之家庭暴力不仅包括肉体上的伤害，也包括精神上的折磨，比如威胁、恐吓、凌辱人格等，不仅造成受害者身体伤害，更造成受害者心理压抑和精神痛苦，导致涉及家庭暴力的离婚案件不断攀升。

由于受封建思想的影响，大男子主义、重男轻女等思想仍存在，他们认为殴打、虐待妻子是自己的事，别人无权干涉。有的受个人主义、享乐主义、拜金主义的影响，对家庭不负责任，致使赌博、酗酒、吸毒、第三者插足和"情人现象"日益增多。这些原因使家庭暴力越过以往文化层次较低的人群，扩展到社会各阶层中，而且带有强烈的敌对性和攻击性。

（三）婚姻家庭关系个性化造成的矛盾纠纷

目前"性格不合"是离婚居首位的理由。这是现代社会尊重人的个体价值，人的个性得到张扬的反映。然而在家庭生活中过分强调个性，必定会影响家庭关系的协调。夫妻关系的维系主要靠双方彼此认同的价值观念和行为准则，这就要求夫妻双方在心理、情感和文化素养上应同步发展，否则婚姻就存在潜在的危机。但许多家庭对此缺乏认识，结婚后，仍过分强调个性，经常抱怨对方不能满足自己的心理需求，很少考虑如何去适应对方和彼此适应，忽略了夫妻感情的培养和交流，致使双方出现观念和情感的落差，最终导致感情的破裂。

（四）婆媳关系紧张等家庭纠纷导致的离婚纠纷

婆媳关系不好处自古就是一个难题。媳妇从原来的家庭嫁入一个新的家庭，之前双方的生活习惯不一致，需要双方相互适应。现在媳妇需要工作，不可能再像以前要求的那样去伺候公婆，甚至有的个性张扬。如果双方不能做到相互尊重，加上沟通不畅，会导致婆媳关系十分紧张。这时如果丈夫不能很好地处理婆媳双方的紧张关系，很容易导致小夫妻感情破裂而离婚。

（五）经济矛盾，主要是在财产分配上产生的矛盾

近年来随着城市化建设的加快，土地征用、房屋拆迁等项目的实施，家庭内部成员之间围绕争夺土地补偿款、房屋补偿款产生的矛盾开始凸现。另外，家庭财产关系也日益复杂，夫妻之间的财产构成上除了住房、汽车、门市等实物外，还出现了公司股权、股票、知识产权等新的财产形式分割。据某法院调查，该院 2007 年审理的离婚案件涉及财产争议 521.339 9 万元，2008 年审理的离婚案件涉及财产争议 387.818 3 万元，2009 年审理的离婚案件涉及财产争议则高达 1 701.284 1 万元。由于婚后双方对共同财产的支配存有分歧，财产分配不均导致纠纷的案件占到了离婚案件的 80%。

（六）缺乏婚姻基础而引起的离婚纠纷

此类离婚纠纷，主要是由包办、买卖婚姻、借婚姻索取财物及草率结婚等原因而引发的。当事人缺乏应有的婚姻基础，如果婚后未建立起感情，很容易引起离婚纠纷。

当今社会，男女双方认识渠道多元化，双方在短时间内看到的只是对方的优点，或者看中对方的钱财或帅气，而忽视了彼此缺点的存在，缺乏审视双方能否长久相处。可是一旦生活在一起，对方的缺点就会日趋暴露。出现问题，相互之间又不能包容和忍让，常常是针尖对麦芒，互不相让。有很多男女双方结婚才两三年就开始闹离婚，有的甚至更短。

（七）父母干预过多导致离婚纠纷

作为独生子女的"独一代"，可谓集万千宠爱于一身。然而，父母的"过度关爱"有时却会在某种程度上演变成一种畸形的干涉，对"独一代"的婚姻造成困扰。对于"独一代"来说，传统的婆媳矛盾已不是夫妻离婚的主要诱因，父母过度关爱反而导致小夫妻分手。另一方面，"独一代"缺乏担当，遇到问题首先想到的是向自己的父母倾诉，而不是自己想办法解决。这种依赖性直接将双方父母牵扯进夫妻矛盾之中，加上父母爱子心切，将日常生活琐事引起的小吵小闹无限放大，最终导致两个家庭的较量，使小夫妻的婚姻以离婚收场。

二、离婚纠纷调解要点

（一）以法律为先导，用情理作铺垫

在婚姻纠纷调解中，首先要依据法律，坚持以事实为依据，以法律为准

绳，以理服人、依法调解。婚姻纠纷的调解必须要依据相关法律，将法律底线告诉当事人，确保人民调解工作的严肃性、法律的权威性和调解的公正性；但因婚姻家庭纠纷更多融合了感情，仅靠刚性的法律难以解决问题，坚持以"情"感人，充分运用人情、亲情，努力争取当事人的信任，用"情"调解，化解当事人的纠纷；同时坚持以理服人。要消除隔阂，化解矛盾，不仅应当动之以情，更要晓之以理，只有把理讲深、讲透、讲具体，思想才容易统一，疙瘩才容易解开，纠纷才容易化解。

（二）了解婚姻感情基础，判断有无和好的可能

首先，要了解婚前感情基础，了解双方相识的方式及交往的密切程度。如果是通过自由恋爱结婚，因相互间沟通、交流较多，感情基础相对比较牢固；如果是经人介绍相识，介绍前双方相互不了解，相识后因目的明确，为了组建家庭，某种程度会限制双方之间深层次的感情确立，亦容易掺杂父母的意见，及对方家庭经济状况的影响，故一般牢固性不如自由恋爱方式。

其次，要了解婚后感情如何。了解双方婚后是否已建立起了夫妻感情；如果已建立，审查何时何因开始发生矛盾，并影响到夫妻感情。通过对双方分居情况的询问，了解双方的感情状况。分居是因为夫妻之间产生了矛盾，如果长时间分居，会淡化夫妻感情。一般来说，分居的时间越长，双方和好的可能性就越小。因此，我国《婚姻法》第32条第4款规定："因感情不和分居满2年的"应准予离婚。因此，夫妻分居时间的长短，是判断夫妻感情的因素之一。

再次，还需了解感情损害程度。争吵、动手打人，往往对夫妻感情的伤害很大，经常性的殴打，不仅会使对方感情受到伤害，有些还会产生惧怕心理，被打者往往急于摆脱已存在的婚姻关系。因此，我国《婚姻法》第32条第2款规定："实施家庭暴力或虐待、遗弃家庭成员的"准予离婚。因此，夫妻一方是否经常性的殴打对方及伤害程度大小，也是判断夫妻感情是否破裂的一个重要因素。

最后，通过对婚前基础、婚后感情、离婚原因的审查，来判断双方是否还有和好希望。如果婚前基础差、婚后夫妻矛盾时间长、分居时间长，和好的可能性就小；反之，则调解和好的可能性就大。

（三）单独交流，定向疏导

对于感情基础较好，仅仅因为家庭琐事争吵及其他原因导致夫妻感情淡薄引发的离婚纠纷，首先要在情绪疏导上做工作，帮助双方回想感情好的时光，逐步发现对方的优点，理性包容对方的缺点，使当事人逐步理性地看待对方。情绪上的不理性因素逐步消除后，调解处理纠纷的工作难度就会逐步降低。

（四）引导换位思考，唤起亲情

亲情唤起是婚姻家庭纠纷化解中最常见、最有效也是最独特的方法，这主要源于婚姻家庭关系的本质和内容主要是情感。亲情是世界上最牢不可破也最无私的情感。唤起亲情，等于唤起了当事人之间最深的纽带，双方在面对矛盾时就会相对克制，矛盾化解也就有了抓手。在婚姻纠纷中，很多夫妻都因缺少沟通，使矛盾积累形成。调解人员在了解双方恋爱基础、婚后感情后，疏导双方的情绪，营造和谐的调解氛围，引导、帮助当事人回顾以往一同克服的困难，走过的历程和往日幸福生活，多想对方的好处，剖析各自存在的过错及离婚后可能发生的情况。特别是单亲家庭小孩的抚养、教育问题，激发当事人夫妻情意和对子女的亲情，在矛盾中换位思考，从而促使双方夫妻关系和好。

（五）适当拖延，冷静处理

婚姻家庭纠纷多由琐事日积月累引起，一旦爆发容易使矛盾极度对立。要马上彻底解决双方的矛盾，并非易事。因此，首先要做好缓和双方矛盾的工作，确保矛盾不进一步恶化，以免造成难以挽回的后果，影响社会的和谐稳定。

在很多离婚纠纷中，很多当事人都是缘于一时冲动，如赌气起诉、赌气离婚，这就要求调解人员查明事实。如果双方感情尚未彻底破裂，还有和好可能的，应当给予当事人一段冷静期，给当事人一个理智考虑的时间，以抑制双方激动的情绪；同时让双方当事人进一步考虑，促使当事人在理智的思维下进行考虑，多给当事人一个考虑的机会，就有可能挽救一个家庭。

（六）邀请亲友参与，借助外力促和好

父母子女之间或夫妻之间的纠葛，往往因双方之间情感互动出现问题才会产生矛盾。因此，单纯依赖夫妻双方往往难以将矛盾及时化解。这时要借助双方共同的熟人，如双方当事人的父母、子女，与双方关系密切的朋友、有较高威望的长辈、单位领导及双方聘请的律师之力量等参与调解，引导他们劝说各自的亲友理智地参与案件调解，往往能起到较好的推动作用。无论是调解离

婚，还是调解和好，当事人与他们相处日久，彼此相熟、信任，易于沟通，相对更理性。另外，通过家族的威望或组织的力量来教育存在一定过错的一方，形成双方当事人关系新的均衡，调解工作就会事半功倍。

（七）抓主要矛盾

婚姻家庭矛盾的起因是多样的，如在互谅互让的前提下，一家人可以相安无事，但有时也会因一个矛盾触发而导致关系紧张。因此，虽然双方争吵时出现的争执点很多，但关键问题往往只有一两个。调解工作要重在抓住主要问题，将双方最大的对立面尽可能消除，其余问题就可以迎刃而解。

（八）合理合法地分割个人生活物品及财产

若经过上面的各项工作还不能促使当事人和好，或者这桩婚姻本身的感情基础就不牢，已濒临解体边缘，就没有必要促使当事人和好。首先让双方当事人冷静下来，做到好聚好散，理性和平分手。这时往往涉及共同财产、子女抚养等问题，只有在各项内容达成协议的基础上，才能调解结案。在这种情况下，唯有求同存异，部分协商一致后再进行调解。调解人员应进行法制宣传，让双方对《婚姻法》及相关司法解释中的财产、子女抚养等规定有正确认识，以达到当事人双方想法和认识上的统一。当事人在某些方面取得一致看法的时候，情绪会比较稳定，也能够将思路打开，积极地思考问题，进一步促成调解，合理合法分割个人生活用品和共同财产。

三、离婚纠纷调解的方法与技巧

（一）提高调解对婚姻家庭纠纷重要性的认识

婚姻家庭关系具有长期性的特点，如果矛盾处理不当，不仅会影响家庭的和谐，也会影响社区及社会的稳定。对于婚姻家庭纠纷，采取调解方式解决具有一定的优势。

1. 婚姻家庭纠纷的性质适合调解

婚姻家庭纠纷多源于日常生活，日积月累，很多事实和道理说不清道不明，法律往往难以为当事人提供直接有效的帮助。由于更多情理和道德的因素渗透其中，第三方适当介入调解往往是解决纠纷比较好的途径。

2. 调解具有自愿性和灵活性等多重优势，对解决纠纷有促进作用

　　婚姻家庭类纠纷通过法律特别是司法途径解决，往往不具备足够的政策弹性，解决方案不一定能照顾到当事人每一项具体的需求。而调解属于当事人意思自治范畴，法律在当事人未违反法律禁止性规定的情况下一般不介入。因此，当事人可以就婚姻家庭领域的各种问题，通过调解的方式尽量得到公平合理的解决，因为调解方式具有解决问题的广泛性、解决手段的灵活性等特殊的优势。

　　3. 调解可以为当事人留有颜面，保持继续友好交往的可能，有利于社区和家庭的长久和谐

　　中国传统文化中，撕破脸皮的事一旦发生，双方的感情和关系就很难恢复。如法庭上的一决雌雄，可能会导致各方关系彻底走向破裂，难以再度和好。调解则破除了处理结果中你赢我输的对立，建立了双赢的格局，保留了双方的尊严。不仅纠纷易于解决，对未来关系的维持也留有余地。这对于家庭和谐乃至社区的和谐稳定无疑具有很好的作用。

　　（二）注重调解方法，提高调解质量

　　（1）调解人员在调解婚姻家庭纠纷时，对每一案件的婚姻基础、婚后感情、产生矛盾的原因及家庭生活的现状都要进行深入细致的调查并进行分析。

　　（2）针对不同的原因导致的婚姻纠纷选用不同调解方法。

　　对一些因家庭财产及债务引起的纠纷，采取褒奖激励法，通过对当事人夸奖、表扬、鼓励，激发当事人情绪，有利于化解矛盾，解决纠纷。

　　对因过分强调个性引起的纠纷，采取分析过错法，指明各自的过错，让当事人对纠纷的处理进行自我估量。

　　对曾经夫妻感情基础深厚的家庭，采取唤起旧情法，寻找矛盾调和点，选准感化点，用他们之间尚存的真情，唤醒双方的良知和理智，化解矛盾。

　　对因一方不仅具有明显的违法性，同时在道德上也具有强烈的可谴责性引起的纠纷，采取批评教育法。

　　对因家庭小事日积月累引起的纠纷，采取耐心倾听法。

　　（三）充分运用各项调解技巧，保证调解质量

　　首先，在调解工作中切实强调做调解工作要有"三心"：诚心，耐心，细心。以此取得当事人的信任，激发当事人的调解愿望。

　　其次，针对具体案情，找准"三个切入点"，即案件争议的焦点，当事人之间的利益平衡点，法理与情理的融合点，为案件的调解打下好的基础。

（四） 拓宽调解渠道，充分利用外部资源扩大调解成效

1. 要拓宽渠道，健全协调机制

要建立有关部门相互配合的"大调解"工作机制，对疑难和重点纠纷进行联合调解，不断提高调解的效果。

2. 完善处罚制度

要认真贯彻"婚姻自由""一夫一妻"的原则，严厉谴责第三者插足、姘居和家庭暴力等不道德行为。对破坏婚姻者，要视情节轻重给予党纪、政纪处分或高额罚款、行政拘留等处分。

四、典型案例操作指引

【示例1】

【基本案情】

2010年7月15日，家住埝坛乡某村的阿孜（化名），满面愁容地来到埝坛司法所求助，要求与其丈夫离婚。据阿孜说，她和丈夫结婚13年多，育有一子一女。婚后不久，丈夫就变得不务正业，终日赌博，不仅输光了家业，还欠下不少赌债，并将输钱的原因归结在阿孜身上。经常对阿孜语言辱骂，甚至拳脚相加，致使阿孜身上多处伤痕，并限制阿孜外出。虽经派出所民警多次劝说，阿孜的丈夫仍屡教不改。阿孜终于忍无可忍，乘其不注意，偷偷跑到埝坛司法所寻求帮助。

问题：如果你是司法所工作人员，如何接待阿孜，帮她解决问题？

【操作指引】

埝坛司法所工作人员在接到阿孜的求助后，认真审查，认为阿孜确实需要帮助，且事项也属于人民调解的范围；再经询问，阿孜的丈夫也愿意让司法所调解。因符合《人民调解法》规定，调解委员会同意受理此宗离婚纠纷案。

由于阿孜情绪激动，不敢回家。司法所工作人员登门向阿孜的丈夫了解情况。阿孜的丈夫承认自己对妻子的辱骂和殴打行为，司法所工作人员对阿孜的丈夫进行了批评，打人是违法甚至是犯罪行为。同时让其换位思考，如果自己生活在这样的环境中该多难过。在司法所工作人员的劝说批评教育下，阿孜的丈夫对自己的言行和施暴行为表示懊悔，希望司法所帮助他挽留妻子，并表示今后再也不犯同样的错误。但阿孜要求离婚的态度也很坚决，司法所及街道妇

联的同志决定对当事人进行一对一的疏导。一方面，调解员首先以小孩为切入点，给阿孜分析离婚将给孩子带来的巨大伤害，单亲家庭孩子可能面对的问题及离婚后可能出现的新情况，同时帮阿孜回忆起与丈夫相识、相恋的美好时光，劝其再给丈夫一次机会。另一方面，调解员也依法对阿孜的丈夫进行了批评教育。

经过一个下午的劝解，阿孜终于答应再给丈夫一次改过的机会，其丈夫也向阿孜一再保证绝不再犯。两人在司法所和妇联工作人员的见证下，签订了协议书，并且互相致歉，表示以后尽量不再吵闹，好好生活。调解员告知双方，经过调解委员会调解的这份协议签字后正式生效。

【分析指引】

在本案例中，司法所工作人员采用"依法调解、情理相结合"的调解原则，并采用换位思考、情感唤起、背靠背等方法劝说男方认识到自己的错误，疏导女方给男方改过的机会；男方认识到了自己的错误，并向妻子保证绝不再犯。结果，妻子阿孜答应再给丈夫一次改过的机会，夫妻双方和好，一个濒临解体的家庭保全了。

调解此类离婚纠纷时，调解员要注意运用法律，《妇女权益保障法》第58条规定："违反本法规定，对妇女实施性骚扰或者家庭暴力，构成违反治安管理行为的，受害人可以提请公安机关对违法行为人依法给予行政处罚，也可以依法向人民法院提起民事诉讼。"

如果没有感情基础或感情已经破裂，就不能再劝和；这时要注意照顾妇女、儿童的合法权益。在住房、财物分割、抚养费及子女安置等方面上不搞绝对平均。做到相对合理，双方接受，即为调解成功。

【示例2】

【基本案情】

杨某和王某在沿海打工时认识并恋爱已3年了，于2010年2月结婚。结婚前，杨某、王某两人曾与杨某父母商定，结婚后不与父母在一起生活，但要尽赡养义务，每月给付二老生活费1000元。由于两人工资收入达7000元，当时王某作为杨家未来的儿媳妇，也表示同意。但结婚后，王某却不同意尽赡养公婆的义务。其理由是杨某的两个哥都已结婚，他们条件比较好，应该由他们多尽些赡养义务。而他们刚结婚，且回家乡发展，每月只有3000元左右的收入，没有足够的财力赡养父母。杨某虽然知道给付父母生活费后，自己与王某的生活非常困难，但为了尽儿子的义务和自己的面子，而坚持每月给付父母生活费1000元。两人为此争吵了近半年。2008年8月王某要求离婚，且态度坚决。

问题：现杨某到社区寻求帮助，社区指派你出面处理此纠纷，你该如何调处？

【操作指引】

调解员受理此纠纷后，认为这是一起妻子不同意赡养公婆，并提出离婚而引起的纠纷。根据我国《婚姻法》第32条规定："如感情确已破裂，调解无效，应准予离婚。"按此规定精神，夫妻感情确已破裂是离婚的法定要件。此事例中的双方当事人经自由恋爱3年后才结婚，双方婚前感情较好，相互了解较深，婚姻基础是牢固的。婚后之所以发生离婚纠纷，主要因为杨某和王某在给付杨某父母生活费的问题上存在着分歧。按照我国《宪法》第49条和《婚姻法》第21条的相关规定，成年子女对父母有赡养扶助的义务。但这种义务的承担有几个条件：子女尽赡养义务一般应在父母无劳动能力或生活有困难时开始，父母的生活条件较好，子女较困难的，子女可不给付赡养费。因此子女在结婚后，因生活困难等原因，赡养父母有困难时，可以酌情减少或免除子女的赡养义务。本事例中的杨某、王某夫妻结婚不久，生活独立能力差，两人每月的经济收入只有3000元左右。如果每月给付父母生活费1000元，势必会使两人生活产生困难。杨某的两个哥哥经济条件较好，由他们多尽些赡养义务是可以的。因此，王某的要求有其合理的一面，这就是说，杨、王两人发生分歧并不是不可以解决的，两人和好的可能性很大。从杨、王两人的婚姻基础，发生纠纷的真实原因及有无和好可能等方面考虑，应调解两人和好，以不离婚为宜。通过以上讲法说理及与杨某两个哥哥做思想工作，最终杨家三个儿子共同承担二老生活费，并且在居委会签订养老协议书。协议书规定：由经济条件好的杨某两个哥哥每月付给二老生活费各400元，而杨某每月给付200元，二老生病住院医疗费用由三个儿子共同负担。二老生活费合计1000元，每年1月和7月分两次付给二老。经调解，杨某和王某关系和好如初，二老生活也有了保障。

【分析指引】

在离婚纠纷调解中，掌握当事人之间的婚姻感情基础十分重要。在本案中，王某在与杨某争吵半年后，提出离婚，看似态度坚决。本案中杨某和王某经自由恋爱3年后才结婚，双方婚前感情较好，相互了解较深，婚姻基础是牢固的。王某之所以提出离婚纠纷，主要因为杨某和王某在给付杨某父母生活费的问题上存在分歧：杨某要按原约定给，王某主张少给。调解员依据法律规定认为王某的想法有合理性，并依据法律和情理，找到杨某的两个哥哥协商，最终三兄弟达成了共同赡养父母的协议。此问题一解决，杨某和王某也和好如初。这里，调解员抓住了引发纠纷的主要矛盾，即杨某父母的养老问题。主要矛盾解决了，老人的晚年生活也有了保障，杨某与王某离婚纠纷也随之化解了。

【示例3】

【基本案情】

小谢和晓丽是独生子女，深受父母宠爱，两人是大学同学，经过3年恋爱步入婚姻殿堂。这对80后的小夫妻结婚没几个月，因各种原因在日常生活中经常发生争吵。在最近一次争吵中，小谢在愤怒中推了晓丽一下，晓丽摔在了地上，晓丽觉得十分委屈，就给自己爸妈打电话诉说。晓丽爸爸一听是火冒三丈，让晓丽马上回家，晓丽收拾了一些衣物就回娘家住了。大约2个月后，晓丽打电话给小谢，协商离婚，如果协商不成就向法院起诉离婚。小谢认为两人感情基础好，没到离婚的地步，于是请社区调解员张大妈帮忙调解。张大妈给晓丽打电话，晓丽在电话中给张大妈诉说：两人感情基础薄弱，丈夫小谢脾气很差，两人没有共同语言，经常发生争吵；晓丽回娘家居住后，小谢也没有主动来挽回，请张大妈多做小谢工作，两人离婚算了。张大妈经过一番劝说，约定双方择日到社区调解室调解。调解那天，双方都来了很多亲属，都七嘴八舌数落对方的不是。

【操作指引】

调解员张大妈为了避免引发双方冲突，将双方亲属请到不同的休息室休息，调解员张大妈则分别和晓丽、小谢进行一对一的交流。通过单独的交流，张大妈了解到他们俩真实的婚姻状况并非如晓丽在电话中诉说的那样，两人其实在婚前恋爱多年，感情一直比较好，婚后发生的争吵也系琐事引发。这次只是小谢一时冲动推了晓丽一下，导致晓丽摔倒，也没受伤，晓丽在父亲的鼓动下回了娘家。小谢也曾同亲友一起去丈母娘家赔礼道歉。但是因为同去的亲友与丈母娘言语不合，所以也是无功而返。张大妈掌握两人并没有实质性的矛盾，主要是双方亲属之间的隔阂导致，晓丽也是在母亲和爸爸强烈的劝说下才有了离婚念头。通过调解员张大妈牵线，小谢当面道歉，晓丽也同意和好，这桩离婚纠纷也算化解了。调解员张大妈还与双方亲属进行交流，应以两人的幸福为重，不要随意干涉年轻人的婚姻。

【分析指引】

在离婚纠纷的调解工作中，掌握离婚当事人真实的婚姻状况和内心考虑是重要的前提。这不能仅凭当事人单方的诉说，当事人有时会夸大对自己有利的事实，回避对自己不利的事实。于是，与当事人的单独交流就是了解重要事实和真实想法的常用方法。

在具体的调解中，亲友因为出于关心，往往会来旁听或参与调解。如果在场亲友众多，当事人因羞于隐私、怕丢面子等复杂的心理，不愿意透露内心的真实想法。此时可利用调解工作方式的灵活性了解其真实想法和要求，同时也能避免当事人双方直接的情绪争斗。调解员在交流时也要注意语言方式和中立形象，引导当事人讲出真心话。

作为当事人的亲属，尤其是独生子女父母，应对小夫妻多点信心。夫妻间的一些摩擦、争执尽量让他们自己去处理。天下每个父母都疼爱自己的子女，特别是独生子女的父母，往往是过于"疼爱"，导致很多纠纷。孩子已经成家立业了，做父母的也该懂得适时放手。

【示例4】

【基本案情】

王义，男，1979年3月出生，汉族，农民，北京市人，2009年底经人介绍与马燕相识。马燕，1985年11月出生，汉族，农民，河北省人，在北京打工。初相识时，王义对马燕并不是十分满意，在介绍人的努力说合下，王义考虑自己年纪比较大了，马燕年轻，家虽在外地，但经济条件要比自己家好，介绍人还说马燕父母许诺会给马燕一大笔嫁妆。经过一番权衡，王义同意与马燕结婚。因为目的比较明确，相识3个多月后即结婚，婚前双方来往不多。婚后，马燕因一些家务琐事经常对王义发脾气。王义还发现马燕经常偷吃治疗精神疾病的药。王义回想婚后生活中马燕的一些反常现象，认为马燕有精神方面的病症。王义于2011年初，与马燕提出协议离婚，马燕则哭闹不愿意离婚。王义怕刺激马燕加重其病情，于是找调解员老莫帮忙。

【操作指引】

调解员老莫通过王义了解他们的认识经过、婚前感情情况，认为两人婚前感情基础不牢，这一点在与马燕交谈中得到证实。老莫在与马燕单独交流中，得知马燕确实患有精神方面的疾病，但马燕认为不严重，并且与王义产生了夫妻感情，不同意离婚。

调解员老莫经过详细了解，认为双方婚前缺乏了解，草率结婚；且马燕婚前隐瞒病史，是不诚实的行为。婚后不久双方即发生矛盾，说明未建立起夫妻感情，故在调解中，着重调解离婚。经过多次做马燕及其亲友的工作，马燕在认识到和好无望的情况下，同意与王义离婚。马燕的嫁妆，除已用于生活消耗之外，大部分由马燕带走。

【分析指引】

这是一个很典型的婚前缺乏感情基础的案例，王义原本对马燕就不是十分满意，一是基于自己年龄大了，二是基于利益关系而非感情与马燕结婚，且婚后经常发生争吵，未建立起夫妻感情。所以调解员在调解时从调解离婚入手，促成双方离婚。如果顺从马燕的意思，一味劝说王义不离婚，则可能继续恶化双方关系，只会给双方带来更多伤害。同时，调解员对马燕的嫁妆也作了处理，做到了案结事了。

第三节　离婚财产纠纷调解要点与技巧

一、夫妻财产与离婚财产纠纷

（一）夫妻财产制

夫妻财产制度是有关夫妻财产的归属、管理、收益、使用和处分，夫妻债务的清偿，夫妻生活费用的负担，婚姻终止时夫妻财产的清算和分配等的法律制度。根据我国《婚姻法》的规定，我国夫妻财产制度有夫妻法定财产制度和约定财产制度。夫妻可以书面约定婚姻关系存续期间所得的财产及婚前财产归各自所有、共同所有或部分各自所有、部分共同所有；对于没有约定或者约定不明的，按照《婚姻法》的规定来确定属于夫妻共同财产或个人财产。根据我国《婚姻法》第17条规定："夫妻在婚姻关系存续期间所得的下列财产，归夫妻共同所有：（1）工资、奖金；（2）生产、经营的收益；（3）知识产权的收益；（4）继承或赠与所得的财产，但本法第18条第3项规定的除外；（5）其他应当归共同所有的财产。"第18条又规定："有下列情形之一的，为夫妻一方的财产：（1）一方的婚前财产；（2）一方因身体受到伤害获得的医疗费、残疾人生活补助费等费用；（3）遗嘱或赠与合同中确定只归夫或妻一方的财产；（4）一方专用的生活用品；（5）其他应当归一方的财产。"

（二）离婚财产纠纷类型

夫妻因感情问题要离婚，势必涉及对夫妻共同财产的分割。如果双方能协商处理好就不会产生离婚财产纠纷，如果双方不能就财产分割达成协议，则纠纷产生。常见的离婚财产纠纷有以下几种情况：一是双方在离婚诉讼中一并处理夫妻财产纠纷；二是离婚时，一方隐藏、转移、变卖、毁损夫妻共同财产，或伪造债务企图侵占另一方财产的，另一方请求再次分割夫妻共同财产；三是签订离婚协议时存在欺诈、胁迫等情形，请求或者撤销财产分割协议。实践中最为常见的是第一种情形。

二、离婚财产纠纷的调解原则

离婚案件调解原则，同样适用于离婚财产纠纷。

（一）坚持男女平等公平分割的原则

夫妻对共同财产享有平等的占有、使用、收益、处分权利；对共同债务有平等的偿还义务，对共同债权离婚时享有平等的权利；共同财产分割的任何一方都不能受到歧视；在案件的调解过程中要坚持男女平等原则，做到不偏不倚。

（二）坚持照顾女方和子女利益的原则

法律规定照顾女方和子女利益，是根据中国国情来制定的。在我国，男子的经济收入普遍超过女子的经济收入，男子的生存能力也普遍超过女子。照顾子女利益，是指对未成年子女及无独立生活能力的子女利益的照顾。因为他们缺乏生活能力，需要父母的抚养、照顾，夫妻离婚时子女生活等都会受到影响。为了子女以后的健康成长，对子女理应有相对好的安置，包括生活上的安置及财产上的关照。正是对妇女儿童这一相对弱势者的利益照顾，才能达到财产分割上的事实上公平，达到真正意义上的男女平等。

（三）坚持有利于生产和生活，发挥财产最大功效的原则

夫妻离婚分割财产时，要从有利于生产生活角度出发进行分配。目的是为了保持财产的使用价值，尽量使被分割财产能物尽其能、物尽其用。如对生产资料的分割上，分给生产资料使用者一方，使用价值最大；从事商业性的承包、租赁经营的应由原经营人继续经营，由经营人给予对方经济补偿；个人生活所需物品应分给个人使用。总之，要尽量做到物尽其用。双方分得财产价值差距较大的，可由多得的一方折价给少得的一方，以保障公平性。

（四）坚持照顾无过错一方，保护无过错一方财产利益的原则

离婚案件有许多是一方的过错造成的，如一方有赌博、吸毒、酗酒等恶习的；对另一方经常打骂甚至实施暴力行为的；一方有第三者、重婚等行为的；长期离家不归，对家庭不负责任的。在这些离婚案件中，无过错方往往蒙受肉体和精神上的严重伤害。在该种情况下，分割财产时，无过错一方应多分得财产。

（五）坚持分割财产不得损害国家、集体和他人利益的原则

在分割夫妻共有财产时，属于国家、集体和他人的财产是不能进行分割的。包括合法占有使用国家、集体、他人的财产，属于国家、集体、他人房屋及非法占有、使用的财产，如贪污、贿赂、盗窃所得的财产；特别要注意的是其他亲属的财产，如在与父母未分家的情况下，不得将父母财产份额一起分割。

（六）坚持尊重当事人意愿，通过双方当事人协商解决财产问题的原则

对于夫妻共同财产，双方均有平等处分权。分割财产时，只要按照当事人的意愿，且不违法，法律应当尊重当事人这种自觉自愿的行为。这也是尊重公民财产权利的一种体现。但一方为了达到离婚目的，要求少得或不得财产，严重影响到其今后生活的情况下，调解员需适当做一些工作，应当考虑双方今后的生活情况，对双方的协议进行干预，使双方形成一个尽量公平的财产分割协议。

三、离婚财产纠纷的调解要点

（一）确定夫妻共同财产的范围

1. 夫妻共同财产的确定

夫妻财产范围的确定，是离婚财产调解的前提。只有将夫妻共同生活时的财产进行区分，确定哪些是夫妻个人财产、哪些是亲属的财产、哪些是夫妻共同财产，之后才能对所有的财产依据所有权的不同，作出不同的处理。依据《婚姻法》第17条第1款的规定，在婚姻关系存续期间所得的下列财产归夫妻共同所有：（1）工资、奖金；（2）生产、经营的收益；（3）知识产权的收益；（4）因继承或赠与所得的财产；（5）其他应当归共同所有的财产。《最高人民法院关于适用〈中华人民共和国婚姻法〉若干问题的解释（二）》（以下简称《婚姻法解释（二）》）指明了其他应当归共同所有的范围，其中包括：一方以个人财产投资取得的收益；男女双方实际取得或者应当取得的住房补贴、住房公积金；男女双方实际取得或者应当取得的养老保险金、破产安置补偿费。

2. 夫妻个人财产范围的确定

夫妻个人财产是指夫妻婚后在实行共同财产制的同时，依法律规定或夫妻约定，属于夫妻个人所有的财产部分。财产所有权属于个人，个人有管理、使用、收益、处分的权利。夫妻个人财产分为：法定个人财产和约定个人财产两种。我国《婚姻法》第18条规定："有下列情形之一的，为夫妻一方的财产：（1）一方的婚前财产；（2）一方因身体受到伤害获得的医疗费、残疾人生活补助费等费用；（3）遗嘱或赠与合同中确定只归夫或妻一方的财产；（4）一方专用的生活用品；（5）其他应当归一方的财产。"这里的其他应当归一方的财产包括夫妻一方曾因服兵役结束而退伍、转业时所得到的医药补助费，夫妻一方因参与体育竞赛活动取得优胜而荣获奖杯、奖牌等。

3. 先举行结婚仪式并同居生活，后办理结婚证的共同财产的确定

实践中，有许多夫妻是先举行结婚仪式，并同居生活，后进行结婚登记。对于未办理结婚手续阶段的财产应当按照同居关系的财产处理方式解决。对于双方同居后结婚前期间，以共同收入购置的财产按共同财产处理；个人所得财产如继承、赠与、工资、奖金等应归个人所有。

4. 夫妻财产的特殊确定

（1）军人个人财产的确定。《婚姻法解释（二）》第 13 条规定："军人的伤亡保险金、伤残补助金、医药生活补助费属于个人财产。"

（2）赠与财产和继承取得财产的确定。《婚姻法解释（二）》第 22 条规定："当事人结婚前，父母为双方购置房屋出资的，该出资应当认定为对自己子女的个人赠与，但父母明确表示赠与双方的除外。当事人结婚后，父母为双方购买房屋出资的，该出资应当认定为对夫妻双方的赠与，但父母明显表示赠与一方的除外。"对于夫妻在婚前或婚姻关系存续期间夫妻一方继承或者受赠的财产，在夫妻离婚时，应当依据不同情况，区别对待：①夫妻一方在婚前受赠的财产，属于夫妻个人财产；②夫妻一方在婚后受赠的财产，如果是受赠人专属性的生活用品或从事职业、个人爱好的价值不高的物品，则属于个人所有财产，否则属于夫妻共同财产；③夫妻一方在婚前继承的财产，无论是婚前继承的并实际获得，还是婚前继承，婚后转到继承人手中的，均属于继承人一方的个人财产；④夫妻一方婚后继承的财产，属于夫妻共同财产。

5. 家庭共同财产范围的确定

家庭共同财产，是指家庭全体成员共同所有的财产。这与家庭财产不同，家庭共同财产是家庭所有成员一起共有的财产，如家庭全体成员一起兴建的房屋、前辈留下的房屋、家庭成员一起从事农工商业等所获得的收益及该收益购置的财产等。

（二）夫妻财产的分割

确定好夫妻财产范围，接下来就可以对夫妻财产进行合理分割。分割的方法有以下几种：

（1）实物分割。夫妻双方按照财产的价值对所有的财产实物作出公平合理的划分。

（2）价格补偿。如果有些物品无法做到实物分割，可由一方获得该共有物，给未取得该共有物一方进行价格补偿。

（3）变卖分割。一般是在共有物不易进行分割，如分割共有物的效用及价值受损的情况下使用变卖分割方法。在对某共有物变卖之后，由双方对变卖共有物所得款进行分割。

（三）处理夫妻债务的分割与清偿

我国《婚姻法》第41条规定了债务清偿的基本原则，该条规定："离婚时，原为夫妻共同生活所负的债务，应当共同偿还。共同财产不足清偿的，或财产归各自所有的，由双方协议清偿；协议不成时，由人民法院判决。"

1. 夫妻共同债务的范围及分割

夫妻共同债务是指夫妻共同生活所负的债务和夫妻共同生产、经营所负的债务。根据最高人民法院的司法解释，夫妻共同债务范围包括：抚养子女、赡养老人所负的债务；购置日常生活品所负的债务；夫妻一方或双方或子女或老人治疗疾病所负的债务；夫妻双方共同从事个体经营，对他人所负的债务；婚前一方借款购置的房屋等已转化为夫妻共同财产的，为家庭购置财物借款所负债务；夫妻双方或一方因继承所取得的财产属夫妻共同财产，同时因继承所分得的债务也属于共同债务。

关于夫妻共同债务的清偿。首先，用夫妻共同财产清偿；其次，夫妻共同财产不足时，以各自法定个人所有或约定个人所有的财产予以清偿，以保护其债权人的利益。共同财产及个人财产均不足以偿还共同债务的，可以承诺日后进行清偿。用夫妻个人财产清偿的方法是先由双方进行协商，协商不行，再进行调解。

2. 夫妻个人债务范围及清偿

夫妻个人财产包括婚前个人所负的债务；婚后一方未经对方同意，擅自资助与其没有扶养义务的亲友所负的债务；一方未经对方同意，独自筹资从事经营活动，收入却未用于共同生活所负的债务；虽用于共同生活中，但双方有约定由一方个人负担的债务。

个人债务个人清偿。夫妻一方的个人债务应以个人财产进行清偿，另一方无清偿义务，且不负连带责任。如果另一人愿意为对方清偿，属自愿行为，法律不予禁止。

（四）安排对生活困难一方提供经济帮助

我国《婚姻法》第42条规定："离婚时，如一方生活困难，另一方应从其住房等个人财产中给予适当帮助。具体办法由双方协议；协议不成时，由人民法院判决。"这一规定，对离婚时给予生活困难的一方以经济帮助，提供了法律上的依据。

1. 提供经济帮助的条件

离婚时一方给予另一方的经济帮助应具备三个条件。第一，受帮助一方确实生活困难。生活困难是指离婚后一方个人收入、在离婚时取得的财产、其他经济来源，如子女给付赡养费的经济帮助、预期的劳动收入及其他经济收入等，无法维持当地基本生活水平。第二，生活困难必须是在离婚时已存在的困难，对于今后发生的困难，另一方则无义务承担经济帮助责任。第三，提供帮助一方有经济负担能力。有经济能力是指帮助一方在满足自己的日常生活需要之外，还有经济能力帮助另一方。从住房等个人财产给予适当帮助是指有经济能力一方以个人财产向对方提供房屋、财产等经济帮助。

2. 提供经济帮助的具体办法

实践中，具体的经济帮助办法要考虑双方的经济状况及生活状况，要根据受助方的具体实际需要。对于受助方年龄较轻，且有劳动能力，只是暂时的困难，可采用一次性的帮助方法；对于年老体弱，丧失经济来源受助方，往往需要长时间的妥善安排；在经济帮助期间，受助方再婚的，可停止经济帮助，而由再婚配偶承担扶助义务。

（五）处理离婚损害赔偿

在离婚纠纷中，因一方过错导致婚姻关系破裂，无过错方有权要求过错方进行赔偿。《婚姻法》第46条规定："有下列情形之一，导致离婚的，无过错方有权请求损害赔偿：（一）重婚的；（二）有配偶者与他人同居的；（三）实施家庭暴力的；（四）虐待、遗弃家庭成员的。"

四、离婚财产纠纷调解技巧

（一）依法合理处置离婚财产纠纷

有些当事人对于法律规定不是十分清楚或因结婚时间长、对家庭贡献大，对属于一方个人的婚前财产提出了分割要求而产生纠纷。这时，应向当事人讲清楚《婚姻法》第18条的相关规定，属个人婚前财产的，婚后不能转化为共同财产，让当事人明白法律对婚前财产分割的规定，明白自己的要求于法无据。

有些夫妻结婚时间不长闹离婚，男方会找女方索要婚前给予女方的贵重物品或彩礼，女方不给引发纠纷。这时，需向双方讲清《婚姻法解释（二）》第10条规定："当事人请求返还按照习俗给付的彩礼的，如果查明属于以下情形，人民法院应当予以支持：（1）双方未办理登记结婚手续的；（2）双方办理结婚登记手续但确未共同生活的；（3）婚前给付并导致给付人生活困难的。"只要符合其中一项，人民法院就应予以支持。对于婚后已经同居，但短时间内就离婚的，应具体情况具体分析。如果确实给男方造成很大的经济损失，使其生活困难，就应当由女方适当给予返还。同时要告知男方，只是补偿而不是全部，使男方能理解补偿的含义。

在离婚纠纷中，有一方（一般是女方）离家出走，个人物品留在家里，另一方拒绝将其个人物品返还的现象。此时，也需讲清婚姻法的相关规定，个人生活用品，原则上归个人所有。如男方拒绝给付女方衣服的，可告知男方，存留女方的衣物对于男方来说没有什么实际价值。因为每个人穿衣的型号是不同的，留给别人穿也不合体。再说，再结婚时，自己爱人也不会穿前妻的衣物。对于女方的项链、戒指等物品也是同样的道理。在分割其他物品时可适当照顾男方。经过这样的说服，男方往往会理解。

（二）对亲属朋友等之间的债权债务的调解技巧

夫妻离婚时，很多都会牵扯到与双方亲属、朋友、老乡等之间的债权债务问题，一般夫妻采取的借贷方式都是由夫妻向各自的亲属、朋友等借债。在双方对质时，往往因一方借债另一方不清楚，或为逃避债务，否认对方借债，因此在债务及数额上都不相符，给调解工作带来困难。这时具体方法是，由双方各自书写自己的债务清单，标明款额、借款时间及用途，之后由双方对质借款人的姓名、借款用途、是否归还等。对于经对质一致的部分由双方进行协商。调解员在主持协商时，尽量采取谁借款谁归还的方法，对于一方归还多，另一方归还少的情况，可以调解由借款少的一方直接给付负担借款多的一方，由负担多的一方直接去归还自己的亲属、朋友。

（三）借用孩子抚养因素进行调解

没有哪个父母是不疼爱自己孩子的，因此借用父母对孩子的疼爱进行调解，也是实践中调解离婚财产纠纷常用技巧。在离婚案件的财产调解中，双方当事人会不自觉地提到子女利益问题。无论子女随哪方一起生活，都需要有一个好的安置。父母也希望尽量降低对子女的影响，使离婚后子女能够很好地生活和学习。因此，在财产分割的调解中，对于双方争执不下的财产，可从兼顾子女利益的角度进行调解。如对家庭大额存款分割达不成一致意见，调解时可做不直接抚养一方的工作，告知直接抚养孩子一方困难很多，孩子消费很大，如上班没有时间照顾孩子还需雇佣保姆照顾等，甚至可以建议双方直接把这笔钱留给孩子，以备孩子大学时学费之用等。从小的财产上说，如一台电视机、一台电冰箱等，可直接向对方提出来"留给孩子看吧，孩子没了电视就会感觉寂寞，本来父亲（或母亲）就不留在身边了，让孩子生活充实一些"或说"孩子夏天吃冰棍，冰箱也留给孩子吧"。这样不直接抚养一方，就会心软下来，放弃争要。还有，在房屋居住问题上，也完全可以采取此方法。这对孩子的利益保护非常有好处。❶

五、典型案例操作指引

【示例1】

【基本案情】

吴文辉（男，某私营企业老板）与惠文静（女，某工厂职员）1998年结婚。结婚时，双方约定：婚前和婚后取得的财产全部归各自所有。婚后夫妻感情还可以，惠文静于2000年生育有一男孩吴子牛。由于吴文辉在外面经常拈花惹草，夫妻感情出现裂痕。2012年，吴文辉与惠文静协议离婚。离婚时，双方约定吴子牛由吴文辉抚养。吴子牛的抚养费用由吴文辉全部承担。惠文静提出，自己所在的工厂效益不好，每月仅能拿到500元的低工资，而吴文辉年收入近100万元，拥有别墅和轿车等财产，生活条件优越，要求吴文辉给予经济帮助。吴文辉认为，自己已经承担子女的全部抚养费用，惠文静的收入可以维持生活，无权要求经济帮助。两人就此问题争执不下，惠文静找到社区调解员老张帮忙调解。

【操作指引】

社区调解员老张仔细询问两人的收入情况、对婚姻问题的处理及争议焦点，并查阅了相关法律规定，根据我国《婚姻法》第42条规定："离婚时，如一方生活困难，另一方应从其住房等个人财产中给予适当帮助。具体办法由

---

❶ 张晓秦、刘玉民主编：《调解要点与技巧》，中国民主法制出版社2009年版，第52页。

双方协议；协议不成时，由人民法院判决。"这说明法律是支持对离婚后生活有困难一方，生活较好的一方有帮助义务的。什么是生活困难呢？老张查阅《婚姻法解释（一）》第 27 条规定，"一方生活困难"，是指依靠个人财产和离婚时分得的财产无法维持当地基本生活水平。提供帮助的一方必须有经济能力，即仅限于力所能及的范围。受帮助的一方另行结婚后，对方即终止帮助行为；原定经济帮助执行完毕后，又要求给予经济帮助的，一般不予支持。

看到这样的法律规定，老张心中有底了，先找到吴文辉，与吴文辉谈心：经济帮助与夫妻共同财产的分割不同，经济帮助是一方对另一方所做的有条件的经济帮助，而共同财产分割则是夫妻双方对共同财产依法享有的权利。在你们离婚中，惠文静一分钱的财产都没有得到，你应该给予帮助。

吴文辉辩解：我们在婚前已约定好，各自所得财产归各自所有，她没有挣得财产是她自己没本事，怪不得我。

老张说：你的话虽然不能算全错，但也没全对。大家都知道，我们这个社会环境，女人挣钱能力就比男人弱，并非是女人不能干。再说，这十多年，你的资产翻了好几倍，固然是你能干，但你能说与惠文静一点关系都没有？这十多年，她全身心投入家庭照顾孩子，照顾你的生活，甚至你的父母，她也没少出力照顾。你能说她一点功劳没有？

一席话让吴文辉低下了头，老张接着说：你与惠文静生活多年，离婚了你给予一些物质帮助，无论从法律角度，还是从情理角度都不过分。另外，她还是孩子他妈。现在儿子也大了，若看到母亲生活困难，他心里好受吗？从关爱儿子角度，也应给予帮助。

经过老张的一番依法说理，吴文辉同意每月给予惠文静 800 元生活补助，直至惠文静再婚。

【分析指引】

对法律的规定不能作孤立的理解，而应当结合立法精神和本意，把具体的法律规定放到法律体系中，全面地、完整地理解。我国《宪法》《婚姻法》和《妇女权益保障法》均将保护妇女儿童权益作为法律的基本原则，体现对社会生活中处于弱势地位的妇女的保护。如果以惠文静的收入能够维持温饱的基本生活水平为由，剥夺其要求经济条件优越的吴某给予其经济帮助的权利，显然不能体现对妇女权益的特殊保护，对在婚姻关系中处于弱势地位的惠文静是不公平的。本案中，调解员根据当事人双方的实际情况和当地的收入水平及消费水平，说服吴文辉给予惠文静适当的经济帮助是应当的。

【示例2】

【基本案情】

房鑫（男）和吴怡（女）为夫妻关系，双方均系再婚，婚后感情较好。共同生活若干年，因房鑫在外面赌博欠下百万元巨额外债，为了不让债务涉及女方，影响到女方的生活，两人协议离婚，将所有的房子和存款都登记在女方吴怡名下。离婚后两人仍长期居住在一起，保持很亲密的关系，继续维持着"事实婚姻"的关系，仅以离婚的形式避免债主向女方索债。后来房、吴二人出现矛盾，两人来到某镇人民调解委员会，要求人民调解委员会进行调解。矛盾的起因是，房鑫与吴怡的儿子经常发生口角，两人关系开始恶化。而纠纷的焦点是某小区的一套集资房的权属问题。离婚协议中明确载明该房屋归吴怡所有，吴怡将此房作为儿子的婚房，房鑫则认为该房屋是自己出资购买的，为了逃避赌债才在协议书中约定归吴怡所有，也要求在该房屋居住。两人关系恶化后，房鑫仍坚持要求住进争议房屋，遭到吴怡拒绝，并多次报警求助。吴怡认为离婚协议中既然已经明确该房屋归其所有，房鑫就无权主张对该房屋的权利。

【操作指引】

在调解之初，调解员了解到：房鑫一方面态度强硬，一定要住进该争议的房屋内；另一方面又悲观厌世，认为自己家财散尽，感情破裂，人生无望，很容易做出不理智行为。调解员首先劝导双方，安抚稳定双方情绪，让双方冷静下来，再做下一步调解工作。当晚房鑫喝了点酒又到争议房屋居住，吴怡自然是不同意，两人发生摩擦，吴怡报警，房鑫很激动，要从楼上跳下去，幸好大家及时劝止没有发生悲剧。调解员仔细分析了案情，认为本案的关键在于稳定房鑫的情绪，找到房鑫情绪失控的原因，从心理上对其疏导。调解员着重从情、理两方面入手。首先，及时通知房鑫的女儿及近亲属前来一起做思想工作，帮助房鑫重新建立起对生活的希望。果然，在亲情的感召下，房鑫逐渐放弃了轻生的念头。同时又与房鑫的单位及其辖区司法取得联系，成功获得了他们的大力支持和密切配合，并会同房鑫单位领导帮助房鑫分析利害，做好劝说工作。

调解员在充分征得双方当事人的同意后重新进行调解。房鑫的亲属、单位代表均到场协助调解。根据《婚姻法解释（二）》第8条第1款中"离婚协议中关于财产分割的条款或者当事人因离婚就财产分割达成的协议，对男女双方具有法律约束力"的规定，双方都是具有完全民事行为能力的人。既然在离婚协议上签名了，就要负法律责任，所以不存在"假离婚"的说法。经过说服引导，房鑫的固执态度改变了，最终与吴怡达成一致协议，吴怡当场支付给房鑫人民币39 000元。至此，这起因假离婚而引发的矛盾画上了句号。通过各方的共同努力，成功遏制了该起纠纷"民转刑"的可能。在事后的回访中，房鑫表示会珍惜现在的一切，认真走好今后的人生路，也多次表达了对调解员的感激之情。

【分析指引】

这是一起夫妻离婚后的财产纠纷案件。该案当事人为了躲避债务假离婚，在双方感情破裂后，因房产归属而产生纠纷。这里既涉及法律规定，也存有大量的情感因素。针对此情况，调解员始终坚持"从情入手、以理服人、依法调解"的原则，抓住主要矛盾对双方展开调解工作。

本案争议的焦点在于房屋的归属，当事人协议离婚的初衷是逃避债务，避免女方受到牵连，其内心深处的想法是假离婚。但现实很残酷，事情的发展并没有按照当事人所设想的那样发展，于是导致房鑫情绪失控。调解员采用多方协助等方法，先通过房鑫的女儿和近亲属做工作，让房鑫消除了悲观厌世的想法。然后通过联系房鑫的单位及其辖区司法所，让熟悉房鑫性格的同事及当地司法所人员对房鑫进行劝说，帮助房鑫重新树立起了对生活的希望。做好这些铺垫工作后，调解员再为其讲解相关法律，最终使房鑫心平气和地坐下来和吴怡谈调解方案，顺利地解决了这段因假离婚引发的纠纷。总结本案，我们认为，在调解婚姻家庭引发的相关纠纷中，了解当事人的心理状态至关重要。因为此类纠纷往往是情感纠葛与经济问题相混合，无法单纯地用法律条文进行简单的判别。有时候双方当事人争执不下，情感因素往往占了很大的比例，如能善于抓住当事人的情绪关键点展开调解，通常可以取得事半功倍的效果。这也是人民调解工作较之诉讼途径解决的最大优势所在。

第四节　子女抚养纠纷调解要点与技巧

一、子女抚养纠纷类型

夫妻离婚，如果双方有孩子，都会涉及子女抚养的问题。如果双方不能友好协商达成协议，就会产生子女抚养纠纷。子女抚养纠纷的类型有以下几个方面：一是离婚时子女抚养权的归属问题；二是抚养费的支付问题；三是探视权的实现问题；四是离婚后抚养权及抚养费的变更问题等。

二、子女抚养纠纷调解要点

（一）确定子女直接抚养权的归属

父母与子女间的关系，不因父母离婚而消除。离婚后，子女无论由父或母哪一方抚养，仍是双方的子女。但为了维护未成年子女利益，必须在离婚的同时解决孩子的抚养问题。在离婚纠纷中涉及的子女包括婚生子女、养子女和继子女。在实践中，一般需要解决未成年子女由谁直接抚养、抚养费及探视权的实现三个方面的问题。而调解则要从有利于子女身心健康，保障子女的合法权益出发，结合父母双方的家庭状况、双方经济能力、子女生活学习环境、双方与子女之间的感情等诸多因素来考虑妥善解决子女抚养问题。

1. 从子女与家庭成员的关系来确定由谁抚养

在现实生活中，未成年子女的父母，一般处于青壮年期。白天的时间都忙于本职工作，精力上及时间上往往很难顾及子女。因此，许多家庭的未成年子女都是由子女的爷爷、奶奶或姥姥、姥爷进行看管，并负责生活学习。因此，很多未成年子女主要是生活在祖父祖母或外祖父外祖母这样的一个生活圈内。这样一个亲切温暖的家庭环境及学校的学习环境，孩子已非常习惯和适应。如果父母离婚，对未成年子女的生活及身心影响是非常不利的，因此在调解时，要考虑到孩子的家庭环境，而不是仅仅只考虑父母的因素。

2. 注重从父母的综合实力和父母子间的感情方面确定子女抚养关系

综合实力包括父母的经济实力、文化水平等综合情况。父母的文化水平相对高，就可能对子女学习有帮助，对孩子的影响更好一些；经济实力好的，对孩子的培养会形成有利的帮助，使子女能受到较好的教育及得到较好的学习环境。但在实践中，子女都愿意与感情相对深的父亲或母亲一起生活。调解员在调解时应考虑到子女与父母之间的感情因素，尽量使子女与感情相对深的一方一起生活，以有利于子女的身心健康。实践中有一种状况不能忽视，即经济实力及经济能力强的一方与子女之间的感情不及另一方的情况。大多数情况是，爸爸挣钱能力强，经济条件好，能够给孩子安排好的生活环境和学习环境等，子女一般与妈妈感情相对更深。在子女选择时，愿意与女方一起生活，女方出于母爱也愿意直接抚养孩子。调解时，一方面应从照顾子女及女方利益方面考虑，如子女与女方一起生活，应由男方多给付抚养费。另一方面应从双方经济状况、与子女感情情况、子女本人意见等方面综合考虑，确定子女直接抚养权。

3. 要注意征求子女的意见

在子女已满 10 周岁的情况下，除了考虑必要的生活环境和经济条件外，还要注意充分考虑子女的意见，注意其内心感受，要充分意识到子女意见的重要性。

（二）抚养费数额的确定

抚养费包括子女生活费、教育费、医疗费等费用，但应以满足子女的实际需要并符合双方的现有经济条件为限。实践中，离婚双方对子女抚养费给付数额上的争议是非常多见的。这也是调解案件工作中的一个重点。父母在对子女抚养费数额进行协商时，直接抚养子女一方往往会要求过高，而给付一方愿意给付的数额往往会过低，这种现象是非常普遍的。那么，在确定调解方案中的抚养费数额时，应综合考虑父母的收入情况、子女生活教育的需要和当地实际生活水平。如果父母有固定收入，可按照固定收入的 20% ~ 30% 支付；没有固定收入，可以参照当地社会平均收入的 20% ~ 30% 支付。在调解中也可以通过财物折抵等方式灵活解决抚养费支付问题。

（三）探视权的实现

探视权一项法定的权利，是父母基于亲子关系而享有亲权的一种体现。《婚姻法》第 38 条第 1 款规定："离婚后，不直接抚养子女的父或母，有探望子女的权利，另一方有协助的义务。"行使探望权的权利主体为不直接抚养子女的父或母，义务主体为随子女共同生活的另一方。探视的内容包括见面和交往，如电话网络交流、直接见面、短时间的共同生活等。探视权的意义在于一方面保证了不与子女共同生活的父母一方能够定期与子女团聚，满足了其对子女关心、抚养、教育、亲近的自然需要；另一方面又有助于弥补家庭解体给父母子女之间造成的情感伤害，有利于子女生理、人格、情感的健康成长。因此，需要在离婚时对探视权的行使方式、时间等有明确的约定，可以避免双方产生不必要的矛盾，也有利于子女的成长。探视权的调解方案既要考虑调解协议的可执行性，还要考虑对未成年子女成长有利的原则来确定具体探望方式、时间和地点。实践中一般采用的是周末探望和假日探望。为增强可操作性，调解协议中可约定每月的第几周、寒暑假或其他节假日进行探视，并对子女交接地点、探视时间及是否与探视权人共同居住一段时间等进行明确约定。调解方案还要考虑子女的日常起居、生活习惯、学习时间等，对 10 周岁以上的子女，要参考子女的意见。

三、子女抚养的变更及抚养费增减纠纷的调解要点

在实践中，要求变更子女抚养及增减子女抚养费的案件还是很多的。其变更原因也是各种各样的。

（一）子女抚养权变更

实践中，不直接抚养子女一方在各方面条件变好，想将子女变更由自己抚养；或者对方再婚，认为对方对子女抚养不利，因此想变更子女抚养。针对这种情况，因子女与直接抚养自己的父或母一起生活，生活及学习环境已经适应，如变更抚养可能对子女造成不良影响。因此，原则上不能轻易变更抚养关系。但有些情况是需要进行变更的，如直接抚养方身体状态不能很好地照顾子女；身患传染疾病；对子女有虐待等不良行为的；再婚后家庭成员对子女歧视等。在变更抚养关系的案件中，大多是不直接抚养子女方，要求变更为自己抚养；还有一种情况是直接抚养子女的一方要求将子女变更为对方直接抚养子女，其中的原因也是多种多样的。如孩子难以管教；孩子患有严重疾病，自己难以照顾；直接抚养方再婚与子女一起生活不便等原因。调解中也要视不同的情况，本着对子女负责的态度进行调解。对于推卸抚养责任的行为，一方面要视双方现实情况决定是否变更，另一方面要教育双方，照顾子女生活是法定的

义务，不能因自身困难而抛弃孩子。

（二）抚养费增减

在实践中，未成年子女因学费等支出加大，过去的抚养费不能保障孩子的生活或孩子身体不好，医疗费用增大要求增加抚养费等。调解中，要视不同的情况，采用不同的调解方式进行调解，以达到公平调解的目的。抚养费的增减应以满足子女的实际需要并符合双方的现有经济条件为限，比如直接抚养子女一方在未和另一方协商情况下，将子女送至私立学校就学，而费用大大超过双方的收入水平。在这种情况下，可按照当地就读普通学校的标准酌情确定抚养费。如果子女存在疾病情形，未来就医产生的医疗费又不确定，则调解方案在确定基本框架的前提下，再按照实际的合理支付由双方按比例负担，可以避免双方为此产生争议。

四、子女抚养权纠纷调解技巧

（一）借助子女与父母之间的感情，调解子女抚养权归属问题

多数的离婚案件中，父母双方都争要孩子，舍不得孩子。还有的情况是双方都不愿意直接抚养子女，不愿抚养的主要原因有以后还要结婚，有孩子会影响自己再婚；孩子身体有残疾或不能治愈的疾病；自己无能力或无时间、精力抚养孩子等。因此，在调解时，可让孩子到场，让孩子表达其想法。对于双方争要子女的，一方在孩子表示不愿意与其生活时，也就自愿放弃直接抚养的权利；对于双方都不愿意直接抚养孩子的，因为孩子终归是自己的亲骨肉，当孩子表示意见后，一般不会再推卸抚养子女的义务。在征求子女意见时，可采取单独询问和当面询问两种：对于父母都舍不得孩子，孩子迫于压力而内心有顾虑的情况下，应采取单独询问法，摸清孩子内心的真实想法；对于没有上述情况的，可采取父母双方在场进行询问的方式，使父母能把握子女内心的真实想法。在调解时，是以孩子与父母感情为标准还是以孩子前途为标准确定子女抚养问题，往往是一个难点。此类案件的调解应非常清楚地向孩子说明利弊关系，由孩子自己选择。对于坚持与感情深的一方一起生活的，还是应该尊重其意见，同时告之以后生活的不便及困难，问其是否改变初衷重新选择。还可告之如今后因生活困难或环境不适应，可要求变更与另一方生活。

(二) 通过算账方式调解抚养费争议

对给付抚养费数额的调解中，要让当事人明白，抚养费给付数额的基本标准，有固定收入的，给付固定收入的 20% ~ 30%，两个子女的可增加，但不能超过固定收入的 50%；无固定收入的，可按当地子女生活学习需要及给付方的给付能力来确定给付数额，也可以根据当地公布的人均收入的 20% ~ 30% 来确定。如果还不能达成协议，可进行实际计算，计算出孩子花费情况，如子女每月生活花费是多少，每年学杂费是多少等，然后把算出的数额作为参考，可使双方在抚养费的数额上心中有数，之后再根据照顾女方、子女的利益原则，或照顾弱势方利益原则，做双方工作，使双方达成协议。

(三) 换位思考及情感唤起等调解方法的运用

在子女抚养纠纷中，当事人通常会考虑自己的利益，忽视子女和对方的利益，如直接抚养一方当事人往往会要求过高，甚至会漫天要价，超过对方的支付能力；而给付抚养费的一方愿意给付的数额往往会过低，不能满足孩子的基本需要。这时，调解员要运用换位思考、情感唤起等调解方法进行调解，让当事人多为子女着想，与对方换位思考，促成大家互谅互让，达成协议，化解纠纷。

五、典型案例操作指引

【示例 1】

【基本案情】

姜莹与刘明辉于 1997 年经人介绍相识，确立恋爱关系，1998 年春节举行结婚仪式，同年 11 月 6 日生一子刘敏能，现在校上学。姜、刘二人于 1998 年 10 月 12 日补办结婚证。婚后双方因性格不合及家务琐事经常发生矛盾。2010 年姜莹离家，一直在外打工，至今未归。2013 年 4 月刘明辉托人带信给姜莹，要么回家，要么离婚。姜莹回来后与刘明辉在社区协商离婚。在社区调解员的主持下，双方同意离婚，均同意儿子刘敏能由母亲姜莹抚养，但双方对房产的处置及刘明辉支付抚养费的数额争议很大。

问题：应采用什么样的方法或技巧调解有关房产及抚养费数额的争议？

【操作指引】

调解中，双方对孩子教育问题都很重视。调解员抓住该焦点问题，引导双方在教育费问题上进行协商。在调解员的劝说之下，双方进行了充分协商，最终在子女教育费的给付问题上达成了一致意见，并均同意其他生活费用由母亲姜莹负担。对于两套房产，刘明辉一直要现居住的两居室，另外的一居室给姜莹。姜莹对此不同意。调解员从有利于孩子成长的角度出发，采用换位思考、情感唤起等方法，通过多次劝说，最终让两人就房产达成协议。双方最终达成协议：（1）姜莹与刘明辉离婚；（2）刘敏能由姜莹抚养；（3）刘敏能 2013 年至 2014 年的学杂费 9300 元由刘明辉负担，刘敏能以后的学杂费用由刘明辉负担；刘敏能的其他抚养费由姜莹负担；（4）一居室给刘明辉，两居室给儿子，登记在儿子名下，姜莹享有居住权；（5）两居室的电器、家具等归刘敏能及姜莹所有，姜莹给刘明辉财产折价款 8000 元。

【分析指引】

调解员在调解本纠纷时，双方最初对给付子女生活费的数额和房产处置争议很大，但在子女教育问题上双方都很重视。调解员抓住了该点及时做调解工作，最终双方在儿子抚养费的给付问题上达成了一致意见。《婚姻法》第 37 条规定："离婚后，一方抚养子女，另一方应负担子女必要的生活费和教育费的一部或全部，负担费用的多少和期限的长短，由双方协议；协议不成时，由人民法院判决。"对于子女生活费或教育费的判决，不妨碍子女在必要时向父母任何一方提出超过协议或判决原定数额的要求。可见，在抚养费的给付调解工作中，可以采取一般的方法，即由不直接抚养方按期给付子女生活费，也可采用抚养方直接负担子女教育费的方法；或负责子女治疗费方法等。总之调解方法应当是灵活多样的。

对于房产的处置，在调解员的引导下，双方也是从有利于孩子成长的角度出发。因为面积大，且该房子离孩子目前上学的学校近，且周围环境较有利于孩子成长，一居室周围的教育环境稍差。鉴于此，刘明辉最终放弃了对两居室的所有权，双方均同意把该房子给儿子刘敏能，达成房产处置的协议。

【示例 2】

【基本案情】

马涛，男，36 岁、农民；李娟，女，36 岁、农民。两人于 1998 年经人介绍认识，经过两年的恋爱于 2000 年"五一"结婚。婚后感情不错，李娟于 2002 年春生下女儿马玉梅，今年已 12 岁，正上初一。在女儿出生后，家庭经济顿感紧张，由于女儿小，两人商议后，由李娟在家照顾女儿，耕种责任田，马涛外出打工挣钱。马涛打了两年工，累不说，工钱经常被克扣，所以没有挣到多少钱。马涛脑子活，不想给人打工，想自己做生意。于是在李娟的支持下，马涛利用家庭积蓄并借了一些外债做本钱，开始做起了买卖。马涛颇有生意头脑，不到一年便还清了外债，慢慢的生意越做越大，马涛在家的时间也越来越少，夫妻两人是聚少离多，感情越来越淡；马涛长时间在外面也经不起诱惑，与自己的合作伙伴好上了。马涛向李娟提出离婚，起初李娟不同意，经过一段时间的考虑后，同意离婚。两人在财产上不存在争议，只是都想要女儿马玉梅的抚养权。双方争执不下，李娟找到镇调解委员会进行调解，调解委员会指派有经验的调解员张慧仪着手调解。

【操作指引】

调解员张慧仪接受该纠纷后，首先了解纠纷的详情，摸清纠纷的焦点——双方都想要女儿。于是分别与两人约谈，了解他们的想法。马涛说："我挣钱能力强，经济条件好，可以好好培养女儿，我可以让她脱离农村到城镇去上学，而且房子、学校也找好了。"李娟反驳说："马涛没有功夫看管孩子；他的心思都在做生意上，整天不着家，他管不好孩子的；这些年都我操持家务，孩子一直由我照顾，与孩子感情很好，孩子也愿意跟着我，所以我直接抚养孩子最合适。再说了，我不能失去了丈夫，再失去孩子，那可让我怎么活。"双方说的都有道理，可让调解员犯了难。从经济能力上来看，男方肯定要远远超过女方，而且还可以去好学校，受到更好的教育。但在与子女的感情上来看，女方要远远好于男方。所以孩子到底要与谁一起生活，处理起来确有一定难度。调解员让双方把孩子叫到调解现场，马玉梅到场后，态度非常坚决，要与母亲一起生活，并说："我家离姥姥家也不远，妈妈有事不在家我还可以去姥姥家。"还说："她不喜欢爸爸目前交往的阿姨。"听了马玉梅的话，调解员感到，从孩子的身心健康角度，跟母亲要远远强于男方。之后，马涛又与孩子进行了交谈，调解员也让马玉梅想清楚后再决定。如果选定了跟母亲生活，生活条件要差些，将来不要后悔。马玉梅表示不后悔，而且态度十分坚决。最后经调解，马玉梅与女方一起生活，男方给付抚养费，以保障孩子生活及学习。

【分析指引】

在确定子女的直接抚养权问题上，经常会遇到父母一方的经济状况好而与子女的感情不如另一方，而与子女感情好的一方，获得经济收入的能力远不如另一方的情况。此种情况，确实会给调解人员带来难度。从子女的前途考虑，由经济实力相对强的一方抚养对子女更为有利，但从子女心灵的健康成长来说，与感情深的一方生活更好。因此。这就需要调解人员在调解工作中去权衡、把握。一般来讲，首先应考虑子女在父母离婚后的心理健康因素。因为在父母离婚后，孩子会很不适应，情绪会受到一定的影响。如果在感情生活上不能安置好，会使子女心灵受到更大的伤害。况且以后父母双方还可以从子女的利益出发，协商子女问题，必要时还可变更子女抚养权。此外，对于双方之间获得经济收入能力上的悬殊，可在抚养费的给付上予以弥补。

【示例3】

【基本案情】

夏安澜（男）和薛玉（女）原系。2008年10月，两人因感情不和协议离婚。两人在民政局办理离婚手续，并在离婚协议中对夫妻财产分割、子女抚养问题作了明确的约定，婚生女夏晓由薛玉抚养，夏安澜每年支付抚养费6000元至夏晓18周岁止。夏安澜之后也按约定每年支付抚养费。到了2011年，夏晓开始上初中，因物价上涨，各类开销增多，而且薛玉因工作变动，收入也减了不少，母女两人生活压力大了不少。薛玉也曾和夏安澜商量是否可以增加抚养费，但夏安澜认为两人在离婚时已经约定得很清楚，自己也一直在按照约定履行。即使有问题也应该由薛玉自己想办法，协商了多次都不欢而散。2012年8月新学期开学前，夏晓将父亲夏安澜告上法院，要求增加抚养费，母亲薛玉作为其法定代理人参加诉讼。因该案系抚养费纠纷，而且开学时间临近，为不影响夏晓上学，法庭就组织双方庭前调解。

【操作指引】

在调解初期，夏安澜认为抚养费应该按照离婚协议的约定来执行，而且薛玉经常挑拨他们父女关系，这次起诉也肯定是由薛玉唆使的，坚决不同意增加抚养费。调解陷入僵局，承办法官开始与当事人背靠背地交谈，通过深入交流了解到，夏晓母女两人的经济状况确实不好，而夏安澜现在正经营一家门市，收入不菲；还了解到，在离婚后，薛玉一直认为是夏安澜的过错导致离婚，所以一直不愿意两人碰面，抚养费也是通过汇款交付的；夏安澜来探望夏晓时，也不是十分配合，导致父女感情也有些隔阂。在背靠背的调解中，法官向夏安澜讲述了夏晓母女目前的家庭经济状况和困难，并告知离婚协议只是父母两人之间的约定。法律规定子女在必要时可以向父母任何一方提出超过协议原定数额的合理要求，希望夏安澜多多考虑父女之情，给夏晓一个良好的学习成长环境。在对夏晓母女做调解工作时，法官指出了薛玉不配合夏安澜探视女儿的错误之处，不能将两人的矛盾纠葛带到与父女的关系中；同时也鼓励夏晓要主动和父亲交流，在方便的时候给父亲打打电话，甚至去看看父亲。通过法官动之以情、晓之以理的劝说，双方达成协议。夏安澜在新学期后按每月 800 元的标准支付抚养费，夏晓也承诺会和父亲多交流沟通，薛玉也保证不再干涉父女的正常交流。

【分析指引】

《婚姻法》第 37 条第 2 款规定："关于子女生活费和教育费的协议或判决，不妨碍子女在必要时向父母任何一方提出超过协议或判决原定数额的合理要求。"父母对未成年的或不能独立生活的子女有抚养义务，不因父母离婚而改变。离婚协议只是父母双方之间的约定，环境变化导致抚养费不能维持当时生活一般水平时，子女可以以自己的名义向父母任何一方提出超出协议原定数额的抚养费的合理请求。在抚养费纠纷案件中，父母容易将两人之间的纠葛带到子女的抚养教育上，在调解中要注意保护子女的健康成长，指出父母教育沟通不当之处，多从亲情角度做工作，鼓励未成年子女同未参与直接抚养的父母一方多沟通，增进感情；对于已具备一定辨识能力的子女，可在调解时与父母直接面对面交流，也能取得一定的效果。

第三章　家庭纠纷调解要点与技巧

第一节　赡养纠纷调解要点与技巧

我国《婚姻法》明确规定，子女对父母有赡养扶助的义务，《老年人权益保护法》也规定，赡养人应当履行对老年人经济上供养、生活上照料和精神上慰藉的义务。然而由于各种原因造成不赡养老人的纠纷时有发生。本节将探讨引发赡养纠纷的原因、特点及调解的对策。

一、赡养纠纷概述

（一）赡养的概念

赡养是指子女在经济上为父母提供必要的生活用品和生活费用，在生活上给予扶助的行为。

第一，经济上的帮助是指提供必要的经济来源和物质帮助。具体来说，就是有经济能力的子女对丧失劳动能力、生活困难的父母提供经济、物质上的帮助，与父母一起生活的子女，应多帮助年老体弱的父母，未与父母一起生活的子女，要给父母必要的生活费用。子女给付父母的生活费用一般不低于当地的生活水平；对于有两个以上子女的，父母的赡养费用由子女分担。总之，子女应对无劳动能力或生活困难的父母提供衣、食、住、行等全方面的保证，使父母能够安度晚年。

第二，生活上的扶助是指子女对父母应在日常生活上给予照料侍奉，尤其是对年老、体弱多病的父母更要给予生活上的帮助，使父母能够享受天伦之乐，幸福、愉快地度过晚年，不能忽视父母的精神状态。因此，子女在赡养父母时，仅在物质上给予保障是不够的，还需要在生活上给予扶助，即精神上给予慰藉。

（二）赡养纠纷常见类型

1. 赡养费给付纠纷

实践中，父母与子女之间的赡养费纠纷，因各种原因，常常是有的子女不愿付赡养费。有的是子女不愿多付赡养费。子女间因赡养费给付不一而争吵，最后是大家都不管父母，导致老人生活无着落。老人不得已会找村（居）委会调解，甚至将子女告上法庭，要求子女履行他们的赡养义务。

2. 被赡养人居住权纠纷

居住权纠纷是赡养纠纷经常涉及的问题，一般常见于父母给子女们分割家产后，房产的所有权都给了子女们，或在子女处留一间归自己所有，自己准备与子女们一起生活居住。如果只是一个子女，只要跟该子女一起生活就可以了。但多子女的，特别是子女们都成家立业的，很容易在赡养问题上产生意见分歧，出现子女们互相推诿的现象，在父母的住房问题上亦是如此。如嫌弃老人在自家居住时间太长、与其他兄弟姐妹攀比，因此兄弟姐妹之间产生矛盾，均不愿意让父母在自己家居住等，导致老人没有地方居住，甚至到处流浪。

3. 老人再婚引发赡养纠纷

中年人或老年人离异或丧偶后再找一个生活伴侣，一来生活上有个帮手，二来精神上有个慰藉。这种追求幸福生活的方式是法律赋予公民婚姻自由的权利。但有些地方的确还存在着封建思想观念，认为老年人再婚是"老不正经""有伤风化"。有些子女认为父母再婚是一件丢人的事，所以对父母的再婚横加阻拦，甚至以不履行赡养义务相威胁。因此，实践中，常有老人再婚后，子女不赡养老人的情形，在父母与子女之间产生纠纷。我国《婚姻法》第30条规定："子女应当尊重父母的婚姻权利，不得干涉父母再婚以及婚后的生活。子女对父母的赡养义务，不因父母的婚姻关系变化而终止。"

4. 因家庭矛盾引发赡养纠纷

家庭成员之间因生活观念、生活条件、家庭成员关系、相互攀比等其他矛盾引发子女对父母不尽赡养义务。例如：在实践中，常常出现因老人没有给某个儿子看小孩，导致儿媳妇不愿赡养公婆而引发纠纷；或者在分家过程中，大儿子、儿媳认为老人偏袒小儿子，因而不愿赡养老人；此外因夫妻、妯娌、婆媳矛盾也会引发赡养纠纷。

5. 对子女未尽抚养义务，年老后要求子女赡养❶

此类情况在现实生活中虽然并不是很普遍，但在实践中也会经常遇到。因为生活中各种各样的原因，如父或母一方长年在外，且不给家里寄钱，对家庭严重不负责任，对子女不尽抚养义务。等到年老，自己生活困难，要求成年子女赡养自己，因而引发纠纷。比如：在一起赡养纠纷中，被赡养人年轻时常年在外经商，有外遇，很少回家，也很少给家里寄钱。现在年纪大了回到家中，子女们对其没有父子感情，大家都不愿意赡养。

（三）引发赡养纠纷的原因

1. 经济贫困导致

赡养纠纷大多发生在经济状况比较差的家庭，由于赡养人本身收入水平低，家庭负担重等原因，造成在赡养老人上承担不起自己应尽的赡养义务，引发赡养纠纷。

2. 法律义务观念缺失引发

此类纠纷大多由于老人无固定收入又多患疾病等原因，造成有些人认为老人吃穿用住、疾病治疗都需要经济上的花费，因而把老人当作家庭负担，漠视对老人法律上的赡养义务。

3. 分家析产矛盾产生

在城市近郊区及农村地方，普遍存在老人在子女成家后分家，一些老人不注意维护自身权益，没给自己预留后路，将家产全部分割给儿子所有，老人今后生活全部依赖子女供养的传统。在分家过程中，由于受家庭实际状况及老人主观上的因素等影响，难免在财产分割上存在不平均或财产争议，这种状况极易引起日后在赡养问题上的矛盾。有的子女认为，在分家产时父母存在偏心，遂产生怨气。在父母年老需要赡养时，以家产分配不公为由，拒绝履行赡养义务。

4. 多子女现象引发赡养纠纷

赡养纠纷案件大多发生在多子女家庭。在独生子女或子女较少的家庭，则较少出现赡养纠纷。其原因在于多子女家庭中家庭关系比较复杂，易出现儿女之间、妯娌之间互相攀比、相互推诿，导致老人无人赡养的状况。

---

❶ 张晓秦、刘玉民主编：《调解要点与技巧》，中国民主法制出版社 2009 年版，第 99 ~ 101 页。

5. 子女长年外出务工致老人生活无着落

随着市场经济的发展，农村外出务工的人员较以往增多，大量的人员外出务工，如不对家中老年人妥善安置，失去生活来源的老人只有依靠诉讼或其他方式来解决自己的养老问题。

6. 农村社会保障滞后致赡养案件多发

相对于城市老年人大多有退休工资或社会保障而言，有关农村老人的社会保障机制不健全，造成农村中老年人无生活来源保障，经济上完全依赖于子女，导致赡养案件多发。

二、赡养纠纷特点对调解工作的影响

（一）赡养纠纷的特点对调解工作的正面影响

1. 赡养费的给付并非此类纠纷的主要矛盾点，其他家庭矛盾纠纷才是冲突的根源，主要矛盾的旁化，有利于调解工作的开展

赡养费纠纷当事人不履行义务，其主要原因大多并非当事人不想给付赡养费，其矛盾根源主要表现在：一是兄弟姐妹众多，相互之间推卸责任，或者子女经济状况的差别导致经济条件差者依赖其他人多承担义务；二是出嫁女儿是否承担责任在各家庭中方式不一产生矛盾；三是婆媳关系或妯娌关系紧张影响赡养义务的履行；四是父母对各子女照顾程度的不同或在分家析产时的不均，致使部分子女心理不平衡而不愿履行赡养义务。

2. 争议标的一般都不大，当事人都有能力履行，使调解内容有实际履行的可能性

一般而言，赡养纠纷案件的标的就是每年几百元生活费及一些生活必需品。标的额都不会很大，一般有劳动能力的成年人都能承受。不像其他财产类案件会出现因当事人无能力履行而达不成调解协议或者即使调解成功也只是空有调解协议而无法履行的情形。

3. 亲情的维系是调解无形的帮手

赡养纠纷案件以父母与子女之间纠纷为主。作为义务履行者的子女，不可能不考虑父母对自己的养育之恩和血肉亲情。即使与父母之间可能存在这样或那样的矛盾，但在亲情的感化和维系下，大多数人都能不计前嫌，认识错误，履行赡养父母的义务。

4. 社会舆论的压力起到利于调解的作用

不赡养父母会被他人所不耻和指责，亲戚、朋友、邻居、村干部等人往往都会积极协助进行调解。他们对当事人的劝说甚至指责都会给其形成强大的思想压力，促使当事人达成调解协议。

（二）对调解工作的负面影响

1. 此类案件当事人多，让他们同时参加调解有难度

赡养纠纷涉及当事人多在三到四名，调解的最基本前提就是双方当事人到场。在现实中，由于当事人工作繁忙，让所涉当事人同时到齐很难，增加了调解工作的难度。

2. 老人年岁高，行动不便，多次调解几乎不具有现实可行性

在赡养纠纷中父或母的年龄一般都比较大，且身体不好，行动不便，让他们参加调解就比较费精力。如果一次调解不成功，多次调解几乎不具有现实可行性。

3. 当事人观念陈旧，难以接受新观念和法律知识

有些赡养纠纷当事人特别是父或母，因其年龄较大，对于新的思想观念和法律知识很难接受，成为调解成功的阻碍。

4. 调解项目繁多，影响双方对调解协议内容的全面认可

赡养纠纷案件的调解协议包括：房屋的居住、金钱的给付、债务的承担、柴米油盐等生活必需品的给付、原告承包地的耕种、医药费的负担、生病期间的护理、丧葬事宜的费用承担等，因此调解协议要做到面面俱到，让当事人双方对几乎每项内容都达成一致意见。当事人对其中某一项调解内容的异议可能会影响整个调解协议的达成。

三、赡养纠纷调解要点与技巧

（一）找准赡养纠纷发生的真实原因，有针对性地进行调解

如前所述，许多赡养纠纷，表面看是老人生活困难，需要子女经济等方面的帮助，但实际上赡养费的给付并非此类纠纷的主要矛盾点，其他家庭纠纷才是冲突的根源，比如：父母与子女之间矛盾、婆媳矛盾、夫妻矛盾等。因此，在调解过程中，虽然要将重点放在赡养义务的调解上，但更要找准赡养纠纷发生的真实原因，以解决引发赡养纠纷的其他矛盾纠纷为切入点，将当事人的其

他家庭矛盾纠纷和赡养纠纷一并解决。这就要求我们找准矛盾焦点，有的放矢，既要注重调解效果，也要讲求工作效率。

1. 对父母与子女之间矛盾的调解

许多赡养纠纷，表面上来看是父母生活困难，需要子女经济等方面的帮助，但实质上是子女与父母之间存在矛盾。父母认为自己辛辛苦苦养大的子女不孝顺自己，所以意见很大，因此会要求子女尽赡养义务，或提出一些其他要求。造成这种情况的原因是多种多样的，常见的有：子女工作很忙无暇经常看望父母，或只顾自己的家庭而忘记照顾父母，或与父母之间缺乏沟通，使父母感觉不到子女对自己的关心和照顾，甚至对子女产生误解，认为子女不孝等。遇到此类赡养纠纷，关键是：（1）给双方沟通的机会，如调解时让双方说说心里话，使双方能够互相了解对方的内心想法，调解员从中给双方撮合，使双方化解矛盾。（2）对于子女不经常看望父母的，可当着父母的面对子女进行批评，使其明白父母将其养大付出了很大心血，父母老了对父母不管不问是没有良知的表现。让其知道父母需要的并不仅仅是金钱，还需要子女关心照顾。只要子女认识到了自己的错误，并当着父母的面承认错误，父母一般情况下会原谅自己的孩子的，从而使双方能够很客观地达成赡养协议。

2. 对因婆媳矛盾或夫妻矛盾引起的赡养纠纷的调解

赡养纠纷中，有许多子女并非不懂得赡养父母是自己应尽的义务，知道不应当以各种借口拒绝赡养老人，但因婆媳矛盾或夫妻关系不和睦，儿子迫于自己妻子的压力，不敢答应父母的合理要求。也就是人们常说的"怕媳妇""气（妻）管炎（严）"。如果答应了父母的要求，妻子回家后会大吵大闹，使赡养人不得安生。有的甚至以离婚相要挟。

在对此类纠纷进行调解时，方式方法是很重要的。调解时最好由父母与儿子进行协商，而不要让儿媳参加。如果儿媳对丈夫不放心坚持要参加，也应当对其劝说，告之其丈夫是赡养人，应当由父母与子女进行商量。如果迁就被赡养儿媳参加调解，是很难调解成功的。因为父子之间终归是有感情的，而儿媳与公婆却不一定有感情。在被赡养人儿媳不参加的情况下，通过父母与子女之间的协商，就相对易于协商一致。

（二）选择合适的调解方法，做到耐心、细心、诚心

1. 选择合适的调解方法

在赡养纠纷的调解中经常采用的调解方法有：情感唤起、情理教育、法律教育及换位思考等方法。首先要引导子女回忆父母养育的恩情，通过情感的激发，唤起子女对父母的深厚的情感；通过情理分析，教育子女要遵守社会公德、遵守中华民族尊老爱幼的传统美德；同时教育子女，赡养尊敬老人也是子女应尽的法律义务，履行赡养老人的法定义务是无条件的。子女不能以父母分家不公或以其他子女未尽赡养义务而互相攀比等借口，拒绝或减少赡养义务。使他们认识到赡养父母是无条件的，真正建立起对丧失劳动能力或生活困难父母的赡养意识。

2. 做到"三心"，创造良好的调解氛围

"三心"即耐心、细心和诚心。赡养纠纷的调解工作和其他纠纷的调解有许多共同点，也存在一些差异。但由于存在前述的纠纷特点，应当做到更有耐心、更加细心、更有诚心。要耐心听当事人倾诉，了解纠纷的起因，对于当事人确实存在的苦衷要及时表示理解，耐心做当事人的说服和教育工作；细心安排调解时间，尽可能通知双方都到场，细心照顾老年人的情绪变化，细心保证调解内容的完整；以诚心对待当事人，用诚心感化当事人。如果调解员只注重教育和谴责子女，不注意缓和气氛，创造良好氛围，容易激发当事人的对抗心理，不利于纠纷的解决。

（三）选择合适的调解地点和方式

许多赡养纠纷中的老人因年老体弱或疾病等原因，行动不便，调解员可以到当事人家里或楼门等上门进行调解，方便赡养纠纷的当事人，尤其是老人。这样不仅可以方便当事人，还可以起到"调解一案，教育一片"的法律教育、宣传作用。

（四）利用道德感化，找准法律与道德的结合点

不履行赡养义务既可以由法律来调整，同时也受到道德的约束。在调解中，应当动之以情、晓之以理。不仅要从法律的角度做当事人的思想工作，更重要的是从道德的角度让当事人明白赡养老人是其应尽的义务。

（五）利用外部力量和多方机制进行调解

可以邀请村干部、当事人的亲友、同事等参与调解，共同协助做当事人思想工作，特别利用社会舆论给当事人施加一定压力，让其从思想根源上树立履行赡养义务的法律意识。

四、典型案例操作指引

【示例1】

【基本案情】

2010年9月11日上午，里仁司法所工作人员刚上班，办公室来了一位年逾70的老汉。他向司法所的工作人员反映，自己的两个儿子对其不尽赡养义务。

经过了解，这位老汉是里仁乡华堂村的一位村民，老人因年迈丧失劳动能力，两亩责任田由村委会承包给老汉的两个儿子各一亩。两兄弟协商决定：老人由大儿子赡养，老人的全部财产由大儿子继承。现在大儿子认为父亲随自己生活，当然父亲的两亩责任田应当全部由自己承包，而小儿子家也是人多地少，不愿拿出一亩地来。土地的纠纷引起两兄弟在赡养上的争议，而致使老汉的生活没有了着落。村委会多次调解效果不大。

问题：如果你是里仁司法所工作人员，你该如何进行调解？

【操作指引】

工作人员看到老汉身体状况较差，精力不济，亟须帮助。初步了解情况后，认为这属于人民调解的受案范围，决定受理此纠纷的调解。

司法所工作人员立即与华堂村委会取得联系，驱车前往老汉家中。此时，老汉的两个儿媳正在为土地界线问题争吵不休，不少邻居在围观。经工作人员劝阻，兄弟俩同意坐下来调解，但谁也不愿进另一家门。不得已，工作人员只得在院子里的大树下进行调解。

工作人员就《婚姻法》中赡养老人的相关法律法规进行了解释，同时从中华民族的传统美德——尊老爱幼的角度对兄弟俩进行了批评教育，两兄弟在惭愧之余纷纷表示以后一定孝顺父亲。但大儿子对于土地问题还存在着疑问：父亲随我生活，当然父亲名下的土地应该归我啊？围观的群众也表示不解。司法所工作人员就土地承包的相关法律知识耐心地进行了解释，特别是对于人民群众容易误解的财产继承和土地承包之间的区别重点进行解释。

在司法所工作人员的劝说、教育下，兄弟俩最终握手言和，达成了赡养老人的协议，老人的生活终于有了着落。

【分析指引】

上述案例是一起因分家析产引发的赡养纠纷。多子女家庭，由于多种原因在父母分家时所得的财产各不相同，往往由此诱发赡养纠纷的发生。对于此类纠纷的调解，要采用明法析理的方法。首先，教育子女，分家析产和赡养义务是两个不同的法律关系，决不能以分家析产不公来对抗履行赡养义务。根据法律规定：子女年幼时被父母遗弃而由他人抚养成人的，或者子女患有弱智、精神病等法定疾病可免除赡养义务，除此都不是免除赡养义务的理由；其次，要教育子女，根据法律规定，父母对属于自己的财产完全可以自由处分，与子女应负的赡养义务没有关系；最后，要说服子女，尽管父母可能在财产的处理上有失公平，那也是由多种原因。受客观条件的影响造成的。要尽可能理解父母，回报父母的养育之恩，使父母晚年有一个幸福生活。

【示例2】

【基本案情】

王云，早年丧偶，育有一女夏芳。18年前，王云改嫁张国清，协助张国清抚养了其3个子女（一男二女）。2002年初，张国清因病过世。而此时的王云也已年过花甲，且体弱多病。为了能妥善解决好王云的生活，同年5月，在王云所在村的村干部的主持下，王云与继子张华及自己的亲生女儿夏芳签订了一份协议。协议除了对财产等方面作了约定外，还着重就王云的赡养问题作了三点约定：1. 从2004年起，继子每年供给王云水稻600斤、小麦100斤，如王云要求种责任田，上缴税负由她本人负责（注：2002—2003年，王云尚存有余粮）；2. 王云的零花钱由其女儿夏芳负担；3. 王云今后如生病，医疗费及照应护理，由其继子张华及女儿夏芳各负担一半。

按理说，有了这份协议，王云的生活应该没有问题了。孰料，继子张华仅按协议履行了6年。到了2010年，继子张华以王云未尽到继母的责任为由只给了她300斤稻谷。要知道，300斤稻谷是根本不够王云吃的。王云在多次找继子张华索要无果后，再次找村干部解决。村干部也多次找其继子调解，但都无果。万般无奈之下，王云在其女儿的陪同下来到了该镇调委会寻求帮助。

请问：如何调解王云与继子张华的纠纷？

【操作指引】

镇调委会的调解员在了解情况后，觉得王云的继子张华当初能够签订赡养协议，并且能按协议履行了 6 年，这充分说明了他还是明事理、有责任心的。如今他不按协议履行自己的义务，或许其继母王云确实有做得不妥的地方。于是，调解员在征求了王云的意见后又电话联系了其继子，在双方都愿意调解的情况下，决定受理王云的申调解她与继子张华的赡养纠纷。

在调解过程中，调解人员首先听取了双方的陈述、辩论。然后从情、理、法三方面对双方当事人分别进行了劝说开导。

在对王云继子进行劝说开导时，调解人员首先对他作为一个继子尚能答应赡养继母的做法给予了肯定，对他家庭中的实际困难给予了同情。同时也对他因不满继母对自己亲生女儿的偏袒及对她不尽继母责任而不积极履行原先订立的赡养协议的做法给予了委婉的批评，使他认识到了自己的过错，当即答应以后一定严格按照协议履行自己的义务。

在对王云进行劝说开导时，调解人员批评了王云对自己亲生女儿和继子不一视同仁的做法，使她也认识到自己的不对之处，答应以后决不会再发生这样的情况。此外，调解人员还对王云的女儿夏芳进行了关于赡养的相关法律的宣传，使她认识到赡养王云也是她不容推卸的义务。最后，调解人员在征得了双方当事人的同意后重新签订了赡养协议：一、关于王云的口粮，由其继子张华每年分两次供给，元旦前付给王云水稻 300 斤、小麦 100 斤，6 月 1 日前付给王云水稻 300 斤；二、王云目前由自己料理，待日后不能自理时，由其女儿夏芳带回去照料，与其继子张华无关。平时的医疗费及照应、护理由夏芳负责，住院的医疗费由夏芳与王云的继子张华各负担一半。

最终，一起关于赡养协议的履行纠纷，在镇人民调解委员会调解员近 4 个小时的耐心调解下，终于得到了圆满的解决。

【分析指引】

在此次赡养纠纷调解过程中，调解员首先详细了解了纠纷的详情，全面掌握了纠纷的情况及关键点。在调解中首先采用褒扬激励法对王云继子张华能答应且实际赡养继母的做法给予了肯定与表扬，同时也对他近年来不尽赡养义务的做法给予委婉的批评；调解人员还批评了王云对自己亲生女儿和继子张华不一视同仁的做法，使她也认识到了自己的不对之处；同时还对夏芳宣讲了有关赡养的法律法规，让夏芳明白她也有赡养自己母亲的义务。调解员从情、理、法三方面入手，耐心细致地做说服工作，最终化解了他们的矛盾，解决了赡养王云的纠纷。

【示例3】

【基本案情】

万大爷夫妇都是退休工人，万大爷每月有退休金1600元，妻子每月有退休金1300元，他们共有三子万春、万和、万民和女儿万怡，都已成家立业。长子万春、次子万和和女儿万怡事业有成，生活幸福。小儿子万民夫妻均下岗，因此万大爷疼爱小儿子，将部分积蓄和退休金用于资助小儿子开了一个小卖部，经营收入仅够小儿子的孩子上学及小儿子的生活费用。2012年8月，万大爷因重病住院治疗，手中的积蓄不够交纳2万元的住院费，且出院后还需护理和照顾，万大爷老伴身体也不好，无力照顾万大爷，因此万大爷要求子女给付赡养费并轮流照顾老人起居生活及负责生病时的照料。长子、次子和女儿认为父母的退休金用在了小弟弟身上，所以认为老人的赡养费应该全部或绝大部分由小弟弟负担；三人都宣称自己工作很忙，实在是没有办法天天去照顾老人。万大爷与子女多次协商不成，只好请求社区调解委员会帮忙调解。

请问：如果由您主持调解，该如何调解万大爷与子女的赡养纠纷？

【操作指引】

社区调解委员会接到万大爷的申请，认为在其调解的权限范围内，于是安排调解员老马调解该赡养纠纷。

调解员老马在正式调解之前，对相关情况进行了摸底。万大爷夫妇有退休金，今年退休金增加后，老两口的退休金有3100元。此次万大爷住院花费了2万余元，缺口5000元；万大爷出院后还需吃药治疗，开销约1500元；且行动不便，亟须人照料，老伴身体不好；长子万春、女儿万怡收入稳定，但工作确实很忙，很难抽出时间来照料老人；次子万和工作收入一般，居住条件也比较紧张。小儿子万民平日在家经营小卖部，生意一直不大好，妻子也下岗在家，靠打一些短工有一些微薄的收入。但因是前铺后家，且妻子下岗，反而方便照顾老人。

了解万大爷及子女的情况，调解员老马心中有底。于是召集万大爷及其子女在一起调解。首先，调解员老马讲了有关赡养老人的法律规定，赡养父母既是中华民族传统美德，也是法定义务，不能以任何借口拒绝赡养老人，拒绝支付父母的医疗费、生活费及其他赡养义务。万大爷在生病前将自己的积蓄用于资助小儿子，属于对自己财产的处分，子女不能干涉，也不能以此为由拒绝承担赡养义务。一席话让老人的儿女认识到了自己的错误。

考虑到万大爷的具体困难和子女的家庭经济状况，调解员老马提出了一个调解方案，由小儿子万民照顾万大爷的日常生活及看医拿药等跑腿事宜，另二子一女分担部分日常生活费用和医药费。经过多轮谈话协商，最后达成了一致调解协议：此次 5000 元的医疗费缺口，由长子万春、女儿万怡各出 2000 元，次子 1000 元；老人的退休金由老伴管理，小儿子及媳妇负责日常生活起居及看医拿药事宜；长子万春、女儿万怡每月给出 500 元，次子 300 元用于万大爷日常生活和看病；以后老人的住院费用由大家均担。

【分析指引】

为了能做好调解工作，在调解之前必须做充分的准备工作，弄清事情原委，进行透彻的分析。在本次纠纷调解中，调解员老马在调解之前做了充分的调查，弄清楚了纠纷情况，抓住了万大爷赡养费中的医疗费和平日照料两个关键点，并结合子女的经济能力和工作居住情况，提出了合理的调解方案，最终使当事人在此基础上达成了调解协议。

支付赡养费是承担赡养义务的主要形式，支付方式可以灵活多样。根据具体情况，可采取定期支付现金的方式。在支付现金有困难的情况下可以采取给予实物的方式，也可以通过照料父母日常起居的行为来替代。本次纠纷中，被赡养人万大爷既有支付医疗费的困难，又有平日无人料理的难题。在考虑子女具体情况下，小儿子以平日照料来替代支付赡养费，长子、次子和女儿按照经济条件来分担医疗费无疑是合情合理的调解方案。

对于家庭内部矛盾的处理，必须依法、依情、依理进行调解。首先，子女对父母履行赡养义务，不仅是中华民族的传统美德，也是法定义务。从宪法到婚姻法、继承法都有对子女赡养父母的明确要求。赡养是指子女在物质上和经济上为父母提供必要的生活条件，子女作为赡养人，应当履行对老年人经济上供养、生活上照料和精神上慰藉的义务。法律规定，有两个以上子女的，可依据不同的经济条件，共同负担赡养费用。经济条件较好的子女应当自觉、主动地承担较大的责任，也不能以未得到家中财产为由拒绝履行对父母的赡养义务。调解中，调解员始终耐心、诚心和细心地进行调解。比如，老马深情地对万大爷的子女说：父母含辛茹苦把子女抚养成人，从来都不会带一点水分的。现在父母年老了需要我们回报，为什么要掺入那么多的水分呢？一席话让万大爷的子女很是愧疚。经过一番入法、入情、入理的劝说，最后化解了此赡养纠纷，使万大爷的医疗和养老问题得到了解决。因此，在本次纠纷调解中，调解员采用明法析理和真情呼唤等调解方法和技巧，依法、依情、依理进行说服教育，将社会公德、伦理道德、家庭美德、公序良俗充分阐释，恰到好处地开展批评教育，以理服人；并通过亲情的呼唤，使当事人展示出人性最美好的善良与仁慈，以及母子、同胞手足的骨肉亲情，最终使纠纷得到圆满解决。

第二节　继承纠纷调解要点与技巧

一、继承纠纷的特点

继承纠纷属多发性、复杂性的家庭纠纷。此类纠纷，多因被赡养人在世时遗嘱不清晰，或者过世时没有留下遗嘱，家人又不懂得相关法律规定，出于利益驱动等原因而产生。继承纠纷特点是涉及家族人员多，关系较为复杂，纠纷焦点是遗产的归属与分配。

二、继承纠纷调处原则

（一）男女享有平等继承权

财产继承权不分男女，平等享有；同一顺序的继承人继承遗产的份额不分男女，应当均等；有代位继承权的晚辈直系亲属不分男女都有权代位继承父或母的遗产；配偶一方死亡，继承的一方不分男女都有权处分其所继承的遗产，也可以在继承遗产后自主决定再婚与否。

（二）养老育幼，保护弱者原则

婚生子女、非婚生子女、养子女与形成抚养关系的继子女享有平等的继承权；在分割遗产时，要注意保留胎儿的继承份额，对生活有特殊困难或缺乏劳动能力又没有生活来源的继承人予以照顾，对与被继承人共同生活的老年人和未成年人应当多分遗产；在遗嘱继承中，即使遗嘱人未保留胎儿或缺乏劳动能力又没有生活来源的继承人的遗产继承份额，也要给予分配遗产。

（三）权利义务相一致原则

对被继承人尽义务较多的，应当多分得遗产。丧偶儿媳对公婆、丧偶女婿对岳父岳母尽了主要赡养义务的，可以成为第一顺序法定继承人；有扶养能力和有扶养条件的继承人，不尽扶养义务的，应当不分或者少分；继承人以外的对被继承人扶养较多的人，可以分得适当的遗产。

（四）充分发挥遗产效用原则

遗产分割应当有利于生产和生活需要，不损害遗产的效用，不宜分割的遗产可以采取折价、适当补偿或者共有等方法处理。

三、继承纠纷的调解要点

（一）查看有无遗嘱，并帮助判断遗嘱的效力

介入一个继承纠纷的调解，首先要查有无遗嘱。如果没有遗嘱，就按照法定继承办理；如果有遗嘱，要帮助纠纷当事人做好以下工作：

1. 看遗嘱的形式，确定其是否生效

首先，看是什么形式的遗嘱。因为法定形式不同的遗嘱，生效的要件不太一样。遗嘱的形式包括：公证遗嘱、自书遗嘱、代书遗嘱、录音遗嘱和口头遗嘱五种。五种形式的遗嘱中公证遗嘱的效力最高，自书、代书、录音、口头遗嘱不得变更公证遗嘱。

2. 看遗嘱是否存在无效的情况

根据《继承法》第22条及《最高人民法院关于贯彻执行中华继承法》若干问题意见（以下简称《继承法意见》）第37、38条的规定，以下遗嘱无效：（1）无行为能力人或限制行为能力人所立的遗嘱；（2）遗嘱必须表示遗嘱人的真实意思，受胁迫、欺骗所立的遗嘱无效；（3）伪造的遗嘱无效；（4）遗嘱被篡改的，篡改的内容无效；（5）遗嘱人未保留缺乏劳动能力又没有生活来源的继承人的遗产份额的，遗产处理时，应当为该继承人留下必要的遗产，所剩余的部分，才可参照遗嘱确定的分配原则处理；（6）遗嘱人以遗嘱处分了属于国家、集体或他人所有的财产，遗嘱的这部分，应认定无效。

3. 看遗嘱有没有撤销、变更的情形

遗嘱设立后的撤销、变更是遗嘱人随时都可行使的一项重要权利：（1）明示的撤销或变更，是基于遗嘱人明确的意思表示而进行的。《继承法》第 20 条规定："遗嘱人可以撤销、变更自己所立的遗嘱。立有数份遗嘱，内容相抵触的，以最后的遗嘱为准。自书、代书、录音、口头遗嘱，不得撤销、变更公证遗嘱。"《继承法意见》第 42 条规定："遗嘱人以不同形式立有数份内容相抵触的遗嘱，其中有公证遗嘱的，以最后所立公证遗嘱为准；没有公证遗嘱的，以最后所立的遗嘱为准。"（2）推定的（或默示的）撤销或变更，是基于遗嘱人的行为由法律所作出的推定。《继承法意见》第 39 条规定："遗嘱人生前的行为与遗嘱的意思表示相反，而使遗嘱处分的财产在继承开始前灭失、部分灭失或所有权转移、部分转移的，遗嘱视为被撤销或部分被撤销。"

4. 看遗嘱是否附有义务

根据《继承法》第 21 条及《继承法意见》第 43 条规定，遗嘱继承附有义务的，继承人应当履行义务。没有正当理由不履行义务的，经有关单位、受益人或其他继承人请求，人民法院可以取消他接受附有义务那部分遗产的权利。由提出请求的继承人或受益人负责按遗嘱人的意愿履行义务，接受遗产。但所附义务必须合法，否则所附义务无效。

（二）查看有无遗赠并帮助处理

遗赠是公民以遗嘱方式表示在其死后将其遗产的一部分或全部赠给国家、集体或者法定继承人以外的人的民事法律行为。遗赠是一种单方、无偿民事法律行为，在遗赠人死后生效，并要求受遗赠人未先于遗赠人死亡且有明示表示接受的行为。其中设立遗嘱的人称遗赠人，接受遗产的人称受遗赠人。《继承法》第 16 条第 3 款规定："公民可以立遗嘱将个人财产赠给国家、集体或者法定继承人以外的人。"第 25 条第 2 款规定："受遗赠人应当在知道受遗赠后 2 个月内，作出接受或者放弃受遗赠的表示。到期没有表示的，视为放弃受遗赠。"

（三）查看有无遗赠扶养协议并帮助处理

遗赠扶养协议是指遗赠人（又称被扶养人）与扶养人订立的关于遗赠和扶养关系的协议。根据这一协议，遗赠人将自己合法财产的一部分或全部于其死后转移给扶养人所有，而扶养人则承担对遗赠人生养死葬的义务。遗赠扶养协议是具有双方、双务、有偿、诺成性的民事法律行为。一方只能是自然人，另一方可以是法定继承人以外的自然人，也可以是集体所有制组织。当事人之间不能存在法定扶养权利义务关系。《继承法》第31条规定："公民可以与扶养人签订遗赠扶养协议。按照协议，扶养人承担该公民生养死葬的义务，享有受遗赠的权利。公民可以与集体所有制组织签订遗赠扶养协议。按照协议，集体所有制组织承担该公民生养死葬的义务，享有受遗赠的权利。"

（四）帮助确定继承人的范围

处理好上述事项后，就可以和当事人一起确定继承人的范围。根据具体情况分为两种。

1. 确定法定继承人范围

我国《继承法》以婚姻关系、血缘关系、扶养关系为依据，将法定继承人的范围限定于近亲属，而不是所有亲属。《继承法》第10、12条的规定包括：（1）第一顺序：配偶、子女（包括婚生子女、非婚生子女、养子女和有扶养关系的继子女）、父母（包括生父母、养父母和有扶养关系的继父母）。第二顺序：兄弟姐妹（包括同父母的兄弟姐妹、同父异母或者同母异父的兄弟姐妹、养兄弟姐妹、有扶养关系的继兄弟姐妹）、祖父母、外祖父母。继承开始后，由第一顺序继承人继承。没有第一顺序继承人的，由第二顺序继承人继承。（2）丧偶儿媳对公婆，丧偶女婿对岳父岳母尽了主要赡养务的，作为第一顺序继承人。另外，要特别注意《继承法意见》）第19、21～24、30条的相关规定。

2. 确定遗嘱继承人范围

一般情况下，在我国遗嘱继承人的范围与法定继承人一致。《继承法》第16条第2款规定："公民可以立遗嘱将个人财产指定由法定继承人的一人或数人继承。"换言之，能够作为遗嘱继承人的，只能是被继承人的配偶、子女、父母、兄弟姐妹、祖父母、外祖父母、对公婆或岳父母尽了主要赡养义务的丧偶儿媳或丧偶女婿以及父母先于被继承人死亡的孙子女、外孙子女等。法定继承人范围以外的人不能成为遗嘱继承人，只能成为受遗赠人。

（五）帮助判断相关继承人是否享有继承权

1. 查看继承人是否取得了继承权

法定继承人的继承权是基于法律规定而取得的，其依据是血缘关系（包括父母子女、兄弟姐妹、祖孙）、婚姻关系（指配）和扶养关系（包括丧偶儿媳、丧偶女婿）。遗嘱继承人的继承权，其取得的条件有二：（1）有法定继承权；（2）有合法有效的遗嘱。

2. 查看是否有放弃了继承权的情形

《继承法》第25条规定："继承开始后，继承人放弃继承的，应当在遗产处理前，作出放弃继承的表示。没有表示的，视为接受继承。受遗赠人应当在知道受遗赠后两个月内，作出接受或者放弃遗赠的表示。到期没有表示的，视为放弃受遗赠。"继承人放弃继承的意思表示，应当以明示的方式作出，放弃继承权的效力，追溯到继承开始的时间，即继承人不再继承被继承人的遗产，其"应继份额"依照有关规定处理。遗产分割后表示放弃的不再是继承权，而是财产所有权。只要放弃和接受行为符合法律规定，原则上不得撤回。《继承法意见》第50条规定："遗产处理前或在诉讼进行中，继承人对放弃继承翻悔的，由人民法院根据其提出的具体理由，决定是否承认。遗产处理后，继承人对放弃继承翻悔的，不予承认。"

3. 查看继承人是否有丧失（或被剥夺）了继承权的情形

《继承法》第7条规定："继承人有下列行为之一的，丧失继承权：（1）故意杀害被继承人的；（2）为争夺遗产而杀害其他继承人的；（3）遗弃被继承人的，或者虐待被继承人情节严重的；（4）伪造、篡改或者销毁遗嘱，情节严重的。"

（六）帮助确认继承开始的时间

《继承法》第2条规定："继承从被继承人死亡时开始。"《继承法意见》第1条进一步指出："继承从被继承人生理死亡或被宣告死亡时开始。"因而，在我国继承开始的时间以被继承人死亡的时间为准，自然死亡和宣告死亡都能引起继承的发生。值得注意的是，《继承法意见》第2条规定："相互有继承关系的几个人在同一事件中死亡，如不能确定死亡先后时间的，推定没有继承人的人先死亡。死亡人各自都有继承人的，如几个死亡人辈分不同，推定长辈先死亡；几个死亡人辈分相同，推定同时死亡，彼此不发生继承，由他们各自的继承人分别继承。"

（七）帮助确认遗产的范围并指导对遗产进行处理

1. 帮助确认遗产的范围

成为遗产的条件：一是被继承人的个人财产。《继承法》第26条规定

"夫妻在婚姻关系存续期间所得的共同所有的财产，除有约定的以外，如果分割遗产，应当先将共同所有的财产的一半分出为配偶所有，其余的为被继承人的遗产。遗产在家庭共有财产之中的，遗产分割时，应当先分出他人的财产。"二是合法财产。三是被继承人死亡时的财产，这是遗产范围大小的时间限定点。《继承法》第 3 条规定："遗产是公民死亡时遗留的个人合法财产，包括：①公民的收入；②公民的房屋、储蓄和生活用品；③公民的林木、牲畜和家禽；④公民的文物、图书资料；⑤法律允许公民所有的生产资料；⑥公民的著作权、专利权中的财产权利；⑦公民的其他合法财产。"《继承法意见》第 3 条规定："公民可继承的其他合法财产包括有价证券和履行标的为财物的债权等。"《继承法意见》第 4 条进一步规定："承包人死亡时尚未取得承包收益的，可把死者生前对承包所投入的资金和所付出的劳动及其增值和孳息，由发包单位或者接续承包合同的人合理折价、补偿，其价额作为遗产。"由此看来，《继承法》中的遗产仅指死者的财产和财产权利，而不包括债务。但继承遗产时，应当清偿被继承人依法应当缴纳的税款和债务。

2. 遗产分配处理

当遗产范围被确定后，就可以进行遗产分配处理。

（1）注意法定继承、遗嘱继承与遗赠、遗赠抚养协议的适用顺序。根据《继承法》第 5 条、第 27 条和《继承法意见》第 62 条规定，遗赠抚养协议优先于遗嘱继承、遗赠的适用，遗嘱继承、遗赠优先于法定继承的适用。

（2）注意限定继承原则的适用。①继承遗产应当先清偿被继承人依法应当缴纳的税款和债务，遗产的分配顺序是：税款、一般债务、继承。②清偿遗产债务以实际遗产价值为限，超过遗产实际价值部分的债务不受法律保护。对超过部分的债务不负清偿责任，但继承人自愿偿还的，不受此限。③继承人放弃继承的，不负清偿税款和债务的责任。要特别注意《继承法》第 34 条的规定："执行遗赠不得妨碍清偿遗赠人依法应当缴纳的税款和债务。"《继承法意见》第 61 条的规定："继承人中有缺乏劳动能力又没有生活来源的人，即使遗产不足清偿债务，也应为其保留适当遗产……"

（3）根据法定继承遗产分配原则分配遗产。我国继承法就法定继承方式中的遗产分配，以"一般应当均等"为基本原则，以特殊情况下的不均等为例外。《继承法》第 13 条规定："同一顺序继承人继承遗产的份额，一般应当均等。对生活有特殊困难的缺乏劳动能力的继承人，分配遗产时，应当予以照顾。对被继承人尽了主要扶养义务或者与被继承人共同生活的继承人，分配遗产时，可以多分。具有扶养能力和扶养条件的继承人，不尽扶养义务的，分配遗产时，应当不分或少分。继承人协商同意的，也可以不均等。"

（4）处理遗产时要注意保留胎儿的份额。《继承法》第28条规定："遗产分割时，应当保留胎儿的继承份额。胎儿出生时是死体的，保留的份额按照法定继承办理。"《继承法意见》第45条进一步规定："应当为胎儿保留的遗产份额没有保留的应从继承人所继承的遗产中扣回。为胎儿保留的遗产份额，如胎儿出生后死亡的，由其继承人继承；如胎儿出生时就是死体的，由被继承人的继承人继承。"

（5）对没有劳动能力依靠被继承人生活的人，应适当分给遗产。《继承法》第14条规定："对继承人以外的依靠被继承人扶养的缺乏劳动能力又没有生活来源的人，或者继承人以外的人对被继承人扶养较多的人，可以分给他们适当的遗产。"

（6）注意对无人继承又无人接受遗赠遗产的处理。《继承法》第32条规定："无人继承又无人受遗赠的遗产，归国家所有；死者生前是集体所有制组织成员的，归所在集体所有制组织所有。"由此可见，应区别死者生前的身份，决定遗产的归属。

（八）代位继承问题的处理

代位继承是指在法定继承中被继承人的子女先于被继承人死亡的情况下，由该先死亡子女的晚辈直系血亲代替其继承被继承人遗产的法律制度。先于被继承人死亡的子女是被代位人，其晚辈直系血亲是代位继承人。《继承法》第11条规定："被继承人的子女先于被继承人死亡的，由被继承人的子女的晚辈直系血亲代位继承。代位继承人一般只能继承他的父亲或母亲有权继承的遗产份额。"由此可见，代位继承是由代位继承人一次性地间接继承被继承人的遗产，具有替补继承的性质。代位继承只适用于法定继承，不适用于遗嘱继承，遗嘱继承人先于被继承人死亡的，因遗嘱未生效，故未取得继承权，当然也不会发生代位继承。

（1）被继承人的孙子女、外孙子女、曾孙子女、外曾孙子女都可以代位继承，代位继承人不受辈数的限制。（2）被继承人的养子女、已形成扶养关系的继子女的生子女可代位继承；被继承人亲生子女的养子女可代位继承；被继承人养子女的养子女可代位继承；与被继承人已形成扶养关系的继子女或养子女也可以代位继承。（3）代位继承人缺乏劳动力又没有生活来源，或者对被继承人尽过主要赡养义务的，分配遗产时，可以多分。（4）继承人丧失继承权的，其晚辈直系血亲不得代位继承。如该代位继承人缺乏劳动能力又没有生活来源，或对被继承人尽赡养义务较多的，可适当分给遗产。（5）丧偶儿媳对公、婆，丧偶女婿对岳父、岳母，尽了主要赡养义务的，无论是否再婚，依《继承法》第12条规定作为第一顺序继承人时，不影响其子女代位继承。

（九）转继承问题的处理

转继承是指继承人在继承开始后、遗产分割前死亡，其所应继承的遗产份额的权利转由他的合法继承人继承的法律制度。我国《继承法》对转继承没有明确规定，但《继承法意见》第52条指出："继承开始后，继承人没有表示放弃继承，并于遗产分割前死亡的，其继承遗产的权利转移给他的合法继承人。"由此可见，转继承是两个相连的直接继承，具有连续继承的性质，后一个继承是前一个继承的继续。被转继承人可以是一切合法继承人，诸如被继承人的法定继承人、遗嘱继承人、受遗赠人等，因为被转继承人在继承开始后已取得了现实的继承权，因而该继承权当然可以转由其合法继承人继承。而一切有权分得被转继承人遗产的人，都可以作为转继承人。

（十）签订协议，结束调解

以上工作结束后，召集纠纷当事人签订调解协议，能够当场履行的就当场履行，如果不能当场履行的，约定好履行的时间。至此调解成功。

四、继承纠纷调解方法与技巧

（一）依法调解

继承纠纷涉及法律法规较多，也比较复杂，在调解继承纠纷过程中，首先一定要依照法律法规、正确理解法律精神进行调解，着重做好以下几方面工作：

1. 耐心向当事人讲解法律规定

因为继承案件法律关系的复杂性，在处理继承案件时，当事人会很难弄清楚继承法律、法规的规定。因此，要求调解人员在解决继承纠纷案件时，要多向当事人讲解继承法及相关法律的规定。一定要有耐心，让当事人听明白，能够理解。只有当事人理解了，才能跟着调解人员的调解思路去思考，才能接受调解人员的调解以使双方能够达成一致意见。

2. 当事人的主张需以合法为底线

继承案件的当事人，有很多人在遗产面前会显现出很强的私利心，既主张继承自己应得的遗产，也想占有他人应得的遗产。无论当事人哪一方主张自己的权益，都必须以法律法规为底线。调解的过程也是学习、宣传的过程，释明法律的好处在于让当事人自我评析利益诉求的可行性，对坚持己见所必须承担的举证责任的心理准备，为后期调解的可操作性奠定基础。

3. 注意理顺继承法律关系

继承法律关系较为复杂，继承纠纷多发生在亲属之间或与亲属有密切关系的成员之间，导致相互间利益分配的复杂性。因此在继承纠纷的调解过程中，要注意理顺法律关系，如分清是属于法定继承还是遗嘱继承；是代位继承还是转继承；是否注意保护老年人、儿童及丧失劳动能力者的利益；是否遗漏了继承人；等等。只有在理顺了继承的法律关系之后，才能着手进行调解，而不能一味地促使当事人达成调解协议，而违反了《继承法》的相关规定。

4. 准确确定继承人和遗产的范围

确定继承人的范围和遗产的范围，是所有继承案件解决的基础条件。继承人范围的确定应首先确定第一顺序的法定继承人、第二顺序法定继承人，然后再确定哪些是遗嘱继承人、哪些是遗赠继承人、哪些是遗赠扶养协议的受遗赠人、哪些是法定继承的直接继承人、代位继承人和转继承人等。原则上在有第一顺序继承人时，第二顺序继承人不能参加继承，但对被继承人尽较多扶养义务的可继承遗产。

遗产是公民死亡时遗留的财产，是公民个人所有的财产，对于公有的、借用他人或租赁的财产则不属于遗产，与配偶、家庭成员共有的财产，只有属于被继承人的那部分财产才能由继承人进行分割；遗产必须是公民合法的财产，对于贪污、盗窃、抢劫等违法犯罪行为取得的财产，不属于遗产，不能由继承人进行继承。对于被继承人生前的债务及应缴纳的税款要用遗产进行偿还，剩余的遗产才能由继承人进行继承。

（二）以情理为方法，以和谐为目标

俗话说"清官难断家务事"，是因为"家务事"中有太多的"情理"，这些情理不在法律调整的范畴，依靠法律法规难以解决。因此要知情达理，注重方法。

1. 诚心、耐心、细心的态度和工作热情仍是调解员调解好继承纠纷的法宝

调解继承纠纷要断的就是争议当事人的家务事，且断得好与坏直接影响社会稳定的大局。首先，调解员的诚心是调解员取得当事人信任，使调解工作顺利进行的首要因素。在调解中调解员热情接待、细心开导，加上耐心等待时机才能最终赢得好的调解结果。

2. 因案因人采用不同调解方法

每个继承案件的事实都是不同的，调解当中所遇到的问题也是各种各样的，因此继承案件的调解并不是千篇一律的。要视每个案件的特点、不同的当事人，采用不同的方式、不同的态度进行调解。继承案件调解水平的高低，是对调解人员综合素质的考验，是调解人员的经验、法律知识、方式方法、随机应变能力、当事人对调解人员的信赖度等多种素质的综合体。只有长期不断地磨炼，才能做好继承案件的调解工作。

3. 以自愿为原则

在继承纠纷调解过程中，当事人主张权利当然需有法律依据和事实依据。但人民调解又不像法院诉讼需要严格举证，因此调解员在调解过程中不去强调严格的举证责任。在依法、有据的前提下，以双方自愿接受为原则，不过多干涉，让当事人双方在协商的过程中不断调整心态，彼此有退有进。

4. 以和谐为目标

继承纠纷调解的最终目标并不仅仅是签订一份调解协议书，而是在协议实际履行后形成新的、和谐稳定的社会关系。因此，在调解中，调解员要采用适合所调解纠纷及当事人的方法和技巧进行说服教育，对做得好的当事人及时给予表扬，对违反道德和法律的当事人要给予批评。主要目的还是化解纠纷，使当事人双方的对立情绪逐步缓解，修复当事人之间的亲情关系，最后还要监督协议履行，实现社会和谐。

继承纠纷争议，往往具有涉及人员多、利益冲突激烈、举证困难等特点。如处置不当，矛盾极易激化，甚至会演变成上访、刑事类案件。因此，在调解过

程中，调解员要充分发挥调解工作的灵活性特点，把握节奏、调整重点，确保人民调解起到维护社会稳定、保护当事人合法权益、和谐人际关系的作用。

五、典型案例操作指引

【示例1】

【基本案情】

张先生与华女士于2008年结婚，华女士与前夫刘先生育有一男孩刘童，男孩未随其母共同生活。婚后，华女士居住在张先生2005年购置的160平方米的豪宅中。2010年12月，张先生和华女士在国外旅游时遇车祸双双身亡。两人遗产包括：豪宅一处，另有两人婚后购置的宝马车一辆及金银、钻石首饰和全套家电用品等折合人民币500多万元；两人婚后的存款30万元；张先生和华女士死亡后获得人身保险赔偿金50万元。以上夫妻全部遗产由张先生的父母继承了。

2011年2月，华女士的唯一法定继承人刘童与张先生的父亲与因分割遗产发生争议，找到街道调解委员会调解。

问题：如果指派你去调解他们之间的纠纷，你该如何处理？

【操作指引】

申请人的调解申请符合《人民调解法》规定，调解委员会对当事人进行了受理登记并着手调解。

受理后，首先查证有无遗嘱及遗赠等情形。经查证双方没有遗嘱，也没有遗赠和遗赠抚养协议，按法定继承办理。

然后查证死者继承人的范围和继承资格。经查证，华女士除亲生儿子刘童外，没有其他具有血缘关系的近亲属；张先生除生身父母外，没有其他有继承资格的继承人。也就是说，本案继承人范围是刘童和张先生父母。

关于继承资格，张先生父母强调：张先生在车祸中死于华女士之后，华女士的遗产已由张先生继承。所以，张先生死后其遗产由父母继承。

调解委员会认为本案的关键环节是如何确定被继承人死亡的顺序。它直接关系到继承人顺序和应继承份额。

经调查：张先生和华女士遇到车祸后，警方和急救车到场时两人均已死亡，没有医学和法律文书能够证明两人谁先死亡。因此，无法准确判断两人死亡的先后顺序。根据《继承法意见》第 2 条之规定，相互有继承关系的几个人在同一事件中死亡，如不能确定死亡先后时间的，推定没有继承人的人先死亡；几个死者辈分相同的，推定同时死亡，彼此不发生继承，由他们各自的继承人分别继承。

据此，在本案中，应该推定张先生和华女士两人同时死亡，张先生与华女士不发生继承关系。他们的共同遗产和个人遗产由各自的继承人继承。

根据法律规定和车祸实际情况，调解委员会向双方当事人做了明法析理的说服疏导后，张父认可了刘童的继承权。

在调解员主持下，为刘童和张父清点分割了死者夫妻共有财产和各自名下的财物，双方达成了和解。

【分析指引】

此案被继承人意外死亡，没有继承遗嘱，属于法定继承范围。关键在于必须弄清被继承人的死亡顺序。如果真如张父所言其子是"后死亡的"，那么华女士的遗产可以由张先生继承。张先生死后，遗产由张父继承。但是经调解员仔细调查后，发现被继承人"死亡有先后"的说法不实，便运用法治教育的方式启发张父按照法律规定办事，促使双方达成和解。《人民调解法》规定要用"明法析理"的方法进行调解，这是受理民间纠纷时，最重要、最基本的调解方法。

【示例2】

【基本案情】

2013 年 2 月，东华社区居民崔金生（38 岁）在外因心脏病猝死，在本地留下独院房产一套，一个 11 岁小孩。关于房产的分配问题，儿媳张敏丽与其公公崔虎年之间意见不一产生矛盾。儿媳张敏丽认为：丈夫不在了，自己又没有固定收入，而且孩子还小，以后用到钱的地方还很多，丈夫留下的房产应该留给自己，作为今后的生活费用。其公公崔虎年则认为：该房屋是儿子结婚时自己给盖的，现在儿子死了，自己收回房屋合情合理。虽经社区调解，但因双方分歧过大，始终未能达成一致协议。2012 年 12 月，街道司法所着手进行调解。

【操作指引】

在了解纠纷详情和当事人的想法后，调解人员首先对当事人进行了劝导，从人情伦理角度，引导当事人珍视亲情。在当事人思想有所转变后，结合相关法规政策及当地民情风俗，提出了调解意见：（1）崔金生的父亲崔虎年、妻子张敏丽和儿子享有该房屋的继承权，且继承份额均等；（2）如遇到房屋拆迁，拆迁补偿款由三人平均分配；（3）张敏丽每月支付老人生活费400元；（4）老人去世后，其享有的继承份额由孙子继承，张敏丽不得干涉。

调解人员劝导双方当事人本着"血浓于水"的伦理观念，在遗产分割上相互体谅、相互让步。经过近6个小时的耐心疏导，张敏丽作出了让步，同意了司法所的调解方案。但是，崔虎年表示无法接受三分之一分配份额，坚决要求分得一半。调解人员多番劝导，都难以改变老人的态度，调解工作顿时陷入僵局。为了避免矛盾升级，司法所工作人员劝双方都回家冷静地思考一下，下次再作调解。

一星期之后，司法所再次组织双方进行调解。调解人员一方面劝导张敏丽要恪守孝道，照顾公公崔虎年的感受，维护家庭和睦；另一方面劝导老人要考虑儿媳一家今后的生活保障问题，不要因此伤害了祖孙感情。一番劝说后，老人觉得说的有道理，对调解人员产生了信任。之后调解人员又向双方当事人讲解了《继承法》的有关规定，双方都答应听从调解人员的建议，按照法律规定分配遗产。司法所人员看到达成协议的时机成熟，就让双方坐到一起，相互之间进行了长时间的倾心交谈，使双方由原来的相互猜疑，互不信任，变为了相互理解、相互谦让的局面。在司法所调解人员的协调下，最后双方达成调解协议：（1）崔金生的父亲崔虎年、妻子张敏丽和儿子享有该房屋的继承权，且继承份额均等；（2）如遇到房屋拆迁，拆迁补偿款由三人平均分配；（3）张敏丽每月支付老人生活费600元，并赡养老人至去逝；（4）老人去世后，其房屋份额由其孙子继承，张敏丽不得干涉。

至此，一起遗产纠纷得到圆满解决，一家人重拾昔日暖暖亲情。

【分析指引】

这是一起儿媳与公公之间因遗产继承问题而产生的纠纷。人民调解员依据事实和法律，对这起纠纷进行了恰当的调解。要调解好纠纷，重在找准突破口。在本次纠纷调解中，矛盾的焦点是崔金生的房产如何分割，出于对自身利益的考量，儿媳张敏丽和公公崔虎年都想独占这套房产，遂起纷争。焦点虽是房产分割，突破口还是在人伦亲情方面。调解员首先从人情伦理角度，引导当事人珍视亲情，待双方态度缓和后，结合法律和当地风俗，提出调解方案，供双方当事人协商；经过一番劝导，儿媳张敏丽作出让步，不再坚持原主张，同意调解员的调解方案；但公公崔虎年工作没有做通；这时调解员及时中止调解，让双方再回家冷静思考。一星期后再次调解，也还是从亲情和家庭和睦入手做双方工作，最后达成协议。既对房屋做了合理分割，也解除了公公崔虎年的后顾之忧，对其晚年生活也提供了保障。通过调解，既化解了纠纷，还恢复了亲情关系，发挥了人民调解的优势作用。

【示例3】

【基本案情】

花山社区刘梁老人有三子一女，长子刘潇、次子刘湘、三子刘湖、女儿刘美。刘梁于2012年4月病故。刘潇在其父病故后因悲痛过度，于同年6月去世，有妻夏兰，子刘明和刘秀。刘湘与前妻有一子刘月，与妻子赵秀兰有一子刘山；刘湖有妻郭君；刘美于2010年8月因病去世，有丈夫马丁、女儿马玉。刘梁于2006年10月立有一份遗嘱，言明：三子刘湖一向拒绝赡养自己，不能继承遗产；邻居张阳与自己很有感情，可分得遗产房屋1间，现金2万元；女儿刘美身体多病生活困难，可分得遗产房屋3间，现金3万元；另外，多年好友赵玉山在困难的时候对自己多有照顾，现其家境不好，可分得遗产现金3万元。刘梁老人去世后，邻居张阳、赵玉山的妻子儿子到刘家讨要遗产，刘家人不给，遂起纠纷；因分割遗产，刘家兄妹也发生了纷争。夏兰看到一家人因老人去世遗产分割问题，家人失和、邻居不睦，遂请求社区调委会予以调解，其他人也同意调解，社区调委会受理了该继承纠纷。

【操作指引】

调解员老张遂主持刘家继承纠纷。调解员老张调查核实刘梁的遗嘱确系本人所写，是有效遗嘱；同时查明刘梁生前有房屋13间，存款11万元；赵玉山于2006年初病故，有妻李慧、子赵大海。刘梁在得知赵玉山的死讯时，曾多次对周围的人表示，赵家对我有恩，我遗嘱中为其指定的财产就给赵玉山的妻儿。

调解员查明刘梁老人的法定继承人有刘潇、刘湘、马玉，刘湖被刘梁遗嘱取消继承权，因此不是继承人。受遗赠人有张阳、赵玉山。但赵玉山已在刘梁之前死亡，刘梁没有再立新遗嘱把财产给赵妻李慧及儿子赵大海，因此赵妻李慧及儿子赵大海不能成为受遗赠人。

调解员老张依法向当事人讲明：刘湖被刘梁遗嘱取消继承权，不能参与遗产分割；刘美在被继承人刘梁之前死亡，因此马玉代位刘美成为继承人，参与遗产分割；刘梁遗嘱中给刘美房屋 3 间，现金 3 万元，因刘美在刘梁之前死亡，当时是■■■■遗嘱中为其指定的遗产由刘梁的法定继承人继承；刘潇虽死亡，但是在被继承人刘梁死亡之后，遗产分割前死亡，刘潇有继承权，他的份额由其继承人即妻子夏兰和儿子刘明、刘秀继承；遗嘱虽然给赵玉山指定了遗赠财产，但赵玉山在被继承人之前死亡，即使刘梁多次表示要将该部分财产给其妻、其子，但没有用书面形式表示出来，所以这部分财产也应由刘梁的法定继承人继承，赵妻李慧和赵大海不能获得遗赠财产；张阳依遗嘱可得房屋 1 间，现金 2 万元。

赵玉山妻子李慧和儿子赵大海听完调解员的讲法说理之后，失望离开，不再参与刘梁遗产分割；刘湖也只好愤愤离开。

调解员老张接着主持分割遗产，除了张阳房屋 1 间，现金 2 万元，还剩下房屋 12 间，现金 9 万元，由刘潇、刘湘、马玉 3 人平均分割，各得房屋 4 间，现金 3 万元。

鉴于刘潇在分割遗产时已死亡，他应得遗产份额（房屋 4 间、现金 3 万元）是他和夏兰的夫妻共同财产，应先作夫妻共同财产进行分割，分出一半给夏兰，余下的一半再作为刘潇的遗产，由其继承人夏兰、刘明、刘秀继承。

经过调解员老张的讲法说理，刘家的继承纠纷终于得以化解，生活又归于平静。

【分析指引】

该继承纠纷比较复杂，涉及遗嘱继承、法定继承、遗赠、代位继承和转继承。调解员老张首先确定刘梁遗嘱的效力为合法有效；然后查明被继承人的遗产范围和继承人范围。依据遗嘱内容和继承法相关规定，向当事人讲明各种继承关系，所涉继承人的权利等，让各当事人明白自己的继承范围；对不能参与遗产分割当事人进行了说服，让他们不再参与遗产分割，虽然失望或气愤，还是平静离开了。老张遂主持遗产分割，化解了该遗产继承纠纷。

第三节 分家析产纠纷调解要点与技巧

一、分家析产纠纷及其特点

分家，就是把一个较大的家庭分成几个较小的家庭。析产，又称财产分析，就是将家庭共有财产予以分割，分属各共有人所有。分家析产就是家庭成员对原家庭共有财产进行分割的行为。分家析产的前提是存在家庭共有财产。家庭共有财产是家庭成员在家庭共同生活期间共同创造、共同所得的共有财产。

形成家庭共有财产必须具备以下条件：一是具有家庭共有财产取得的法律事实，即家庭成员有共同的生产经营活动，或是基于家庭成员的共同继承、共同接受赠与或遗赠，或家庭成员将收入交归家庭共有等等。二是一定的家庭结构。由夫妻与其未成年子女组成的家庭一般没有家庭共有财产，即使夫妻共同生产经营，也只有夫妻共有财产，而没有家庭共有财产（共同继承、共同接受赠与或遗赠除外）；只有三代或三代以上共同生活的大家庭，或夫妻与成年子女共同生活的家庭，并且共同生产经营，或家庭成员将收入交归家庭共有等，才出现家庭共有财产。

家庭成员在分割家庭共同财产的过程中发生利益、权益之争，就是分家析产纠纷。分家析产纠纷的特点是多发生在农村，争执焦点多为土地、房屋之类的家族固定资产，分家析产纠纷是一种严重影响家庭和睦的多发性纠纷。尤其在近些年城市近郊区大搞拆迁，原有房屋升值厉害，更加剧了该纠纷的发生。分家析产纠纷，涉及家庭共有财产与夫妻共有财产、家庭成员个人财产，情况比较复杂，处理起来难度甚大。

二、分家析产纠纷调解要点

（一）调解此类纠纷时，最重要的是搞清楚各方当事人的家庭关系

家庭成员包括在同一家庭生活的夫妻、父母、子女及其他成员，如祖父母、外祖父母、孙子女、外孙子女及兄弟姐妹等。

共有财产关系的形成必须基于一定的法律事实，如家庭成员共同生产经营，或家庭成员共同继承、共同接受赠与或遗赠，或家庭成员将收入交归家庭，或共同购置家庭财产等。如果不存在形成共有财产关系的法律事实，家庭成员之间就不存在共有财产关系。因此，只有对家庭共有财产的形成尽了义务的家庭成员，才是家庭共有财产的共有人。未成年家庭成员一般对家庭共有财产的形成没有尽过义务，如果没有共同继承、共同接受赠与或遗赠的事实，则不是家庭共有财产的共有人。

（二）理清家庭共同财产的范围，采用合适的分割方法

1. 应把家庭成员对家庭共有财产的分割与家庭成员之间的财产赠与区别开来

"分家析产"是个古老的话题，但是民间所说的"分家析产"不等同于法律上的分家析产。民间的"分家析产"可以区分为三种不同的法律关系。一是家庭成员对家庭共有财产进行分割。这就是本节所指的分家析产。第二种情形是父母为防止子女间日后发生纠纷，把自己的积蓄、购置的房产等财产"分"给子女或其他家庭成员。由于所"分"的不是家庭共有财产而是父母的财产，因此这不是家庭共有财产的分割，而是父母把自己的财产分割赠与其子女和其他家庭成员，这种行为实质上是赠与。财产赠与不是本文意义的分家析产，它由《合同法》等相关法律调整。第三种是在现实生活中，一个大家庭的主事家长去世之后，家庭成员往往会发生民间所说的"分家"，其实这种"分家"又往往包含了遗产继承和家庭共有财产分割。遗产继承与家庭共有财产分割既有一定的联系，又有原则的界限，两者之间具有严格的区别。遗产继承的财产基础是被继承人遗留的生前个人财产，而家庭共有财产分割的财产基础是家庭共有财产；引起继承法律关系产生的法律事实是被继承人死亡，而家庭共有财产分割法律关系产生的法律事实通常是共有人的合意。因此，遗产继承也不是本文意义的分家析产，它由《继承法》等相关法律调整，见在本章第三节已解。

2. 应把家庭共有财产与家庭成员共同生活期间的个人财产区别开来

分家析产只能是分割家庭共有财产，夫妻共有财产、家庭成员的个人财产不属于分割范围。认定财产所有权是家庭共有还是夫妻共有或是家庭成员个人所有，必须根据财产所有权取得的法律事实。

家庭共有财产是家庭成员在家庭共同生活期间共同创造、共同所得的共有财产。家庭承包的土地不属于家庭共有财产，应由村民委员会根据规定重新承包到人。但土地上的林木、农作物等属家庭共有财产。

夫妻共有财产是夫妻在婚姻关系存续期间形成的共有财产。

家庭成员的个人财产是家庭成员中的某个人基于一定的法律事实个人依法取得的财产。如果没有形成家庭共有财产的法律事实，在家庭成员间也不存在共有财产关系。因此，即使在家庭共同生活期间，家庭成员个人取得的财产也不一定是家庭共有财产。

对于没有分配的遗产，只属于有继承权的人所有。

3. 应把父母用子女给付的赡养费出资购置的财产与父母与子女共同出资购置的财产区别开来

子女给付父母赡养费是法定义务，该赡养费属于父母个人财产。父母将赡养费积累起来购置财产，其所有权属于父母。父母与给付赡养费的子女之间不形成共有财产关系。对于这类财产的处理，以归父母所有为原则，给付赡养费的子女可以在父母去世后进行遗产分割时，根据继承法的相关规定，在遗产分割的份额上适当考虑多分。父母与子女共同出资购置的财产为父母与子女的共同财产，这类财产的处理原则是：财产份额有约定的，按约定分割；没约定的，原则上共有人均分，对共有财产贡献较多的适当多分，同时对老年人给予适当的照顾。

4. 应把夫妻共同财产与家庭成员共同财产区别开来

夫妻在婚姻关系存续期间所得的财产是夫妻共同财产，夫妻对财产有约定的除外。但如果夫妻与家庭其他成员约定某些财产为家庭共有财产，或者共同基于一定的法律事实所得的财产为夫妻与其他家庭成员共有财产。夫妻对夫妻共同财产有平等的处理权，但这仅限于为日常生活所需而处理共同财产，对于重大财产夫妻一方不能擅自处分。夫妻因离婚而需要分割共同财产，或者因一定的法律事实而需要与其他家庭成员分割共有财产时，应该遵循权利义务相一致原则和照顾子女、照顾女方的原则。

5. 应把家庭成员共同共有的财产与家庭成员按份共有的财产区别开来

一般来说，家庭成员之间的共有关系为共同共有，各共有人享有均等份额。但是，如果共有人事先约定了各共有人的份额，就构成按份共有，各共有人按照约定的份额分得财产；如果共有人不能证明按份共有，则按共同共有处理；如果按份共有中，各共有人对各自应得份额约定不明确，则按等份原则处理。除按份分割共有财产外，对其他共有财产应综合考虑财产的来源、共有人的情况及保护妇女儿童合法权益等因素与原则予以处理。

6. 应把可分割财产与不宜分割的财产区别开来

对家庭共有财产进行分割，无论是动产还是不动产，都有可分与不可分之区别，在分割时必须根据财产的性质、用途及财产所有人的具体情况，采取不同的分割方法：（1）实物分割。共有财产属于可分物，分割后不损害财产的经济用途和价值的，可对共有财产进行实物分割。（2）变价分割。共有财产不能分割或分割后损害其经济用途和价值的，或者共有人对共有财产均不愿意采取实物分割方法的，可将共有财物作价变卖，各共有人取得相应的价金。（3）作价补偿。共有财产不能分割，或虽可分割，但有的共有人愿意取得实物，有的共有人不愿意取得实物，可将共有财产归愿意取得实物的共有人所有，由取得实物的共有人按共有财产的价值，给未取得实物的共有人以相当于其实有份额的经济补偿。

（三）分家析产纠纷调解要点与技巧

1. 了解家庭各成员的想法

首先应深入调查，访问每个家庭成员，弄清他们各自的想法、意见和要求，做到心中有数。

2. 召开家庭会，确定财产的性质

召开全体家庭成员会，确定哪些是家庭的共有财产，哪些属于个人所有的财产，不参加分割，对不可分物做出分割的具体意见。

3. 抓住纠纷的症结所在，寻找调解的突破口

分家析产纠纷的当事人都是亲人，各方发生纠纷，互不相让甚至对簿公堂往往不仅仅因为钱财，可能背后另有隐情。调解员在与各方当事人接触的过程中应注重了解纠纷背后隐情，从而找到双方矛盾的症结，为化解纠纷寻找突破口。

4. 在调解过程中，巧用调解方法与调解技巧

在分家析产纠纷中，无论双方当事人之间矛盾有多深，但毕竟是有血缘关系的亲人，在过去的共同生活过程中肯定积下了深厚的感情。因此在调解过程

中，调解员根据纠纷当事人的特点和所涉纠纷的具体情况，要善于抓住当事人之间的亲情关系，通过对过去亲情的细节描述和对固执己见的利弊分析，引导双方作出让步。再如，对于发生纠纷与分家这两个时间点相距较远的、双方当事人又都无法举证证明自己主张的分家析产纠纷，调解要引导双方当事人放弃对过去是非曲直的争辩，而将注意点放在将来，即放在如何求同存异地获得双方都可接受的解决方案上。

5. 提出分家析产方案，征求意见

根据法律的规定及已调查获得有关家庭财产的信息，提出分家析产的具体方案，逐一征求家庭成员的意见，合理的采纳，不合法的做好工作，防止矛盾激化。

6. 签订分家析产协议书

对家庭共有财产分割达成一致意见的，应订立分家析产协议书。

在工作过程中调解委员会要注意事态发展，发现激化苗头，要停止分家析产，立即采取缓和矛盾措施。调解委员会调解不成功时，告之当事人向人民法院起诉。

7. 分家折产协议书应当包括以下基本内容：

（1）立协议人姓名、基本情况，在家庭中的称呼；

（2）简述分家析产的原因；

（3）家庭共有财产分配方案；

（4）家庭共同债务清偿方案；

（5）协议生效条款；

（6）见证人姓名；

（7）立协议人、见证人签名或盖章；

（8）订立协议时间。

三、分家析产调解原则

（1）只能分割家庭成员间共有财产，不能对属于家庭成员的个人财产进行分割。

（2）优先照顾鳏寡独孤和老人、丧失劳动能力的人和未成年人。

（3）对不可分割的物，共有人中有人愿意取得共有物的，可对其他共有人作价补偿；如共有人都不愿取得共有物的，可把共有物作价出售由共有人分割价金。

（4）对没有分配的遗产，只能属于有继承权的人共有，如果继承人放弃继承权或同意分给其他家庭成员，才可以作为共有财产参加分割。

（5）对原家庭承包的土地，在进行分家析产时，应由村民委员会根据规定重新承包到人。但土地收获物仍属共有财产，可以分割。

（6）共有人对家庭的贷款、债务有共同偿还的义务，在分割共有财产时，也要分摊贷款和债务。鳏寡独孤、丧失劳动能力的人和未成年人不负担偿还贷款、欠款的义务。

四、典型案例操作指引

【示例1】

【基本案情】

居于湖滨村的马老爷子夫妇二人，生活在祖辈留下的房产中，通过分家获得东、西房4间，老两口生有三个女儿，大女儿马英，二女儿马兰，三女儿马溪。1995年，马老太太主持拆除旧房建北房5间。当年，马英已成年，与父母共同生活，并参加了劳动。1998年，马老爷子夫主持建东房两间，马英、马兰、马溪同样参加了劳动。2000年2月，马英与谢辉结婚，仍与马老爷子夫妇共同生活。马英与谢辉结婚后生有一女即谢莹莹。同年12月，马兰结婚，户口在本村。马溪于2003年参加工作，户口迁出，2004年5月结婚。2005年马英将户口迁出本村，2006年迁回，谢辉的户口也迁入本村。2007年，马老爷子夫妇建造西房3间、东房门道一间。2008年建南房3间。在2007年、2008年的建房中，马英与谢辉、马兰、马溪均不同程度参加了建房。该土地使用者为马老爷子。2009年马老太太去世，2010年湖滨村建设旅游区，将该房拆迁，村里给马老爷子4套楼房（小产权房），登记在马老爷子名下。同时村里说，马英、谢辉、谢莹莹三人有剩余购房平米数，但他们没有购买。马老爷子与三个女儿马英、马兰、马溪口头协商分配4套楼房，由马老爷子与三个女儿各住一套。现马英、谢辉及谢莹莹提出，他们应该分得4套楼房中的两套，因为拆迁当年，他们是该房的共同居住者，且4套房中还有马老太太的遗产没有分割。这自然招到马老爷子、马兰、马溪的反对，双方因此起纠纷，尤其马兰很生气，说当年母亲病重一年多，全靠马兰一人照料，大姐马英根本无权要母亲的遗产。为此，马老爷子、马兰、马溪与马英一家的关系很僵。最后没有办法，马老爷子请镇调解委员会出面调解。

问题：如果你是调解委员会主任，该如何调解该析产纠纷？

【操作指引】

镇调解委员会接到马老爷子的诉请后，判定是一起分家析产纠纷，如果处理不好会给当事人造成很多困扰。经询问，老人三位子女均表示同意由调解委员会调解。因此，镇调解委员会决定受理此案，调解该纠纷。

镇调解委员会受理此案后，召集纠纷当事人进行调查，并到村委会调查了相关情况。与大家一起分析房屋的归属问题。坐落于滨湖村的房屋原系马老爷子夫妇的共同财产。1995年马老太太主持建房，马英成年参与共同劳动，对房屋有贡献；1998年马老爷子主持建房时，马英、马兰、马溪已成年，与父母共同生活，并参加了劳动。姐仁对房屋都有贡献。在2007年、2008年的建房中，马英与谢辉、马兰、马溪均不同程度参加了建房。虽然该土地使用者为马老爷子，但滨湖村房屋属于马老爷子与马老太太、马英、谢辉、马兰、马滨家庭共同财产。对于这一点大家没有意见。

对所争房屋的归属讲清楚后，再对房屋的权属进行分割。对于原属于马老爷子与马老太太夫妻共同所有的财产，夫妻一方去世后，应将遗产一半为马老爷子所有，另一半为被继承人马老太太的遗产，其遗产由法定继承人马老爷子、马英、马兰、马溪依法继承。此外，马兰对其母尽了主要扶养义务，可以多分得财产。马老爷子作为马英的亲生父亲，现已入耄耋之年，分割遗产时也应当予以照顾。由于当年拆迁时，马英、谢辉、谢莹莹三人有剩余购房平米数，未购买房屋，应视为放弃继承其母亲遗产权利。且当年马老爷子与三个女儿马英、马兰、马溪口头协议，协商分配了已获得4套楼房，是大家真实意思表示。目前，各方已居住、生活多年。且该房屋是小产权房屋，未在国家房屋管理部门登记。虽由村委会登记在马老爷子名下，但不具有法律意义上的所有权。

经过调解员据法入理的分析，马英、谢辉及谢莹莹主张分得两套房屋，于情、于理、于法均无法得到支持。最后接受调解委员会的调解，不再主张两套房屋的权利。

【分析指引】

此案为常见矛盾纠纷，尤其是城市近郊区或新农村建设过程中，由于拆迁导致房屋价值升值，如何分配拆迁房屋容易引发纠纷。此案调解具有一定代表性。在本案中既有共同家庭财产分割，也有马老太太遗产的分割。对于马老太太遗产分割要运用《继承法》的相关规定。马兰照顾被继承人多，因而可以适当多分一些遗产。马老爷子年事已高，分割遗产时也需要照顾。对于家庭财产分割时，有协议按照协议处理。在本争议中，拆迁当年，马老爷子与三个女儿就4套房达成了协议，是大家真实意思的表示。在本案调解中，调解员既依照法律，又照顾了情理，还采用模糊调解的方法最后调解成功。

【示例2】

【基本案情】

胡大爷是某钢厂职工，1996年，胡大爷以75 778元的优惠价购买了工作单位提供的一套住房。该房坐落于南区新村，总建筑面积为97.95平方米。胡大爷与儿子胡东、儿媳朱莹均入住该房屋。后胡大爷因与儿媳产生矛盾搬回了老宅居住。2000年4月，该房屋以胡大爷为唯一权利人进行了房地产产权登记。

2012年9月，胡东和朱莹闹离婚，因牵涉到对该房屋的分割问题，大家闹得很不愉快。朱莹说当年为了购买此房，她还找亲戚借了6万元。这一点得到了胡东的认可。但胡东和胡大爷都认为，该房屋由胡大爷购买，产权属其所有。父子双方之间属借款法律关系。2013年5月，朱莹找到街道调解委员会，请求帮助对该房屋析产分割。调解委员会询问了胡大爷和胡东的意见，他们也同意调解，于是调委会接手此案，并指派调解员刘明主持调解。

【操作指引】

调解员刘明是退休法官，对此类纠纷调解很有经验。他首先到房管局进行调查，房屋产权登记在胡大爷名下；并到派出所查询，胡东与朱莹的户口并不在此处，且入住前另有住处；然后委托房地产评估事务所对该房屋的市场价格进行了评估，评估结论是1996年6月的市场售价为108 000元，2013年6月的市场价格为932 000元。最后还与纠纷双方当事人进行了交谈，了解纠纷详情和各自想法，了解了该纠纷的争议焦点在儿媳朱莹是借款人还是房屋出资人。儿媳朱莹认为自己和丈夫是出资人，请求对该房屋析产分割；而儿子胡东和公公胡大爷都认为，该房屋由胡大爷购买，产权属其所有。父子双方之间属借款法律关系，不同意朱莹的析产要求。

调解员刘明在调查中还获知，当年买房时，胡大爷没有足够的钱，因而该房购房款由朱莹和胡东支付了全部购房款 75 778 元。基于此，调解员刘明认为，虽然房产登记在胡大爷名下，朱莹和胡东基于支付了全部购房款而对该房屋也拥有所有权。由于该房屋 1996 年 6 月时的市场价格是 108 000 元，而实际购买价格是 75 778 元，故胡大爷当时享有的福利性质的购房优惠对该房屋资产的形成具有近 30% 的贡献，朱莹和胡东夫妇的现金出资则占当时该争房屋资产价值的约 70%，故三人应按份共有该房屋。

调解员刘明依据法律规定和事实对当事人进行了解释和说服，最终大家接受了调解员提出的调解方案：鉴于该房屋登记在胡大爷名下，朱莹和胡东夫妇的户籍不在该房屋处，且入住前另有住处，故对该房屋的析产不宜实物分割，而应归胡大爷所有，由胡大爷按房屋当前市场价格的 70% 支付朱莹和胡东夫妇价款为宜。胡大爷提出自己没有那么多钱来支付朱莹和胡东夫妇。又经调解员一番劝说后，胡东提出，自己可以替父亲支付这部分价款。于是胡东想办法筹措了 33 万元给朱莹，该析产纠纷就此化解。朱莹拿到这部分房款后与胡东和平分手。

【分析指引】

这是一起因离婚引发的析产纠纷，调解员刘明在化解该矛盾纠纷中，主要采用了一些方法和技巧：

第一，查清事实，掌握第一手纠纷资料。调解首先必须建立在事实清楚的基础上，以事实为依据，以法律为准绳，这是调解必须遵守的原则之一。查明纠纷事实是理清当事人之间是非责任的前提，又是对当事人进行说服教育、正确解决纠纷的基础和依据。纠纷的事实，包括双方当事人之间的民事法律关系及双方对事、物的争议的事实。调解人员在调解时必须查明事实，做到心中有数，才能抓住当事人争执的焦点，分清是非，对当事人进行有理有据的调解工作。在本次纠纷调解中，调解员通过走访相关单位、实地查看房屋，明确了房屋权属、居住条件，为下一步调解工作打下了基础。

第二，宣传法律政策，依据法律调解。法律是处理纠纷的准绳，很多矛盾纠纷源于当事人法律知识的欠缺，许多群众在了解相关法律知识后，矛盾纠纷自然就化解了。在调解中对当事人认真宣传讲解法律、法规和政策，把当事人的思想认识引导到法律规定的原则上来，使当事人在解决纠纷时都能心平气和地依照法律规定办事，达成调解协议。在本次纠纷调解中，调解员刘明着重对胡大爷阐明该房屋的产权问题：根据法律规定，房产产权证上登记的权利人是被登记房产的所有人，没有登记但实际出资购买了房地产的人也可以是房产的所有人；该争议房屋登记人胡大爷为权利人，故胡大爷是该房屋所有人；未被登记为权利人的朱莹和胡东夫妇，是否是该房屋的所有人即共有人，取决于他们夫妇是否出资购买了该房屋及未作权利人登记的原因。由于该房的购房款全由朱莹和胡东支付，占该房屋价值的70%，二人也成为该房屋的共有人。

第三，使用情感调解法。调解员在查清事实的基础上，运用夫妻情和父子情有理有据地进行说服和疏导，从各个角度对双方当事人进行亲情呼唤，并将相关法律知识予以充分阐明，最终化解了该析产纠纷。

第四章 相邻关系纠纷调解要点与技巧

第一节 相邻关系纠纷调节概述

一、相邻关系纠纷的概念与特点

(一) 相邻关系及纠纷的含义

相邻关系是指不动产相互毗邻的不动产所有人或使用人，在行使所有权或使用权时，因相互间依法给予方便或接受限制而发生的权利与义务关系。相邻关系从本质上讲是不动产所有人或使用人的财产权利的延伸，同时又是对他方所有人或使用人的财产权利的限制。在实践中，民事主体的任何一项民事权利都不是无限制的，不动产权利也是如此。一个不动产权利人向外延伸的不动产权利会使其他不动产权利人的不动产权利受到限制，其他不动产权利人的不动产权利的延伸又会使他的不动产权利受到限制；这种相互之间延伸和被延伸、限制和被限制的关系就是相邻关系。这是在不动产相邻双方之间产生的法定权利与义务。行使不动产权利过程中发生了争议与纷争，这是一起相邻关系纠纷然而，当不动产相邻时，如果不动产所有人或使用人皆绝对自由地使用其权利标的，相邻各方极有可能发生纠纷和冲突，这样不仅使不动产本身不能发挥最大的经济效益，而且也会因相邻各方的纷争而损害不动产的财产秩序。

(二) 相邻关系的特征

(1) 相邻关系基于不同主体所有的或使用的不动产相互毗邻而产生。相邻关系是法律直接规定的而不是当事人之间约定的，而法律规定的前提是不同主体所有或使用的不动产必须是相互毗邻的。当事人之间既不能约定设立相邻关系，更不能约定排除相邻关系。只要不动产相互毗邻便必然产生主体之间的相邻关系。

（2）相邻关系只能发生在两个或两个以上的权利主体之间。两个以上的不动产必须是分别属于两个以上的主体所有或使用才能发生相邻关系，是不动产的权利主体之间的一种权利义务关系。这里的主体既可以是法人或其他组织，也可以是自然人；既可以是不动产的所有权人，也可以是不动产的使用权人。

（3）相邻关系的内容是相邻主体之间的权利义务关系。根据法律规定，不动产所有人或使用权人行使权利应给予相邻的不动产所有人或使用权人行使权利的必要便利。这样，对一方来说，因提供给对方必要的便利，就使自己的权利受到限制，对于另一方来说，因为依法取得了必要的便利，则使自己的权利得到了延伸。

（4）相邻关系的客体并非相邻的不动产本身，而是不动产所有人或使用人在行使不动产所有权或使用权时相互给予对方便利所产生的利益。这种利益可以是经济利益，也可以是方便、快捷、舒适等非经济利益。

二、相邻关系纠纷的特点

相邻关系纠纷是一个古老的纠纷。当前，相邻纠纷引起的人民内部矛盾，甚至由此诱发的刑事案件也不少。此类案件矛盾积累时间长、双方对立情绪大，化解难度大，难以做到案结事了，成为影响社会安定稳定的隐患之一。

（一）相邻关系纠纷双方矛盾、积怨已经较深，不易化解

相邻关系纠纷本质上是一种权利的限制与扩张纠纷，对一方权利的限制即意味着另一方权利的扩张；而一方权利的扩张也意味着对另一方权利的限制。相邻纠纷的当事人日常居住空间较为接近，日常接触较为频繁，一般情况下，相邻方在受到侵害时，通常愿意加以忍受、不愿主张其权利。但如果忍受太久导致积怨太深或者发生了进一步的侵权，就会导致关系恶化，问题更加复杂化，这时矛盾就比较难以化解。

（二）相邻关系纠纷案件诉讼标的额较小，但双方争议较复杂

在相邻纠纷案件中，相邻关系纠纷涉及的金额标的额并不大。当事人之间主要是因为相邻通行、通风、采光、排水、防险等引起的。其诉讼请求一般是

排除妨碍、恢复原状、赔礼道歉，一般较少要求对方赔偿损失。即使有要求，数额也不大。不过，相邻关系当事人争议较多，相互之间往往互为侵权，还掺杂一些其他矛盾，纠纷关系十分复杂。

（三）相邻关系纠纷发生的原因多种多样

相邻关系纠纷主要是为了生产、生活的方便；或是因为土地、房屋等的使用权具有财产权的性质，为了争夺财产；还有的是当事人相信房屋风水等迷信观念，如邻居的屋檐水滴落自家房屋上会有不利影响，修建坟场争夺风水宝地等。

（四）相邻关系人因相互斗气报复而激化矛盾，引起非正常信访

在相邻纠纷中，相当一部分相邻关系人先辈们有矛盾，未能及时化解，积怨很深，对后代影响很大，造成相邻方至少两代人相互仇视，互不理睬。只要涉及对方一点利益，立即就会发生冲突。因此在相邻关系的处理上很难达到双方满意的效果，由此引发的上访申诉事件不断增多。

（五）少数相邻关系纠纷激化成刑事案件

相邻关系案件双方讼争利益虽然不大，由于事件关系到个人、家庭利益及狭隘的观念，容易使矛盾激化，给日常生产和生活造成严重影响。有时双方矛盾激化到一定程度，往往会发生斗殴，造成一方受伤住院、另一方锒铛入狱，或两败俱伤的后果，给双方家庭都造成财产、人身、自由多重损害，有的甚至引发命案，极大地影响社会的稳定。

三、相邻关系纠纷解决办法

相邻关系纠纷千变万化，存在许多复杂的形式，有的存在违章建筑，有的存在违法排污等。在处理相邻关系纠纷的时候，应当根据案情的实际需要，从维护社会稳定、邻里团结的角度出发来解决存在的争议。

（1）先行和解。处理相邻关系纠纷应当由当事人各方自愿协商，和平解决争端。

（2）让物业服务公司出面进行调解。如果当事人之间协商无法解决，当事人各方可以请物业公司出面调解。物业服务公司对小区的情况比较了解，也有物业管理规约的支持，能够帮助解决一些相邻关系纠纷。

（3）善于借用社会第三方力量。如果物业公司也不能解决，当事人各方可以共同请求人民调解组织对他们之间的争议进行调解；同时，对争议的情况，提请纠纷所涉的相关主管部门比如国土资源部门、林业部门、建设部门、城管部门等给予协助，在有效制止违法行为的前提下，争取调解处理。

（4）诉讼。在当事人各方无法协商或协商不成、调解失效的情况下，当事人可以诉请法院，请求法院依照法律程序来解决。但规范相邻关系的法律法规过于原则、滞后，同时在民事法律规范与行政法律规范之间、诉讼程序要求与实体审理要求之间存在冲突，不可避免地给法院审理相邻关系纠纷案件带来较大的困难。同时，由诉讼解决相邻纠纷还有可能引发更多的矛盾，很可能是案结事未了。

四、相邻关系调处原则

（一）根据法律法规，尊重历史和习惯

处理相邻关系纠纷，首先要依据相应的法律法规，如果法律法规没有规定的，要尊重历史事实和当地的风俗习惯。《物权法》第 85 条规定："法律、法规对处理相邻关系有规定的，依照其规定；法律、法规没有规定的，可以按照当地习惯处理。"习惯是在社会生活中反复出现并经人们认可的一种生活准则，因此，对历史上形成的用水、排水、通行等相邻关系，相邻一方未经他方同意均不得擅自变更。

（二）有利生产、方便生活

相邻关系正是人们在生产、生活中，对于相互毗邻的不动产的占有、使用、收益、处分而发生的权利义务关系，直接关系到人们的生产和生活的正常进行。因此，处理相邻关系应当从有利于有效合理地使用财产，有利于生产和生活出发，以减少不必要的损失，发挥最大的经济效益，促进生产的发展。

（三）团结互助、兼顾各方的利益

常言道：远亲不如近邻，予人方便自己方便。发挥社会团结互助的精神是建立睦邻友好关系的前提。不动产各方在处理相邻关系时，应相互给予便利，且不得对他方造成违法的侵害。相邻各方在行使所有权或使用权时，应该互相协作，兼顾相邻人的利益。调解委员会在调处相邻关系纠纷时也要从团结互助

原则出发，平衡兼顾争议各方的利益。

（四）公平合理

公平合理是民法的精髓。一方面，公平合理原则要求不动产相邻各方在处理相邻关系时，一方权利的延伸和另一方权利的限制都必须限定在合理、必要的范围内；并且要求各方在享受权利的同时，亦应承担一定的义务。例如，相邻一方因架电线、埋设电缆、管道必须使用他方的土地时，他方应当允许，但使用的一方应当选择危害最小的地点和方法安设，对所占用的土地和施工造成的损失给予补偿并且应于事后清理现场。另一方面，公平合理原则要求调解委员会在调处相邻关系案件时，要在查清事实，分清是非的基础上，依法合理地解决纠纷、化解矛盾。

（五）依法给予补偿

相邻关系纠纷本质上是不动产所有权或使用权的限制与扩张纠纷，对一方所有权或使用权的限制即意味着另一方权利的扩张，反之亦然。一方权利的扩张也意味着有可能对另一方造成损失。无论这种损失是否在合理范围内，获益的一方要依据法律法规的规定给予对方相应的补偿。比如：在相邻通行关系中，一方当事人的出行必须要使用相邻人的土地，相邻人必须给予方便；但因开辟出行通道给相邻人造成损失的，必须给予相邻人相应的土地补偿或其他补偿。

五、相邻纠纷调解处理要点

（一）理清头绪，区别相邻纠纷的类型，正确适用法律法规

遇见相邻关系纠纷，首先要区分该纠纷是传统的相邻关系纠纷，还是新型的相邻关系纠纷。如果是较为常见的传统相邻关系，如相邻用水排水纠纷、相邻通行纠纷、相邻通风采光和日照、损害防免等纠纷，应当直接依据具体的法律规定直接处理。然而，当纠纷本身比较复杂，涉及多层矛盾关系时，就首先需要理清头绪，分清因果关系及其顺序。当出现无法直接归入传统类型的相邻纠纷时，可以适用物权法相关规定；如纠纷情况现行法律又无相关规定时，应当使用一般民法原理予以解决。

（二）搞清纠纷的核心问题

调解相邻关系纠纷需要找到引发纠纷的成因，理清纠纷的发展脉络，这有

助于纠纷的化解；更重要的是要调查清楚纠纷的核心问题，即纠纷双方各自需要什么、达到什么目的或效果。对于能够通过让步予以解决的，也需要依据相关法律规定及民法原理判断其合理性，以保证调解处理过程的公平和结果的公正；对于不能通过让步予以解决的，应当依据法律规定和民法原理判定是非，在此基础上重点做需要承担责任一方的工作。

（三）运用相关法律法规的具体规定进行调处和教育

越是复杂的纠纷，越应当被简化成简单的几个矛盾关系。而经过对这些简单关系的梳理，最终需要以具体的相关法律法规为依据，而不是以主观的好恶或者当事人的态度进行调解处理。有些纠纷中，即使当事人本着息事宁人的态度作出不应有的让步，调解人员也应当依据法律法规进行适度的纠正，以维护当事人的合法权益，真正发挥调解工作维护社区和谐的功能。

（四）从实际情况出发，实事求是平衡双方利益

很多情况下，纠纷双方的对错一目了然，法律依据也是充分的。但由于过错一方不能或不愿让步，不接受调解处理，这就需要对其进行说服教育，让双方都明白调解的意义，使双方能够平心静气地接受调解。而当纠纷本身较为复杂，双方又各执己见相持不下时，调解人员应当充分运用自己的法律知识，辨明是非、指出对错，结合具体纠纷的特点，将灵活性与法律原则结合起来，照顾平衡双方的利益，这样才可以妥善做好调解工作。

六、有关相邻关系的法律规定

（一）《民法通则》对相邻关系的规定

《民法通则》第83条从三个方面规定了相邻关系：

1. 处理相邻关系的原则和方法是有利生产、方便生活、团结互助、公平合理，这显然是要求按照当地的民情民意和习惯做法来处理相邻关系纠纷；

2. 列举式地规定了相邻关系有截水、排水、通行、通风、采光等种类；

3. 相邻一方给他方造成损害的，承担停止侵害、排除妨碍、赔偿损失的民事责任。

（二）《最高人民法院关于贯彻执行〈中华人民共和国民法通则〉若干问题的意见（试行）》对相邻关系的规定

《最高人民法院关于贯彻执行〈中华人民共和国民法通则〉若干问题的意

见（试行）》(以下简称《民通意见》) 第 97 条至第 103 条对相邻关系的规定，细化了《民法通则》对相邻关系的规定，主要对传统的相邻关系的种类和处理相邻纠纷的办法及民事责任作了比较细的规定。

（三）《物权法》规定的相邻关系（第 84 条至第 92 条）

《物权法》及其司法解释在继承了《民法通则》关于相邻关系的规定的基础上，又有了长足的进步，表现在以下几个方面：

（1）在处理相邻关系的原则上，遵循"有利生产、方便生活、团结互助、公平合理"的原则。

（2）进一步明确了处理相邻关系时法律法规有规定的从其规定，法律法规没有规定的可以按照当地习惯处理。

（3）不仅明确了传统相邻关系的种类，还包括了一些新型的相邻关系种类，并对相邻各方的权利义务及处理相邻纠纷的方法作了具体规定。

总的来讲，目前法律对相邻关系的明确规定集中在《民法通则》《物权法》及其相应的司法解释中。在对相邻关系的有关问题进行咨询解答和矛盾调处的过程中应首先以已有的法律规定为准绳，在没有法律规定时按照当地公众认可的习惯性做法处理。这要求相关调解人员既要熟悉现行法律法规的规定，同时还要充分了解当地的民情民意。

七、典型案例操作指引

【示例 1】

【基本案情】

王某住在 6 层老式公房的底层，因家中装修，修改了布局，其将马桶排污管道直接接至家门口的窨井。事后，造成窨井堵塞，粪便溢出，严重影响其他居民的正常生活。受影响的居民遂向人民调解委员会提出调解申请，要求王某立刻疏通窨井，并对其马桶窨井的布局进行处理。

问题：这是什么类型的纠纷？如果您是调解员，该如何调处此纠纷？

【操作指引】

社区人民调解委员会接到居民们的申请后，认为属于《人民调解法》的受案范围。如果不及时介入，可能会导致纠纷矛盾激化升级。于是受理该案，并着手进行调解。

调解员到现场查看，确实是粪便溢出，不仅影响周围居民的正常生活，也影响所在小区的整体环境。调解员找到王某，指出其擅自将马桶直通窨井的行为违反了国家法律法规的规定，要求王某马上疏通窨井并向受影响的居民赔礼道歉。王某也承认了自己的错误行为，愿意疏通窨井，但对居民要求改回原布局的要求不能接受，因为房屋刚装修好，改回去也费事、费时、费钱。调解员认为王某的说法也有一定道理。从合理利用原则出发，反过来做居民们的工作，堵塞窨井的事并不常发生，只要王某保证经常疏通，不再堵塞窨井，就不会再影响居民们的生活。如果让王某改回布局肯定有难度，大家可以换位想一想，如果是你，房子刚装修好，你愿意再改回去吗？改回布局必将使王某受到巨大的经济损失，王某必定不能接受。

经过反复劝说，终于做通双方的工作，最终使双方达成协议：（一）王某向其他居民致歉；（二）即日起，王某立刻雇人疏通窨井，恢复环境卫生；（三）王某承诺若窨井再有因其马桶直通造成粪便溢出的，由其负责疏通，并恢复环境卫生。

【分析指引】

这是人民调解委员会调解纠纷时将民法原理与调解工作的灵活性相结合的一个例子。由于粪便溢出，不仅影响周围居民的正常生活，也影响所在小区的整体环境，因此调解工作宜速不宜迟。虽然王某擅自将马桶直通窨井的行为违反了国家法律法规的规定，但要求王某改变屋内的装修，必将使王某受到巨大的经济损失，王某必定不能接受，说服工作在短时间内将难有进展；同时，因为马桶直通窨井造成窨井堵塞的情况不会经常发生，因此，人民调解委员会在综合考量大多数居民的利益、为满足大多数居民利益而对王某的利益可能造成的损害，以及实际调解工作效率的基础上，提出了如上调解方案，得到了各方的认可。

【示例2】

【基本案情】

黄明申和王义是楼上楼下的邻居，2012年5月17日，王义趁黄明申全家外出的时候，锯断黄明申卧室上方的铁护栏，并在该处安放了两台空调外挂机。黄明申一家返回后立即要求王义将空调外挂机移走，王义不答应，双方为此发生争执。黄明申报警处理并找业委会、房产公司、王义工作单位等多方协调均未取得满意结果。进入夏季后，王义家的空调噪声吵得黄家人无法安睡，影响了正常休息；而且空调滴出的污水造成黄明申家的窗台漏水及窗内装饰板发霉。黄明申没有办法，只好起诉到法院，请求判令王义立即移走两台占用黄明申窗台的空调分机并恢复原状，否则赔偿原告 10 000 元，另要求王义解决黄明申的窗台漏水及窗内装饰板发霉的问题，如恢复不能则赔偿黄明申材料、人工费 5000 元。

立案庭法官收到黄明申的诉状后，认为这是一起邻里纠纷，如果采用调解更有利于化解纠纷，于是在征得黄明申同意后，指派夏兰法官主办该纠纷。

【操作指引】

主办法官夏兰对该邻里关系纠纷高度重视，马上电话联系王义，王义表示空调外挂机按该栋楼房的建筑设计要求，本就应该装在黄明申的窗台上，不应移走。黄家的窗台漏水和窗内装饰发霉并不是我家的空调外挂机引起的，我无须为黄家恢复原状。由于双方当事人积怨甚深，情绪激动，为了防止事态进一步扩大，主办法官决定亲临纠纷实地查看，详细了解案件情况。

夏兰法官达到现场后，先后听取了黄明申和王义的理由，并查看空调外挂机的位置及对黄家的影响，并联系物业公司和房产公司，询问根据该楼房设计，空调外挂机应安放何处。在调查之后，夏兰法官掌握了纠纷的基本事实、双方的想法及该楼房设计等，马上着手调解。

夏兰法官给双方讲解《民法通则》和《物权法》的相关规定，从方便生活、团结互助、公平合理的原则入手，引导双方妥善处理相邻关系，并引导王义换位思考，如果自己的卧室窗户上安放两台空调外挂机，是否会影响休息。通过近 2 小时的现场调解，耐心讲法说理，在爱心与耐心的感召下，王义的态度发生了变化，同意移走空调外挂机。黄明申和王义终于达成了调解协议，王义于 3 日内将其安置在黄明申住所南侧卧室飘窗上的两台空调外挂机移走，将移走的原铁护栏装回该处，并对其在安装空调时在该处所打的钉孔补灰。至此，该起棘手的相邻关系纠纷案得以圆满解决。

【分析指引】

这是一起在城市社区比较常见的邻里纠纷，楼上住户安装空调，位置没选好，空调噪声及滴水就可能给楼下邻居造成麻烦和困扰。该类纠纷如果不能及时化解就会引发积怨，导致争吵升级，甚至引发出肢体动作，造成人身伤害，转化为刑事案件。因此，必须对此类纠纷高度重视，及时化解。化解此类相邻关系纠纷，诉讼的效果不如调解好。所以，在该案中，立案庭法官在征得当事人同意后，安排了庭前调解。

对于此类相邻关系纠纷，到现场查看非常有助于纠纷调解，主持调解的夏兰法官及时到现场勘查，听取当事人的想法，询问该楼房空调安放的地方。在调解时，首先给当事人讲解处理相邻关系纠纷的法律规定，依据法律，辅以情理，并引导当事人换位思考，最终通过劝解化解了该纠纷。

第二节　传统相邻关系纠纷调解要点与技巧

如果相互毗邻的不动产所有人或占有人在占有、使用、收益和处分该不动产时，未接受限制和给予邻人便利，常常会引发相邻关系纠纷。相邻关系纠纷是一种古老的纠纷，目前这种纠纷也时常发生在城市、乡村公众的日常生活中。相邻关系，是指两个以上相互毗邻的不动产所有人或者占有人、使用人在行使不动产的占有、使用、收益和处分权时，相互之间应当给予便利或者接受限制而发生的权利义务关系。这些关系包括相邻的用水、排水、通行、施工、通风、采光、地界等关系。

根据法律规定，不动产权利人应当为其相邻的不动产权利人提供便利，能够提供便利而不提供，给相邻的不动产权利人造成损害，或接受便利的相邻的不动产权利人行使权利给提供便利的不动产权利人造成损害的，均应承担停止侵害、消除危险、排除妨碍、恢复原状、赔偿损失的民事责任。要求其他不动产权利人给自己提供便利是权利，为他人提供便利是义务；不提供便利给他人造成损害或在得利的同时给他人造成损害就有义务承担责任。本节列举一些传统的相邻关系纠纷及其调处技巧。

一、相邻用水、截水、排水关系及其纠纷处理

（一）相邻用水、流水、截水、排水关系的理解

《物权法》第86条规定："不动产权利人应当为相邻权利人用水、排水提

· 172 ·

供必要的便利。对自然流水的利用，应当在不动产的相邻权利人之间合理分配。对自然流水的排放，应当尊重自然流向。"

（二）调处此类纠纷的注意事项

相邻人应当保持水的自然流向，在需要改变流向并影响相邻他方用水时，应征得他方的同意，并对由此造成的损失给予适当补偿。为了灌溉土地，需要提高上游的水位，建筑水坝，必须附着于对岸时，对岸的土地所有人或使用人应当允许；如果对岸的土地所有人或使用人也使用水坝及其他设施时，应按受益的大小，分担费用。水流经过土地的所有人或使用人都可以使用流水，但应当共同协商、合理分配使用，不得擅自堵截，也不得影响上游排水。相邻一方在为房屋设置管、槽或其他装置时，不得使房屋雨水直接注泻于邻人建筑物上或土地上。

二、相邻土地使用关系及其纠纷处理

（一）相邻土地使用关系的理解

相邻土地使用关系是指，相邻一方因受自然条件所限，如其土地或建筑物在邻人土地或建筑物的包围之中，没有其他通道，必须通过邻人土地时，应当允许其通行而形成的相邻土地使用关系。其中应对允许通行的权利称为相邻通行权。需注意的是不动产权利人从其他不动产权利人的土地上通行是法律规定的权利，无需与他人协商，更不需要征得他人同意。这是《物权法》规定的用物权中的地役权，是绝对权，具有排他效力。《物权法》第87条对此作了规定："不动产权利人对相邻权利人因通行等必须利用其土地的，应当提供必要的便利。"

（二）调处此类纠纷的注意事项

（1）虽然不动产权利人从其他不动产权利人的土地上通行是法律规定的权利，无需与他人协商，更不需要征得他人同意。但通行人在选择通行道路时，应当选择最必要、损失最少的路线；通行人还应对因通行给相邻人造成的损害予以补偿或赔偿。

（2）历史上形成的通道，土地的所有人或使用人无权任意堵塞或改道，以免妨碍邻人通行。如果确实需要改道，应取得邻人的同意。

如果保留历史形成的通道会使土地的使用价值降低，但该地块的权利人不得以其对该地块享有不动产权利为由来维护土地的使用价值，不保留通道（可另开道的除外）。因为该地块已经成为了相邻不动产权利人的供役地，他们对该地的地役权具有优先效力。

（3）确实需要对通道占用的地块进行其他利用的，可以另开通道。但费用应由其自行解决，相邻的不动产权利人无需补偿；且另开的通道与原有的通道的便利条件和程度应当相当。

三、相邻防险、环保关系及纠纷的处理

（一）相邻防险、环保关系的理解

相邻一方在开挖土地（如打水井等）、建筑施工时不得使邻地的地基发生动摇，不得使邻地的建筑物受到危害；相邻一方的建筑物有倾倒的危险，威胁邻人的生命财产安全，相邻一方应当采取预防措施；相邻一方不得以高音、噪声、喧嚣、振动等妨碍相邻人生活、工作和休息；相邻一方堆放易燃、易爆、剧毒、放射、恶臭物品时，应当与邻地建筑物保持一定距离，或者采取预防措施和安全装置。相邻他方在对方未尽此义务的情况下，有权要求排除妨害、赔偿损失。相邻人在生产、研究过程中，排放废气、废水、废渣，不得超过国家规定的排放标准。相邻他方对超标排放，有权要求相邻人排除妨害，而且对造成的损害还有权要求赔偿。《物权法》第 90 条和第 91 条对此作了规定："不动产权利人不得违反国家规定弃置固体废物，排放大气污染物、水污染物、噪声、光、电磁波辐射等有害物质。""不动产权利人挖掘土地、建造建筑物、铺设管线以及安装设备等，不得危及相邻不动产的安全。"

（二）调解此类纠纷矛盾的注意事项

调解此类纠纷时应当注意以下事项：

（1）相邻一方以高音、噪声、喧嚣、振动等妨碍相邻人工作、生活和休息，而不听劝阻的或有条件排除而不采取措施排除的，应视为侵权行为。侵权人应停止侵害，并赔偿受害者的损失。

（2）以相邻关系纠纷为由向污染行为人主张权利，不必拘泥于损害后果是否发生。调处此类纠纷应当以国家法律法规和地方政府的具体规定为依据，

同时要兼顾双方的利益。

（3）对不履行上述防险、环境保护义务的相邻关系人，相邻人除有权请求排除妨害、赔偿损失外，对于情节严重、造成重大损失者，政府有关部门和司法机关可以依法予以行政处分或刑事制裁。

四、相邻施工关系及其纠纷调处

（一）相邻施工关系的理解

不动产权利人因建造、修缮建筑物及铺设电线、电缆、水管、暖气和燃气管线等必须利用相邻土地、建筑物的，应当提供必要的便利。不动产权利人挖掘土地、建造建筑物、铺设管线及安装设备等，不得危及相邻不动产的安全。这是一种常见的相邻关系，在农村建造房屋、城市装修房屋的过程中很容易发生这种相邻关系的纠纷。

《物权法》第 88 条规定："不动产权利人因建造、修缮建筑物及铺设电线、电缆、水管、暖气和燃气管线等必须利用相邻土地、建筑物的，该土地、建筑物的权利人应当提供必要的便利。"

（二）调处此类相邻关系纠纷的注意事项

调处此类相邻关系纠纷、矛盾应当注意以下事项：

（1）建造、修缮建筑物的不动产权利人为了建造、修缮的便利（如运输、堆放材料等），有权利利用相邻的土地或者道路、通道、公共空地、楼道等，相邻的不动产权利人应提供便利，不得拒绝。但相邻方应当选择损害最小的地点及方法安设，并于事后清理现场，恢复原状。

（2）不动产权利人利用相邻的不动产原则上是无偿的，相邻的不动产权利人无权要求支付费用。

（3）不动产权利人对相邻不动产的利用给相邻的不动产权利人造成不便的，如果没有造成费用或成本的增加，相邻的不动产权利人应当容忍；如果该不便造成了费用或成本的增加，不动产权利人应当补偿。

（4）不动产权利人对相邻不动产的利用给相邻的不动产权利人造成损害的，应当承担损害赔偿责任。

五、相邻通风采光关系及其纠纷调处

（一）相邻通风采光关系的理解

相邻人在建造建筑物时，应当与邻人的建筑物留有一定的距离，以免影响邻人建筑物的光照、通风。《物权法》第 89 条规定："建造建筑物，不得违反国家有关工程建设标准，妨碍相邻建筑物的通风、采光和日照。"

这种相邻关系纠纷通常发生在城市，一般是已建房屋的不动产权利人认为后建房屋特别是楼房影响了其通风、采光和日照。近年来，在农村此类纠纷也时有发生。

（二）调处此类相邻纠纷的注意事项

调处此类相邻关系纠纷、矛盾应当注意以下事项：

（1）是否影响了通风、采光和日照，通常的判断标准是楼房的间距，而不能以先建房屋的不动产权利人的生活体验为判断标准。

（2）各地由于纬度、日照时间不同规定了符合本地实际的最低间距标准，调处此类纠纷、矛盾时应向当地规划部门查询。

（3）农村的房屋，建房时有规划的以规划为准；没有规划的，只要新建房屋没有超过划定的宅基地范围，周围住户主张影响其通风、采光和日照的，一般不予支持。

六、相邻地界关系及其纠纷的调处

（一）相邻地界关系与理解

在地理位置上毗邻的土地使用权人应当严格在自己的地界范围内使用土地建筑物和种植物不得侵占相邻的土地。

（二）调处此类相邻关系纠纷、矛盾应当注意以下事项：

（1）相邻地界上的竹木、分界墙、分界沟等，如果所有权无法确定时，推定为相邻双方共有财产，其权利义务适用按份共有的原则。

（2）对于相邻他方土地的竹木根枝超越地界的，应根据是否影响自己对土地的使用来确定处理方式。他方竹木的枝权自然延伸到己方土地上空的，可以要求邻人予以剪除，邻人应当剪除；如果己方认为不碍事，可以不要求剪除，但该枝桠所结的果实仍归他方所有。因他方竹木的原因危及己方围墙、房屋安全的，应当要求邻人消除危险。

（3）关于分界墙、桩、篱、沟等的建造

双方可以共建分界墙、桩、篱、沟等，单方建造分界墙、桩、篱、沟的，应在自己的土地一侧内建造。也就是说，未经邻人许可，己方建造的围墙、栅栏不得占用相邻的土地。

（4）关于屋檐流水

未经邻人许可，己方的屋檐滴水不得滴入相邻的土地或滴在邻人的围墙、房屋之上。反之亦然。

七、典型案例操作指引

【示例1】

【基本案情】

万柳乡龙湖村居民胡东华家盖楼房，由于楼房结构问题，其楼顶檐口跟东边邻居常洪家檐口不齐，要稍微高于常洪家，依当地风俗习惯是不吉利的，因此常洪家人阻止胡东华家继续施工。然而楼房已经基本盖好，就差楼顶房檐。两家争执不下，耽误了胡东华家的工期，造成浪费，在这种情况下，胡东华找到了村调解委员会调解。

问题：如果你是村调解委员会主任，如何调处该纠纷？

【操作指引】

村调解委员会接到胡东华申请后，考虑到此矛盾容易激化，且属于调解委员会的受案范围，于是在征得常洪同意后，决定受理该案并指派老张和老刘两位调解员着手进行调解。

老张和老刘接手该纠纷后，了解到两家关系一直不好，经常有小摩擦，并且两家因为这次纠纷还大打出手，双方家里物品都受到不同程度上的损坏。老张和老刘商议后认为双方都有过错，两家需要站在对方的立场上去思考问题，去理解对方的态度。然后，老张和老刘分别找两家人谈话，了解了两家人的要求与想法，并依据《民法通则》和《物权法》关于相邻关系的规定做出解释，分析了有关法律关系和利害后果，就问题的解决进行协商，充分尊重两家人的意见。

经过一段时间的多次讲法说理和耐心劝服，常洪终于同意胡东华继续施工，并达成调解协议：（1）双方互赔对方因冲突造成的经济损失；（2）胡东华家檐口要与常洪家一样齐；（3）两家南面迎面墙要水平平齐；（4）双方今后如因建房造成矛盾，先自行协调，不能动手；协调不成找村调解委员会。

【分析指引】

这是一起传统的相邻关系纠纷，这样的纠纷在农村地区比较常见。从这个纠纷看，两家因为有过节、积怨已深，双方都憋着一口气，都不肯让步，是这次矛盾纠纷的最大起因点。从某种意义上说相邻关系是最为重要的法律关系，两家互为邻里，不管平时是否经常来往，也不管是否曾经有过矛盾，在一家出现问题需要相邻方配合协商时，相邻一方应该提供方便，而不能以任何理由设置各种障碍，避免损失的扩大。

对这次建房引起的邻里纠纷，调解员运用情、理、法相结合原则及利弊分析法等调解方法与技巧，对问题的解决进行全面分析，最终化解了这次纠纷。

【示例2】

【基本案情】

7月初，家住雁岭村的叶玉梅大妈与邻居许大同由于邻里之间的相邻关系发生纠纷，双方互不相让，发生激烈争吵。原来叶大妈的邻居许大同家盖房，在屋前及过道两旁堆放了许多建筑施工材料和一些没有及时拆除的脚手架等杂物。这些没能及时清理掉的施工材料，严重影响了叶大妈及家人的出入。叶家人多次找许家人交涉，但许大同家一直不理不睬。于是叶大妈家人出于义愤，在街道入口处堆放了许多木料，这下许大同家的施工材料不但进不来，就连出行都相当不方便，许大同便与叶大妈交涉，没想到话不投机半句多，双方很快发生争吵，险些打了起来。好心的邻居打电话给村调解委员会。

【操作指引】

村调解委员会张主任马上赶到现场介入调解。在了解情况后，他首先劝解叶大妈，邻里纠纷应该采取合法手段解决，不能采取以牙还牙的方式。许大同家盖房、乱堆材料妨碍了您和家人出行，这确实是他家不对，更不应该的是，您去找他交涉，他家也不理睬。但在交涉未果的情况下，您应该去找我们调解委员会协商解决，而不能采取堵路的极端方式来解决问题。这样不但不能解决你们两家的纠纷，反而会激化矛盾，更何况还影响了其他村民的出行，引发不满。张主任用换位思考的方式化解了叶大妈心中的怒气。之后他又征询许大同的意见，问他怎么解决这个问题。没想到许大同脱口说："还能怎么办，她骂我也骂了，我家盖房，她堵路，现在谁怕谁啊！"张主任严厉地批评道："现在是法治国家，你说的不对，道路是公共空间，不是私有财产。你家盖房可以，但是不能妨碍邻居出行啊。关于邻里之间如何相处法律都有规定，不信的话，自己去查一查法律；再说了，邻里之间相互体谅是一种美德，古人都晓得远亲不如近邻，你们怎么不明白呢！还不赶快清除道路两旁的施工材料，方便邻居出行。"

经过调解员的耐心调解，许大同主动向叶大妈道歉，承认自己家盖房影响邻居出行不对，希望她能谅解，并当场表示一定要将当天施工的障碍物及时清理干净，保证不影响大家出行。看到许大同家态度诚恳，叶大妈也招呼家人马上清理街口木头，一场邻里纠纷得以及时解决。

【分析指引】

类似邻里纠纷是一起典型的相邻关系纠纷，在农村和城市还是比较常见的。一方当事人因一定事由占用了公共空间，影响了邻人出行。当邻人前去交涉时，对方态度不积极，导致另一方当事人采取以牙还牙的方式进行报复，从而激化矛盾。在本纠纷中就是这样的情形，调解员出面后，先是指出了以牙还牙一方存在的问题：本来是有理的，但因为采取了不合法的方式也变得没有理了，让一方当事人意识到自己的问题。再去做另一方的工作，指出其存在的问题。经过一番讲法说理，双方都认识到自己的问题，态度都有了转变，先妨碍邻人出行的一方主动道歉，另一方也积极配合，一场邻里纠纷就此化解。

第三节　新型的相邻关系调解要点与技巧

随着公众生活水平的提高，经济发展，城市化进程加快，城市购房人群的激增，楼市的发达，近年来在城市出现了一些与购房和小区生活密切相关的、涉及城市居民不动产物权的相邻关系。这种新型的相邻关系与传统的相邻关系有联系但又存在许多不同，产生纠纷的原因也与以往不同，处理这些纠纷的方法与技巧也须不同于以往。这些新型的相邻关系有以下几个类型：

一、因管理使用小区内的共有部分形成的相邻关系

我国《物权法》第 70 条规定："业主对建筑物内的住宅、经营性用房等专有部分享有所有权，对专有部分以外的共有部分享有共有和共同管理的权利。"根据本条的规定，业主的建筑物区分所有权，是指业主对建筑物内的住宅、经营性用房属专有部分享有所有权，对专有部分以外的共有部分享有共有和共同管理的权利。

小区内的共有部分是每个业主都享有所有权的部分，所以是全体业主共有的部分。对共有部分管理使用必然波及并影响到每一位业主，同时每一位业主对共有部分的使用必然受到其他业主的限制。因此，在对共有部分的管理使用过程中，就在业主之间形成了相邻关系。

业主的建筑物内的部分是业主的专有部分，业主的建筑物范围以外的部分是共有部分。业主对建筑物内的住宅、经营性用房等专有部分享有所有权，对专有部分以外的共有部分享有共有和共同管理的权利。共有部分包括小区的道路、绿地（属于城镇公共道路、绿地的除外）、公共场所、公共设施、物业用房、楼梯、电梯、消防通道及照明设施、楼房基础、承重结构、外墙、屋顶、公共照明设施设备、避难层、设备层以及其他不属于业主专有部分，也不属于市政公用部分或者其他权利人所有的场所及设施等。

调处此类相邻关系纠纷、矛盾应当注意以下事项：

（1）对共有部分应共同管理、使用，改变共有部分的用途、利用共有部分从事经营性活动、处分共有部分，应当由业主共同决定。

（2）物业管理企业只能按照业主共同决定的意见对共有部分进行管理，并维护业主共同决定的意见的贯彻执行。

（3）这里的"共同决定"的含义是：应当经专有部分占建筑物总面积过半数的业主且占总人数过半数的业主同意。

（4）任何人未经业主共同决定改变共有部分的用途、利用共有部分从事经营性活动、处分共有部分的，该行为无效，视为对全体业主的侵权。任何一个业主均可向侵权行为人主张权利，要求其承担相应的民事责任。

二、业主利用建筑物屋顶和外墙面形成的相邻关系

业主基于对住宅、经营性用房等专有部分特定使用功能的合理需要，有权

无偿利用屋顶及与其专有部分相对应的外墙面等共有部分，这种无偿利用不应认定为对其他业主的侵权。比如，在楼顶安装太阳能热水器、建鸽舍、出于经营目的在房屋的窗户和对应的外墙张贴广告等，都是属于实现某些特定使用功能的合理需要。

调处此类相邻关系纠纷、矛盾应当注意以下事项：

（1）高层建筑一般不允许业主对屋顶和外墙面加以利用。

（2）业主只对自己专有部分对应的外墙有利用的权利，其他业主的专有部分对应的外墙需要利用的，应与其他业主协商一致。

（3）屋顶无法与业主的专有部分对应，一个业主利用了，其他业主对该部屋顶就无法利用。这种利用是业主固有的权利，先利用的业主无需为自己的利用征得他人的同意，即使导致其他业主无法再利用的结果也不能视为对其他业主的侵权。

（4）对屋顶和外墙的利用也不是没有限制的，除了要遵守法律、法规的规定外，在实践中遵守管理规约的规定尤为重要。另外，利用屋顶和外墙不得损害他人的权益。

三、业主使用共有车位形成的相邻关系

建筑区划内规划用于停放汽车的车位、车库应当以出售、附赠、出租等方式首先满足业主的需要，这些车位、车库是专属于买受人、受赠人或承租人使用的。

业主共有的车位是指占用业主共有道路或其他场地增设的车位。

调处此类相邻关系纠纷、矛盾应当注意以下事项：

（1）对于业主共有车位，每个业主都有权使用，无需征求其他业主的意见。

（2）每个业主的使用权都是独立且相互排斥的，一个业主使用了某个共有车位，在其本次使用完毕以前，其使用权是独占的，并足以排斥其他业主对车位的使用要求。

（3）业主以使用在先或多次使用等理由要求对某个车位享有专属使用权不予支持。

四、业主将住宅改变为经营性用房形成的相邻关系

业主将住宅改变为经营性用房的，应遵守法律、法规及管理规约的规定，特别是应当遵守管理规约的规定。

调处此类相邻关系纠纷、矛盾应当注意以下事项：

（1）业主将住宅改变为经营性用房，应当经有利害关系的业主同意。

（2）有利害关系的业主包括两种业主：①本栋建筑物内的其他业主应认定为有利害关系的业主；②本栋建筑物之外的业主，能够证明其房屋价值、生活质量受到或者可能受到不利影响，也应当认定为有利害关系的业主。

（3）需要强调的是：这里所说的经有利害关系的业主同意是指经所有的有利害关系的业主一致同意。如果只是经多数有利害关系的业主同意，仍然不得将住宅改变为经营性用房。

五、业主装修房屋形成的相邻关系

装修房屋除了在业主之间可以形成相邻施工关系、相邻环保关系外，还会形成其他的权利义务关系。其他业主应当为装修房屋的业主提供便利，装修房屋的业主的装修行为不当也会侵害其他业主的不动产权利，从而形成相邻关系纠纷。

调处此类相邻关系纠纷、矛盾应当注意以下事项：

（1）业主需要装饰装修房屋的，应当事先告知物业管理企业，物业管理企业应当将房屋装饰装修中的禁止行为和注意事项告知业主。

（2）装修的业主不得实施诸如损害房屋承重结构，损害或者违章使用电力、燃气、消防设施，在建筑物内放置危险、放射性物品等危及或可能危及建筑物安全或者妨碍建筑物正常使用的行为。

（3）业主不得违反规定破坏、改变建筑物外墙面的形状、颜色或实施其他损害建筑物外观的行为。

（4）业主不得违章加建、改建房屋，不得侵占、挖掘公共通道、道路、场地或者其他共有部分。

六、业主和物业管理企业临时占用道路、挖掘场地形成的相邻关系

这种相邻关系实际上是相邻施工关系的延伸，前面有关相邻施工关系的内

容对这种相邻关系同样适用。因小区内业主众多，施工人无法通知全体业主，更不可能与全体业主协商一致。所以，由代表业主利益的业主委员会和物业管理企业与施工人协商并处理相邻关系。

调处此类相邻关系纠纷、矛盾应当注意以下事项：

（1）业主确需临时挖掘道路、场地的，应当征得业主委员会和物业管理企业的同意。

（2）物业管理企业确需临时占用、挖掘道路、场地的，应当征得业主委员会的同意。

（3）业主、物业管理企业临时占用、挖掘的道路、场地，应在约定期限内恢复原状。

在理解相邻关系和调处相邻关系的矛盾纠纷时不应拘泥于本章介绍的相邻关系的类型，本章介绍的是常见的、容易发生的相邻关系。在现实生活中，超出本章介绍范围之外的其他的相邻关系也时有发生。只要是不动产权利人之间形成的权利义务关系就是相邻关系，对待这些纠纷都可以按相邻关系纠纷的原则和方法进行调处。

七、典型案例操作指引

【示例1】

【基本案情】

黄先生住流花林小区306室，楼上406室的房东方童辉将其房屋改为群租房，租给多户人家居住，人多管理混乱。由于今年天气炎热，承租人多次随意冲洗地板造成渗漏，导致黄先生家的棉被、床单、沙发受损无法使用，墙上的石英钟也受潮失灵。黄先生多次与楼上承租人交涉未果，遂向居民委员会的人民调解员请求调处，并要求房东方童辉解除相关的房屋租赁合同。

请问：这是什么类型的纠纷？如果您是调解员，该如何处理此纠纷？

【操作指引】

社区调解委员会接到黄先生的申请，经查该案属于人民调解的受案范围，在征得406室房东方童辉的同意后，受理了该案。

调解委员会工作人员首先到黄先生家进行查看，黄先生家中棉被、床单、沙发确实受损无法使用，墙上的石英钟也因受潮而失灵。又到楼上406室进行了查看，楼上一个三居室的房子住了三户人家，共八九个人，人员较多，管理比较乱。

调解员查清楚情况后，找到楼上406室房主方童辉，调解员指出，把一套房租给多户人家，这是错误的行为，又不加强管理，致使承租人给楼下黄先生造成了损失，应当赔偿黄先生的损失。调解员又做黄先生的工作，楼上方童辉的租户给您造成了损失，确实是他不对，他应当赔偿您，但您提出让他解除合同却没有法律依据。毕竟楼上406室属方童辉所有，方童辉有处置其财产的自由。黄先生提出，以后再造成损失怎么办？调解员答应说服方童辉加强管理，避免损失。

经过调解，双方达成调解协议：（1）方童辉赔偿黄先生财物损失1000元；（2）方童辉承诺加强出租房屋的管理。

【分析指引】

群租房纠纷是当下日益突出的新问题。而涉及群租房的相邻纠纷，由于承租人人数众多，直接沟通通常缺乏效率。本例中，黄先生在遭受损失后也曾与承租人多次交涉，但均没有结果。相邻关系中，承租人因为使用租住房屋，理应是调解的当事人，但是由于群租房的特殊性、人员的流动性及其他一些原因，直接以房屋的所有权人即房主为调解对象更有实际意义。方某受到的财产侵害，理应由直接的侵害人（楼上的承租人）进行赔偿，但经调解，实际是由房东承担责任。之后房东是否向承租人追偿，或者以此损失为由提出违约赔偿或者直接解除合同，是房东与承租人之间的关系。此例中，黄先生虽然要求房东方童辉解除租赁合同，但这涉及方童辉对自己房产的合理使用和处分问题，方童辉有权自行处理，因此调解委员会未支持黄先生的这一要求。但是，这里存在一个度的考量问题，即如果能够确认房屋所有权人对房屋所有权的处分和使用权的行使已经或者必然严重危害到其他邻居的人身和财产安全时，则可以不必囿于对房屋所有权人自身权益的保护。

【示例2】

【基本案情】

小张大学毕业后在某市工作，2009年因结婚从某单位职工王某手中购买一套二手房，并办理了过户手续。该房位于某单位职工宿舍楼三楼最西侧，该楼紧邻该单位办公楼东侧，办公楼的东侧外墙离小张家卧室窗户的直线距离不足3米。今年，该单位为了办公的便利，在办公楼东侧外墙修建了金属楼梯，该楼梯三楼拐弯处的平台与小张家卧室窗户持平，且直线距离只有1米多，小张认为该楼梯在使用时会产生较大的噪声影响其正常生活，其住房的安全性明显降低，而且其生活隐私容易泄露，要求该单位拆除该金属楼梯。该单位认为其对办公楼享有所有权，为了使用的便利在办公楼上增添附属设施是其固有权利，他人不得干涉。小张见对方单位振振有辞，不予解决自己的问题，没有办法，只好找到街道调解委员会调解。

【操作指引】

街道调解委员会对此纠纷十分重视，由调解委员会主任老谢亲自出马，带了两名调解员一起调解该纠纷。他们首先详细了解了该纠纷的情况，并到实地进行了查看，特别是到小张家中体验了该楼梯对小张造成的不良影响。然后他们分析了该纠纷情形和小张的诉求。小张购房在先，该单位建楼梯在后，该单位的行为使小张的生活质量、便利和安全受到严重影响。小张的诉请是合理合法的，其担心的损害后果也完全可能发生。小张要求对方单位停止侵害、排除妨碍也是合理合法的。于是，他们找到该单位负责人做工作，明确告知该单位负责人，你单位在办公楼外建楼梯表面上看你们在行使自己的权利，他人不得干涉，但从实际看，你们的行为已经侵害了小张的权利。根据法律规定，是侵权行为，应当承担停止侵害、排除妨碍、赔偿损失等民事责任。该单位负责人一方面辩解说，单位工作人员增多，原来通行的楼梯不够用才加建了该楼梯，同时认为调解员们夸大了小张家的损害。调解员们见该单位负责人不相信，于是带着该单位负责人到了小张家。此时正值吃午饭和午休时间。该单位职工在楼梯上上下下，动静很大，影响了小张家的安宁；同时上下的人员还不时往小张家张望，也给小张带来很大不便，侵害了其隐私权；他们打开窗户，与楼梯平台很近，很容易从楼梯平台翻入小张家，存在安全隐患。看了这些，该单位负责人没再说话。调解员们进一步引导负责人换位思考，如果自己住在这样的房子里会安全么？该单位负责人陷入沉思。调解员们开始做小张的工作：刚才我们查看，你说的危害是存在的，诉求也是合理合法的。但要求该单位拆除楼梯存在相当的难度，毕竟他们也有困难。如果他们一直拖着不拆，你的问题也无法解决。你看看能不能在保护你权利不受侵害、维护你生活的便利和安全的前提下，允许该单位保留楼梯，但要限制他们在一定范围内合理使用。这样更有利于纠纷的彻底解决，对双方都有利。小张思考一下说，如果真能保证其住房安全，生活便利，可以接受调解员的建议。经过进一步耐心说服，最后小张和该单位达成了调解协议：（1）该单位楼梯保留，但只能在白天上班时间使用，晚上和休息日予以关闭、不得使用；（2）该单位出资给小张家安装防盗窗、网及遮光窗帘；（3）该单位采取措施保证人员无法从楼梯翻越至小张家窗户；（4）该单位承诺，如果因楼梯给小张造成了进一步的损害，由该单位承担赔偿责任。

至此，该纠纷得以圆满解决，双方利益都得到了维护。

【分析指引】

这是一起新型的相邻关系纠纷，类似纠纷在现实生活中还是比较常见的。本纠纷的起因是，该单位在其办公楼外加装金属楼梯，这是其行使所有权中的使用权，表面上看是合理的，他人不得干涉；但其行为给小张造成了多种损害，使其生活安宁、便利及安全都受到影响，小张要求拆除楼梯，恢复其生活安宁与安全，也是合理的。在本纠纷调解中，调解员在了解纠纷实情后，依法指出该单位存在的问题，并带其负责人实地体验小张遭受的损害，引导其换位思考；同时也考虑到楼梯已建好，拆除势必造成浪费，引导小张在保护自己权益的情况下作出适当让步。调解员在保护小张合法权益和保留楼梯之间找到了双方利益的平衡点，很好地遵循了"公平合理、兼顾双方利益"的调解原则，促使双方达成了调解协议，化解了纠纷。

第五章 物业纠纷调解要点与技巧

近年来，随着我国城镇住房制度改革的不断深化和住房商品化的快速发展，物业管理日益成为与群众生活密切相关的新型服务行业。物业管理企业的产生和发展，对于改善人民群众的生活、工作环境，提高城市管理水平，扩大就业起着积极的作用。但是，在物业管理快速发展的同时，物业纠纷也不断发生，业主满意程度较低，物业纠纷案件在全国法院审理范围内都呈逐年上升的趋势，成为影响居民的正常生活秩序和社会和谐稳定的重要因素之一。

所谓物业纠纷，广义上是指在物业管理服务过程中，当事人之间因物业管理服务权益而产生的争议；狭义上仅指在物业管理服务过程中，物业管理服务合同当事人之间因物业管理服务权益而产生的争议。物业纠纷的多发，一方面是由于物业管理行业发展仍不成熟，物业管理企业的服务理念及水平相对滞后，而另一方面随着《物业管理条例》和《物权法》等相关法律法规的颁布实施，业主对在物业管理与服务活动中涉及自身的权益越来越关注，对物业服务水平的要求也越来越高。这些因素导致物业管理企业与业主之间的矛盾不断加剧，特别是物业管理中业主（物业使用人）、房地产开发企业、物业管理（服务）企业之间因为经济利益、物业产权归属、物业服务质量等原因产生的矛盾纠纷不断增长，成为当今社会不和谐的一个重要因素；此外，物业纠纷涉及人多、面广、积怨深、易激化、易上访、易突发恶性群体性事件，影响居民的正常生活秩序，是社会和谐稳定的重大隐患。

因此，为了化解物业纠纷，建设和谐社区，满足人民群众对于新型物业服务的需求，为居民提供一个安居乐业的环境，保持社会的和谐稳定，实务部门开始探索各种解决物业纠纷的机制。有的尝试由人民调解参与解决物业纠纷，有的采用行政调解，也有的采用司法调解和裁决等，不少地方甚至开始尝试将上述三种调解衔接起来，形成物业纠纷的"大调解"解决格局。这里主要介绍人民调解化解物业纠纷的有关问题。

根据相关法律法规和政策，人民调解组织可以受理和调解以下物业管理纠纷。

（1）业主、业主委员会、物业服务企业或其他管理人之间因维修资金使用，房屋及其附属设施设备维修、养护、管理和相关区域环境卫生与公共秩序维护中的纠纷，以及在（前期）物业服务合同履行过程中产生的纠纷；（2）业主大会的设立、业主委员会选举及其依法授权履职中发生的业主之间、业主与业主委员会之间的纠纷，业主自行管理中发生的业主与业主、业主与业主委员会之间的纠纷；（3）因业主及使用人违反所在建筑区划（临时）管理规约中有关房屋租赁、违法建设和装修等方面的约定引发的纠纷；（4）物业管理活动中相关主体所发生的其他在物业使用、管理、服务方面的纠纷；（5）其他适合人民调解组织调解的物业管理纠纷。

在实践中，我们常常将物业纠纷分为以下三种类型或种类：

第一类，基于物业管理合同的纠纷。依据业主和开发商签订的或者由业主委员会与专门的物业管理公司签订的有关物业管理合同，双方确立一系列权利义务。

如果物业管理公司不履行应承担的义务，致使业主享受不到缴费后的服务，都可能引起纠纷。物业合同纠纷具体可以表现为：物业服务合同效力纠纷、物业服务单位资质纠纷、业主义务履行（欠费）纠纷、物业义务履行（服务）纠纷、物业公司擅自超范围超标准收费纠纷、业主违章建筑和违法施工纠纷等。由于我国目前物业管理市场体制发展不成熟，主要是物业公司管理服务不到位，或业主合同意识不强导致物业合同纠纷发生，严重时甚至会引发各种群体事件。

第二类，物业管理公司侵犯业主权益纠纷。第一种类型中，物业公司也侵犯了业主的合法权益，但因为基于物业管理合同发生，所以往往是消极侵权。第二种类型特指物业管理公司的积极侵权行为引起的纠纷。例如阻挠业主委员会成立纠纷（较少见）、侵占业主共用建筑物取得利益纠纷（包括物业公司利用住宅建筑物共用部位进行出租收益、收取停车费拒绝向业主委员会交付等）、公共设施维护纠纷、物业公司擅自切断水电纠纷等。这类纠纷一般与物业管理服务合同的履行没有直接关系，属于一般侵权纠纷。此外，还有因保安义务履行不周导致业主人身财产损害赔偿纠纷、小区环境与住宅建筑安全、质量维护纠纷、拒不腾交物业管理用房纠纷等。

第三类，开发商遗留问题引起的纠纷。业主入住后，还可能出现公摊面积不清、房屋质量不合格或不符合约定、开发商在卖房过程中的许多承诺未能按时兑现等。严格地讲，这类纠纷与物业管理公司没有直接关系，而属于业主与开发商的纠纷，但是因为这些问题往往是在业主入住以后出现，而且物业管理公司对物业的维护管理负有责任，故此类纠纷也被纳入物业管理纠纷中。

第一节　物业服务合同调解要点与技巧

一、物业管理服务合同纠纷的特点

（一）法律关系复杂，有复合交叉的情况

物业服务合同纠纷，包括物业管理企业与业主或业主委员会之间、物业管理企业与物业使用人之间、物业管理企业与房地产开发企业之间、业主与房地产开发企业之间的纠纷，从而使法律关系非常复杂，同时纠纷的类型和成因更是多样化。在实践中，还会出现物业管理法律关系与其他法律关系复合交叉的情况。例如，物业管理法律关系与相邻关系的交叉，如一业主占用共用部位或在共用部位上私搭乱建，该业主的行为不仅侵犯了其他业主对建筑物的共有权，而且还妨害了相邻业主的通行权，同时也违反了业主公约和物业服务合同约定的内容。另外，实践中还会出现物业管理法律关系与行政法律关系之间的交叉。从理论上看，作为市场经济的产物，物业管理的性质是平等主体间的民事关系，物业服务合同纠纷是民事纠纷，政府不应予以过多的干预。但是物业管理是城市管理的重要组成部分，必须发挥国家行政机关在建立物业管理市场机制方面的作用，从而形成了物业管理行政法律关系。在物业管理民事纠纷的解决中，一些行政管理的内容往往会介入其中。如何理清并协调其间的关系，成为调解此类纠纷应该注意的问题。

（二）纠纷具有群体性，影响较大

由于一个物业服务区域只有一个物业服务企业，发生物业合同纠纷时往往涉及一栋楼的业主，甚至整个小区的业主。加之城市小区居住人口密集，纠纷一旦发生，涉及的人数少则十几人，多则几十人甚至上百人。利益的共同性往往使业主联合起来，因而规模往往很大，影响也很大，容易形成群体性纠纷。从物业公司角度看，遇到的问题往往具有同一性质，比如物业费的收缴、公共设施的维修，以及供水、用电或采暖等公共性服务方面的问题。由于涉及群众日常生活，如果处理不当极易激化矛盾。有时业主一方自恃人多势众，有可能酿成群体事件，甚至给当地政府施加压力。这类群体性纠纷往往社会影响大，当事人对峙程度深，矛盾难以协调。在处理此类纠纷时，需做大量的调查和说服工作，因此这类纠纷调解难度也较大。

（三）物业服务收费案件所占比例较大

在物业服务合同纠纷中，物业服务费纠纷所占比例较大。据央视的一项调查表明，超过七成的业主对物业管理不太满意，甚至是很不满意。而业主不满意的结果，往往采用消极方式——不缴物业费来抵制。搜狐调查显示，56.63%的业主选择这种方式。这是物业纠纷频发的主要原因之一。近年由物业服务企业作为原告向法院提起诉讼的案件，案由也大多为业主拖欠物业管理费，而业主拒缴物业费的理由也常常是因为物业服务企业所提供的服务不符合业主的要求，没有尽到合同义务，认为物业公司违约。有一些业主不缴纳物业费的原因是由于开发商遗留的房屋质量问题，即便物业公司向其明示了责任主体，这些业主也不采取合法的维权行为而认为开发商和物业是一家，仍以不缴纳物业费来对抗。还有一些业主为图自己方便而占用消防通道、破坏绿地、堵塞道路。虽然物业公司的管理也存在一定瑕疵，但其他业主出于不愿得罪人的考虑不主动行使权利，如提起相邻关系诉讼，而是归责于物业，拒缴物业费。此外，从法理上讲，物业公司对非物业造成的业主财产和人身损失是不负责任的，而许多业主并不知道，仍然认为物业公司应该负有责任。如丢失自行车、电动车及家中被盗等情况发生后，认为物业公司在安保工作上不到位，继而拒绝缴纳物业费。由于上述问题的存在，业主常常会采取以不履行物业合同义务的方式对抗物业公司，使得物业服务收费案件在物业管理服务合同纠纷中所占比例较大。

二、人民调解化解物业服务合同纠纷的优势

发生物业管理服务合同纠纷，司法实践中通过诉讼方式解决业主往往不占优势，胜诉的较少。因为相对于业主个人来讲，物业服务企业作为一个企业还是属于强势主体，其一般都有相对较为固定的专业律师来负责企业的法律业务。因此，无论是在法律知识和证据收集上，还是在诉讼经验方面，甚至是在合同中对责任的规避等方面都比业主更有优势，业主在诉讼中败多胜少的现象也并不奇怪。此外，某些物业公司遇到物业纠纷对管理工作不思改变，在收取不到物业费时不是及时反省自身，而是利用诉讼，利用业主不善保存证据等诉讼技巧达到收取物业费的目的，将矛盾转化到法院，将本可以协商解决的民事纠纷主要通过法院司法处理。不仅使业主与物业公司更加对立，在一定程度上浪费了目前本就紧缺的司法资源。而且个别物业公司甚至恶意让政府背黑锅，加剧了社会矛盾的隐患。同时，由于物业管理合同纠纷数量激增，就我国目前法院的现实情况来看，司法资源明显不足，无法承担超额的工作负荷。因此，人民调解成为化解物业服务合同纠纷的有效手段之一。人民调解解决物业服务合同纠纷具有以下优势：

（一）人民调解的方式具有及时性和主动性，有利于物业纠纷及时解决，防止矛盾纠纷的激化和升级

物业服务合同纠纷很多都是在日常生活中出现的小事，而那些引起群体性事件的纠纷往往都是因为平时的些许矛盾得不到很好地解决，又没有一个顺畅的渠道来反映、处理，导致这些矛盾、纠纷越积越深，最终导致了颇具影响力的群体性事件的发生。例如，业主对物业服务公司所提供的物业服务质量不满，在向物业公司进行交涉时，或得不到应有的响应，或物业公司对业主所反映的问题的处理阳奉阴违，或物业公司的服务人员态度蛮横，对业主正当的要求不理不睬。而业主在对自己所反映的问题依旧得不到解决时，便会采取诸如拒交物业服务费的方式来表达对物业服务公司的愤慨，物业服务公司对业主拒交物业服务费行为的回应是擅自切断业主家中的水、电供应，想以此来迫使业主认输。此时，人民调解主动介入，通过调解，可以在最短的时间内化解双方的矛盾，而又能尽快满足业主们用水、用电的基本生活需求，却不必走漫长的司法程序。这样既解决了矛盾纠纷，又不影响业主的正常生活。

（二）人民调解具有快捷和经济的特点

首先，就我国调解组织的设置情况来看，调解机构星罗棋布，在社区、乡镇、村等地方就有调解组织。其次，调解组织受理纠纷和进行调解没有严格的程序上的规定，调解组织和调解人员进行调解不受地点的限制，随时随地都可以进行调解。发生了物业纠纷，在调解委员会的主持下，能够就近、及时地化解物业纠纷，以最短的时间完成对物业纠纷的处理，降低了物业纠纷解决的成本，减轻了人民群众和国家财政的负担，同时也节约了司法资源。

（三）人民调解能实现情与法的融合，具有人性化特征，有利于修复纠纷当事人之间的和睦关系

合法不合情，合情不合法，这是行政和司法实践中经常遇到的情况，也给行政官员和司法人员的工作带来很大的困惑，依法处理难以彻底解决纠纷，不依法更不行，况且目前很多物业纠纷的解决可能无法可依。人民调解的性质可以使物业纠纷的解决避免这方面的困惑，可以将法与情融合在调解过程中，实现法与情的统一，使法的实施更易于被广大人民群众所接受。用人民调解的方式解决物业纠纷，不像诉讼那样冷冰冰的，人民调解具有人性化的特点。人民调解调处物业纠纷追求的是双方合意的相近，而不是"零和博弈"的局面。因此，人民调解显得温和得多，平缓得多，会使双方当事人心理负担减轻许多，不会形成精神上的某些压力。因为人民调解的过程是协商的过程，调解达成的协议也是双方情愿的，其调处的结果相对而言也比较符合当事人所面临的实际情况。所以，自始至终都不伤和气，有利于修复当事人之间的关系，进而达到维护团结和稳定的目的。

三、物业管理服务合同纠纷的调解原则

（一）重合同守信用原则

调解物业管理合同纠纷以尊重物业管理合同约定为原则，即重合同守信用。对业主委员会与物业公司订立的物业管理服务合同，应将其纳入《合同法》的调整范畴内进行调处。尽量维护其法律效力并按约履行，除法律、行政法规规定无效的情形之外，不轻易以合同无效或合同解除为方向进行调解。此外，应通过法制宣传教育使双方认识到，业主委员会与物业公司之间地位平

等，签订的协议应等价有偿，应当充分尊重意思自治、合同自由。对物业管理合同中的约定条款，只要物业公司按约提供服务，收费符合"合理、公开、质价相符"等原则，双方应按约定履行。任何一方随意违约都是缺乏法律依据的，按约定履行合同义务才更有利于双方互利共赢。

（二）公平原则

如有违法或明显不当的合同内容应予调整。尊重合同约定、维护合同严肃性的前提是合同内容本身合法，且并非显失公平。如果物业管理合同中有违反法律、行政法规强制性规定的内容，则属于无效的内容，应当督促合同当事人予以撤销或修正。如果有些条款虽然没有违反法律法规的禁止性规定，但约定的内容显失公平的，或者在订立合同时一方有欺瞒行为而影响了另一方订约时所作决策的，则也应当督促显失公平的受益方做出一定调整。物业管理合同双方虽然法律地位平等，但经济地位并不平等。无论从专业上、信息上、实力上，业主大多处于弱势。调解时要考虑这一情况，真正做到公平合理。

（三）双赢原则

对双方都有违约或者都有过错的情况既要分清责任，必要时也要彼此让步。一般而言，在合同履行发生矛盾时，双方当事人往往会彼此互不相让，均以对方先行违约为由而拒绝履行自己应当履行的义务，从而造成"僵局"。对此，调解首先应分清责任，明确哪一方违约在先，哪一方过错在先，督促其尽快改正错误，及时弥补。其次，从维护长期稳定的合作关系出发，对并非先违约或过错较小的一方，也要劝说其权衡利弊，从长期利益的角度考虑，必要时作适当让步，使合同能顺利履行，达到双赢。

由于不满物业管理质量业主拒缴物业费，反过来，收不到物业费的物业公司无法正常运转只好减少员工、降低服务质量或干脆撤离。降低服务质量又进一步加剧了双方的矛盾，双方的利益都得不到保障，这样的案例屡见不鲜。总之，在分清责任的前提下，促使双方彼此让步达成和解，应是调处这类纠纷的重要原则。

四、物业管理服务合同纠纷的调解要点

（一）物业服务企业要提高服务意识

随着经济的快速发展，人们生活水平的提高，人们对物业管理专业服务的

需求量迅速增加，从而对服务质量的要求也在相应提高。但由于我国物业管理企业起步较迟，缺少经验，再加上大部分企业的专业水准和员工综合素质不是很高，因而难以提供高质量的物业管理服务，这种供求方面的矛盾是导致物业管理合同纠纷的主要原因之一。因而在调解中要强调物业服务企业提高服务意识，如果物业管理企业缺乏市场经济条件下应有的平等主体意识和服务意识，纠纷就在所难免。首先，物业服务企业应该清楚，业主是物业管理权的法定享有者，物业管理企业并不当然具有物业管理的权利，二者之间是平等主体间的被服务和服务的民事法律关系。只有端正了对物业管理法律关系的认识，才能从根本上提高物业管理企业的总体服务质量和水平。

（二）明确服务标准，提高服务质量，实行服务标准和收费标准明示制度

物业服务公司要将收费规定和服务标准等通过各种形式告知各位业主，接受业主监督和评判。物业管理服务水平低是造成物业服务合同纠纷的重要原因。物业公司只注重收费，不注重人文管理，物业管理的服务特征被淡化，加之部分物业从业人员服务态度不好，致使物业企业与业主矛盾加深。物业收费项目及收费价格不合理，财务收支不透明，综合服务质次价高，甚至侵吞属于业主所有的公共收益，如小区公共通道划为停车场所得收益、地下室及其他已经公摊给业主用房的出租收益等，都会导致业主对物业公司的服务不满，对物业公司所为不信任。因此，物业服务企业要加强自身管理，提高服务水平，发生问题及时与业主或业主委员会沟通，以增进了解，消除误会，减少纠纷，增加信任度。

（三）业主也要具备合同意识和法治观念

依法成立的合同对双方都具有约束力，受到法律的保护。对业主委员会与物业公司订立的物业管理服务合同，双方都要维护其法律效力并按约履行，即要重合同守信用。然而，一些业主缺乏基本的法律常识，特别缺乏合同知识；也有的纠纷当事人法制观念淡薄，合同意识淡漠，尽管订了业主公约、物业服务合同，但之后并不认真履行。部分业主长期以来的生活消费中没有形成支付物业管理费的习惯，付费买服务的意识不强，往往以各种借口拒绝支付物业费。

还有一种常见的情况是，有些业主在维权过程中，法律关系不明确，法律责任不清楚，进而引发维权混乱，把原本不属于物业管理范围的法律关系硬牵扯到物业管理企业身上而引发纠纷。如有的业主不交纳物业费的原因是由于开发商遗留的房屋质量问题。在房屋保修期内，业主没有积极主动地行使自己的权利，而是要求物业公司为其服务。即便物业公司向其明示了服务主体，这些业主也不采取合法的维权行为而仍以不缴纳物业费来对抗物业公司。还有一些业主为图自己方便而占用消防通道、破坏绿地、堵塞道路，虽然物业公司也存在一定瑕疵，但其他业主出于不愿得罪人的考虑不主动行使权利，如提起相邻关系诉讼，而是归责于物业，拒缴物业费。

此外，现有物业公司大多数在与业主委员会签订物业合同时明确对非物业造成的业主的财产和人身损失不负责任，而许多业主并不知道，或者知道而想当然地从自身利益角度出发错误理解，仍然认为物业公司应该负有责任。如小区治安引发的问题，如丢失自行车、电动车及家中被盗等情况发生后，由于物业公司在安保工作上的不到位，及事后处理不当，或者漠不关心的态度引发业主不满，继而拒绝缴纳物业费。

由于上述问题的存在，业主常常会采取以不履行物业合同义务的方式对抗物业公司，进而导致物业服务合同纠纷不断增多，物业公司与业主的矛盾进一步激化。调解中要找到问题的症结，说服教育为主也要具备合同意识和法治观念。

（四）完善物业服务合同是减少和避免此类纠纷的关键

由于物业管理缺乏相应的行业管理服务标准，物业服务合同常常对物业管理企业的义务约定较为概括，甚至存在服务合同约定不明，或对服务内容、服务质量标准、收费项目及收费标准等有关事项没有约定的情况。

由于业主与物业管理企业在对物业管理本身的认识上存在较大差距，业主常常会认为既然已经缴纳了物业服务费，那么一旦居住过程中出现任何问题，物业管理企业都应当管，否则就不交付费用。这种物业服务合同本身存在的缺陷，也是导致物业服务合同纠纷的根本原因之一。因此，要减少物业服务合同纠纷，就必须建立一套较为完善的物业服务合同制度，完善物业服务合同的内容。如在物业服务合同中不能笼统约定"物业服务企业协助做好维护治安秩序和安全防范工作"。应尽量详细地在合同中约定物业服务公司的义务，细化物业服务企业的工作任务。合同中过于笼统的规定，当纠纷发生时，业主很难确定物业服务企业的具体义务，只能推定物业服务企业具有安全保障义务。而这个义务是有限的，很显然对业主不利。

调解中完善物业服务合同内容的具体做法，可以建议双方在合同中约定：对于治安秩序的维护，物业服务企业应当实行 24 小时值班、安装监控设备、保安夜晚巡逻；对于安全事故的防范，物业服务企业应当经常查看小区设施状况，在事故发生时及时向有关部门报告等。将物业服务企业的工作任务细化，那么业主就能够很清楚地了解物业服务企业的义务是什么，物业公司是否应当承担责任，就要看物业服务企业是否违反了合同中规定的义务。如果违反，物业公司就应当承担责任，这样更有利于业主维护自己的利益。

（五）运用恰当的调解技巧和方法

调解物业服务合同纠纷，需要运用恰当的调解技巧和方法。

1. 明理释法，厘清双方当事人争执焦点

在拒缴物业费纠纷中，调解中的焦点问题大多包括三方面，一是物业与业主是否构成物业服务合同；二是业主是否欠费；三是业主欠费据以抗辩的理由是否成立。实践中业主拒交物业费的抗辩理由大多是未参与物业服务合同的签订及不知晓其内容、未召开过业主大会或物业服务公司的服务有瑕疵。在进行调解时，要对双方当事人讲清法律要保护的到底是什么价值，这个价值与其他价值是否冲突，哪个价值更为重要，更需要获得法律的支持和保护。只有这样，才可以使法律规定的实质内容以一定价值观的形式凸现，才能得出合理的、双方可接受的、社会上有效的、符合公平的结果。例如，某物业服务合同纠纷中，因业主无法证明物业公司服务不到位、管理有瑕疵，导致其欠缴物业费的抗辩理由不成立，调解员在调解过程中采取了保护物业公司合法经营权的调解观点，最后达成调解协议，业主缴纳了欠缴的物业费用。

2. 趋利避害，帮助双方当事人理清思路

近年来城市化进程突飞猛进，房屋商品化进程逐步加快，随着人们对居住条件和生活环境的要求越来越高，也更加需要专业化的团队进行管理，以满足人们日益增长的物质文化生活的需求。而物业服务企业与业主之间是鱼和水、唇和齿之间的关系，是相互依存、共同获益的关系，任何一方离开了另一方都难以生存。从长期利益的角度考虑，纠纷双方要权衡利弊，必要时做适当让步，达到互利双赢。

3. 学会倾听，营造轻松的调解环境

调解比诉讼具有较为宽松的环境和氛围，对物业服务合同纠纷的调解尤其要为当事人提供畅所欲言的场所。在调解过程中，必须花一些时间倾听当事人的心声，让其倾吐心中的压抑、不满和愤怒。倾听过程中，要适时以真挚的态度帮助当事人分析纠纷，理清纠纷发生的来龙去脉，明了自身的言行举止有哪些不当之处，调整好心态。营造轻松的调解环境一般可以通过背对背分别调解来达到，将双方当事人安排在不同的区域分别征求意见，通常容易知悉当事人真正的想法，从而避免争吵，达到调解目的。

五、典型操作指引

【示例1】

【基本案情】

阳光美洁公司于2007年1月接管了××市××区北环东路24号楼的物业管理服务工作。王×系北环东路小区24号楼4单元302号的业主。2007年3月23日，阳光美洁公司与王×签订物业管理服务合同，约定物业服务费用为每月每平方米0.40元。物业服务费用主要用于以下开支：管理服务人员的工资、社会保险和按规定提取的服务费等，物业共用部位、共用设施设备的日常运行、小修费用（不包含公共照明电费），卫生清扫费用，绿化养护费用，秩序维护费用，办公费用，固定资产折旧，法定税费，物业管理企业的利润。合同约定王×应于每年的12月25日前缴纳下一年度的物业服务费等相关费用，如王×不按约定时间缴费，应按所拖欠物业服务费双倍的标准向阳光美洁公司支付违约金。但是，自2009年1月1日起，王×一直拒交物业费，理由是物业公司管理服务不到位，警卫人员长期打牌，对临近业主造成生活干扰，警卫平时有喝酒现象，小区没有绿化，物业合同约定的收费中没有垃圾清运费和化粪池清淘费。截至2013年12月31日，王×共欠物业服务费和相关费用共2550元。阳光美洁公司要求王×给付2009年1月1日至2013年12月31日的物业服务费2550元，并支付违约金2550元，否则将向法院起诉。

社区调委会工作人员经过调查，确认双方存在物业服务费纠纷，且是自愿申请调解，可以受理。

【调解过程】

调解员可采用面对面或背对背的方式与双方进行调解。

调解员：阳光美洁公司与你签订的物业服务合同系双方的真实意思表示，且不违反有关法律、法规的规定，应为合法有效，双方均应依约履行。

王×：阳光美洁公司在物业服务过程中，警卫人员长期打牌，对临近业主的生活造成干扰，警卫平时还有喝酒现象，物业服务存在很多问题，多次反映也得不到解决。

阳光美洁公司：不清楚警卫玩牌、喝酒情况，以后会严加管理。

调解员：阳光美洁公司的服务可能存在一定的瑕疵，但物业公司依约为业主提供了物业服务，你应依约及时缴纳物业服务费，否则物业公司无法运转，也会影响你和其他业主的日常生活。

王×：这个道理我明白。但我居住的小区没有绿地，不应收取相应的物业费。

阳光美洁公司：绿化方面在楼北侧有绿地草坪砖，可以去现场查看。

王×：物业合同已经约定了收费标准，阳光美洁公司额外收取垃圾清运费和化粪池清淘费没有道理。

阳光美洁公司：垃圾清运费是依据1999年"××市物价局、××市财政局关于调整委托清运垃圾托运费及垃圾消纳场管理费收费标准的通知"新增加的；化粪池清淘费虽然未在合同中约定，但业主实际享受了该项服务。

调解员：收费项目发生变化要及时通知业主，与业主沟通。而且公司在进行物业服务过程中，应虚心接受业主提出的合理化建议，针对工作中的不足之处应及时改进，提高服务质量。

在调解员的批评劝导下，依照相关法律规定，双方达成和解协议。王×给付阳光美洁物业管理公司2009年1月1日至2012年12月31日的物业服务费共计1786元。基于阳光美洁公司的服务有需改进的问题，王×暂不给付2013年的物业费，视物业公司改进服务情况，到年底再缴纳。因垃圾清运费及化粪池清淘费没有合同及法律依据，故不用给付。双方还就服务费标准重新进行了约定。

【分析指引】

公民、法人的合法权益受法律保护。和谐社区、良好的小区环境需要物业管理企业和业主共同建立、治理和维护。作为提供物业管理服务的物业公司，应当按照诚实信用的原则，严格按照约定及有关规定履行自己的物业管理服务义务，提高物业管理服务水平。作为接受物业管理服务的业主，应当协助物业公司进行管理，并通过每个业主自身的行动，与物业管理公司共同努力，建设和谐的小区环境和氛围。

本案中，阳光美洁公司与王×签订了物业管理委托协议，阳光美洁公司也实际为王×居住的小区提供了物业管理服务，王×与阳光美洁公司之间已经形成物业管理服务合同关系，王×应依约缴纳物业费。但阳光美洁公司提供的物业服务确实存在需要改进的问题，故在调解员主持下达成前述调解协议。

物业服务合同不同于普通民事合同，物业服务合同纠纷中业主往往是弱势一方，且涉案小区大都没有成立业主委员会，单个业主维权艰难，拒缴物业费是他们唯一能采用的维权办法。物业服务合同纠纷可能涉及众多业主，久拖不决甚至会酿成群体事件，有的还会将地方政府拖入纠纷之中。故物业服务合同纠纷不能简单对待，必须要双方心服口服才行。同时物业公司也大都存在服务不到位、服务质量不高的问题，故对物业公司也要提出批评，给出改进建议。

【示例2】

【基本案情】

梅先生去年在华海东区购买了一套105平方米的住房，去年10月，开发商通知梅先生收房。办理了相关手续后，梅先生领到了新房钥匙。在小区物业公司的工作人员带领下，梅先生对新房进行验收。但在验收过程中，梅先生发现了好几处质量问题，物业公司工作人员将其一一记录在册。于是，梅先生退回了钥匙，要求等质量问题解决了再收房。

去年12月底，物业公司以挂号信的方式通知梅先生，房屋质量问题已处理好，可以收房了。今年1月，梅先生再次前往收房。经过验房确认质量问题已基本得到解决。于是梅先生收下了新房钥匙，但是物业公司要求梅先生缴齐去年10月至今年1月份的物业管理费。梅先生认为应该从自己验收房子合格之日起才能收物业管理费，因此与物业公司一直纠缠不休。最后社区调解委员会介入调解。

【操作指引】

社区调解委员会聘请一名律师主持调解。律师依据法律做双方的说服工作。梅先生第一次交房验收时因质量有问题退回了钥匙，应视为商品房不符合交付条件，开发商未向其交房。经整改，今年1月经验收双方确认商品房符合交付条件，梅先生这才收了新房。此时才视为法律意义上开发商正式向梅先生交付了商品房。根据国务院《物业管理条例》第42条第2款规定，已竣工但尚未出售或者尚未交给物业买受人的物业，物业服务费用由建设单位缴纳。因此，去年10月至今年1月商品房整改期间的物业管理费属商品房尚未交付给业主，期间的物业管理费，物业公司应向开发商收取，而不应由业主承担。

经过律师的释法，物业公司明白收取梅先生10月到12月的物业费没有法律依据，就放弃了对梅先生收取物业费；梅先生则高兴地住进了新房。

【分析指引】

在这起物业纠纷中，调解员采用明理释法，厘清双方当事人争执焦点。通过讲解《物业管理条例》让双方当事人明白法律的规定，明白自己的权利义务边界。这样纠纷就不难化解。物业公司在明确知道向梅先生收取10月至12月的物业费没有法律依据后，就放弃该主张。纠纷就此化解。

第二节　物业公司侵犯业主权益纠纷调解要点与技巧

一、物业公司侵犯业主权益纠纷的特点

（一）物业公司主观上要有过错

在物业管理服务合同纠纷中，物业公司也侵犯了业主的合法权益，但那是基于物业管理服务合同发生的，要承担的是违约责任。本节物业公司侵犯业主权益纠纷特指物业管理公司的侵权行为引起的纠纷，例如阻挠业主委员会成立纠纷（较少见）、侵占业主共用建筑物取得利益纠纷、公共设施维护纠纷、物业公司擅自切断水电纠纷等。此外，还有因保安义务履行不周导致业主人身财产损害赔偿纠纷、小区环境与住宅建筑安全纠纷、拒不腾交物业管理用房纠纷等，认定此类纠纷时首先要看是否符合一般侵权或特殊侵权的构成条件，即物业公司主观上要有过错。

（二）明显的违法性

此类纠纷具有明显的违法性。如《物权法》及物业管理条例中均有规定，物业公司利用业主共有的住宅区内道路、绿地及其他公共场所、公用设施和物业用房进行经营，应由业主大会同意，所得收益在扣除合理成本后应归全体业主所有，由业主大会决定使用。以停车费为例，停车费的收取必须在业主大会成立之后由业主大会决定，所收费用只能存入业主大会指定的专项账户，不能交物业公司。但实践中一些物业公司在收取此类费用后常常侵占，造成业主权益受损。

（三）有时侵权与违约竞合

有些物业公司对住宅小区的管理服务不到位，如物业公司管理人员和保安不能尽职工作，未尽到物业管理服务合同约定的义务，以致发生业主财产和生命健康受到侵（伤）害的事件，此时违约和侵权两类纠纷出现竞合情况。此类纠纷发生后若处理不当，常常导致业主对物业公司工作人员和保安人员信任度下降，陷入恶性循环。

二、物业公司侵犯业主权益纠纷的调解原则

（一）依法调解原则

能否认定物业公司侵犯了业主合法权益，一定要看是否符合法律对于承担侵权责任的规定。理论上讲，一般侵权行为的侵权责任构成包括以下四个要件：一是违法行为。违法行为是指公民或者法人违反法定义务、违反法律禁止性规定而实施的作为或者不作为。二是损害事实。损害事实是指一定的行为致使权利主体权利受到侵犯，并造成财产利益或非财产利益损失的客观事实。这里的损害，包括财产上的损害和人身上的损害。这是构成侵权责任的首要条件，只有当行为人的违法行为造成损害事实，行为人才承担侵权责任。三是因果关系。因果关系是指违法行为与损害事实之间存在的前因后果的联系，只有违法行为与损害事实之间存在这种因果关系，说明损害是由违法行为所引起的，行为人才承担侵权责任。四是主观过错。主观过错是违法行为人对自己的行为及其后果的一种心理状态，分为故意和过失两种。行为人只有在实施违法行为时主观存在过错才承担民事责任。可见侵权纠纷的认定比合同纠纷的认定

要更为严格，必须遵守法律的规定依法进行。

（二）以事实为依据原则

在诉讼中，行为人是否构成侵权责任，必须要由原告进行举证，物业公司在提供服务的过程中是否存在瑕疵或有无侵害业主合法权益的行为，都需要业主一方举证。但由于业主往往不具备相关法律知识，无法及时有效地采取证据保全措施，故此类纠纷如果诉讼的话，业主常常面临举证不能的困境，这也是近年来此类纠纷诉讼业主胜诉率不高的关键因素。理论上讲，调解解决此类纠纷不需要严格的举证，但依然要以事实为依据，业主和物业公司双方都要尊重事实，有理有据。

三、物业公司侵犯业主权益纠纷的调解要点

（一）理顺"主仆关系"

厘清业主和物业公司之间的关系非常重要。"保姆理论"是人们提到物业管理时用的一个比喻。广义的物业管理是业主即财产所有权人对不动产的管理；狭义的物业管理是业主委托物业公司管理不动产中的一部分事务，物业公司的管理是受托管理。换言之，物业公司相当于业主聘请来的"保姆"，是给业主"做家务"的。但现实中，物业公司却一直把自己摆在管理者、主人的位置，从而颠倒了自己与业主之间的关系。

调解中要使物业管理企业清楚与业主之间的关系。简言之，物业管理企业就是小区广大的业主花钱聘请的服务公司，也就是说小区业主与物业管理企业之间是一种"主仆关系"，小区的真正主人是广大业主而非物业管理企业。有些物业管理企业以一种盛气凌人、居高临下的管理者姿态对待小区业主，完全违背了它们的服务宗旨。这种被颠倒了的畸形关系造成了主仆错位，以至于使物业管理企业的工作宗旨与目的发生颠倒，使两者关系剑拔弩张、水火不能相容。试想哪个主人愿意被"保姆"颐指气使呢？

（二）区分物业公司行使管理权的合理界限

物业公司侵犯业主权益纠纷的产生，与物业公司对其行使物业管理权的界限不够清晰有关。有些物业公司对业主违反住宅公约装修的行为有时会采取强行措施，如派人拆下业主安装的门窗等，引起业主强烈不满。调解处理此类纠

纷时，应让物业公司认识到，物业公司依照物业管理合同的内容行使管理权，但对其管理权合理界定为：物业公司是民事主体，不具有采取强制措施的权力，只能通过劝阻、提出整改意见、向房地产行政主管部门及业主委员会报告等方式来行使物业管理权。调解此类纠纷时，如果业主坚持要求物业公司恢复原状，则应向业主指出，物业公司行为虽有不当，但业主安装门窗亦违反业主公约和物业管理合同的约定，是违约行为。从解决问题角度出发，调解中可采取一些"折中"方案，以平衡双方的利益。

此外，实践中还存在物业公司以停水、停电等方式对抗业主欠费行为的做法，这也是一种侵权行为。如某物业公司与业主签订的物业管理公约规定："物业管理单位有权对无故不交各项应交费用的业主和使用人，限期缴纳并按规定收取滞纳金，逾期仍不缴纳的可按业主公约和市政府有关规定催缴，若催缴无效的可采取其他强制性措施，如停水、停电或向法院起诉等。"这里其实涉及一个怎样正确认识合同相对性的问题。所谓合同的相对性，是指合同关系只能发生在特定的合同当事人之间，合同的效力仅及于合同的当事人。合同关系的主体是特定的，主体的特定化是合同关系与物权关系、人身权关系、知识产权关系等的重要区别。所以，合同关系一般只能在特定的当事人之间发生效力。供水供电合同的相对方应当是业主与供水公司和供电公司，而不是物业公司。物业管理公司不属于小区内的供水供电人，其不享有停水停电权。所以，对于业主拖欠物业费的行为，现在有不少物业公司对拖欠者采取停水、停电的做法，尽管这种做法可能实属无奈之举，但却是欠妥的。即使在物业管理合同中双方约定在业主欠费情况下赋予物业管理公司以停水停电权，显然也侵犯了供水供电人的权利。这种条款一般应经第三人即供水供电人同意，否则，即为无效条款。

（三）完善业主委员会对物业管理的审查权

为避免物业公司侵害业主权益，在调解处理物业公司侵犯业主权益纠纷时还可以适时通知业主委员会到场，通过必要的宣传教育促使各方了解重视业主委员会的审查职权。即物业公司实施部分管理措施应履行一定的手续，如住宅物业管理办法的草案应当提交业主委员会审议；住宅共用部位、共用设施设备维修基金的年度预算应当经业主委员会审定后实施，配套工程和重大维修工程项目应当提交业主委员会审定后实施；相关账目应当向业主大会和业主委员会公布；住宅区域物业管理服务费的收费标准应当经业主委员会同意；每年物业公司账目应当向业主委员会提交；物业管理中发生的涉及业主重大利益的事项应当及时向业主委员会通报；等等。只有完善了业主委员会的审查权，物业公司的管理行为才能获得合法授权，实施中的阻力才会减小，因行使物业管理权而引发的纠纷也才会减少。

四、典型案例操作指引

【示例1】

【基本案情】

2009年10月的一天下午，某市一家写字楼大厦发生了一起电梯伤人事故。出事当天，租用该大厦五层作为公司经营用房的李家两兄弟，因进货需要使用电梯。而电梯的楼层显示装置坏了，因而无法判明电梯的位置。两人只好在各楼层寻找，找到大厦的四层时，走在前面的李弟看见电梯门正开着，里面黑洞洞的，一脚迈了进去，不料坠入电梯井中，后经抢救无效死亡。事发后，物业管理企业检查了电梯，发现四层的电梯门锁有"外力破坏"的新鲜痕迹，怀疑是事主急于使用电梯强行推开了电梯门，因用力过猛失去重心从而导致事故发生。而事主方则宣称，他们从2005年上半年开始在此办公，一直没有看到过一份物业管理单位关于电梯使用说明或乘梯注意事项的文件或通知。出事时，他们并不知道电梯停在哪里，否则怎么可能无故去四层强行推开电梯门呢？李家申请调解，要求物业管理企业赔偿。

【操作指引】

社区调解委员会工作人员经过调查，确认双方存在物业侵权纠纷，且是自愿申请调解，可以受理。

调解员可采用面对面或背对背的方式与双方进行调解。

李家：我弟弟坠入电梯井中摔死了，完全是物业的责任，我们要求物业赔偿损失。

物业公司：你家弟弟是成年人，自己不小心掉下去的，我们物业没有责任。

李家：我们因为进货急于需要使用电梯。出事那天，电梯的楼层显示装置坏了，我们无法判明电梯的位置，只好在各楼层寻找，找到大厦的四层时看见电梯门正开着，但里面黑洞洞的，我弟弟才一脚迈了进去不慎坠入电梯井中，你们物业怎么没有责任呢？

　　调解员：物业管理企业作为写字楼的管理者，负有保障电梯等共用设备安全运行的法定义务，你们做到了没有？

　　李家：物业没有及时检查、排除电梯故障，电梯楼层显示装置不能正常显示，才导致我们无法判明电梯所在位置。

　　物业公司：事发后我们检查了电梯，发现四层的电梯门锁有"外力破坏"的新鲜痕迹，怀疑是你们急于使用电梯强行推开了电梯门，因用力过猛失去重心从而导致事故发生的，完全是你们自己的责任。

　　李家：我们从2005年上半年开始在这里办公，一直没有看到过一份物业管理单位关于电梯使用说明或乘梯注意事项的文件或通知。出事时，我们并不知道电梯停在哪里，要不怎么可能无故去四层强行推开电梯门呢？

　　调解员：物业没有在电梯轿厢内和电梯前厅张贴电梯安全使用说明和乘客乘梯的注意事项，没有履行必要的告知义务，是存在明显的过错的。

　　物业公司：难道他们自己就没有责任啦？

　　调解员：物业存在明显过错，应承担主要责任。李家弟弟本身也有一定的过错，作为有民事行为能力的成年人，他应当预见到电梯坏了，继续乘电梯有危险，但却疏忽大意，产生严重后果，应承担次要责任。

　　在调解员的批评劝导下，依照相关法律规定，双方达成调解协议。物业公司承担事故的主要责任，一次性赔偿李家医疗费、误工费、丧葬费等共计人民币×万元，李家答应不再就此事提起诉讼。

　　【分析指引】

　　物业管理企业作为写字楼的管理者，负有保障电梯等共用设备安全运行的法定义务。从案情看，物业管理企业的行为存在严重过错，应承担损害赔偿的民事责任。具体表现在：①物业管理企业没有在电梯轿厢内和电梯前厅张贴电梯安全使用说明和乘客乘梯的注意事项，没有履行必要的告知义务，存在明显的过错。②物业管理企业未能及时检查、排除电梯故障，导致电梯楼层显示装置不能正常显示，乘客无法判明电梯所在位置。因此，物业管理企业存在明显过错，应承担损害赔偿的主要责任。李家弟弟本身也有一定的过错，作为有民事行为能力的成年人，他应当预见到电梯坏了继续乘电梯有危险，但却疏忽大意，应承担次要责任。

【事例2】
【基本案情】

2009 年 3 月，张某与某物业公司签订物业管理公约，合同第 8 条规定："物业管理单位有权对无故不缴各项应缴费用的业主和使用人，限期缴纳并按规定收取滞纳金，逾期仍不缴纳的可按业主公约和市政府有关规定催缴，若催缴无效的可采取其他强制性措施，如停水、停电或向法院起诉等。"张某于 2010 年 7 月开始拒缴物业管理费。2010 年 1 月，物业公司多次催促张某缴付物业管理费，但张某一直拒缴。2011 年 12 月 4 日起至 2012 年 1 月 25 日止，为迫使张某缴清所拖欠的物业管理费，物业公司共切断张某所住房屋水电若干次，共计切断水电天数为 39 天。此后，张某以物业公司侵犯其财产权为由，申请调解，要求物业赔偿停水、停电期间因其房屋无法入住的租金损失。

第三节　开发商遗留问题纠纷调解要点与技巧

一、开发商遗留问题纠纷的特点

（一）追究开发商责任，法律缺位

大部分物业竣工后，开发商不是通过招投标方式选择前期物业服务公司，而是将物业交付给自己的全资子公司或其二级机构，企图再次利用或永久占据物业进行牟利。这样导致了物业公司并非服务于广大业主，而是服务于开发商。物业公司处于强势地位，业主处于弱势地位，于是便会衍生一系列的侵害业主权益的行为。这种指定其关联公司管理物业的做法是否合理？法律并没有给出严格的规定。

操作性不强也是目前相关法律法规存在的缺陷，如小区内配套设施验收管理办法、商品房质量保修实施细则，以及物业管理条例实施细则、收费项目及标准等。正是这些法律规定的不可操作或不易操作，才使开发商、物业公司等钻了法律的漏洞，不去履行义务或者不将权利交还业主。

此外，对开发商和物业服务企业的执法行为也有待完善，如严格执行市场准入制度，对不具备相应资质、丧失诚信的开发商和物业服务企业取消其资质等。事实上，政府主管部门很少对开发商进行行政处罚。由于对开发商违规行为的执法力度较弱，则从另一方面纵容了开发商对业主的侵权。所以，应加大对违规行为的处罚力度，并鼓励业主对开发商和物业服务企业违规行为的举报。

（二）问题多头纷繁复杂

开发遗留问题造成的物业纠纷常常纷繁复杂。主要表现在：规划变更引起居住环境的改变；开发单位未按规划设计要求建设物管配套设施；小区配套设施权属不明，如地下车库、物管用房等，工程完工开发企业撤走后，问题就都甩给了物管公司，从而造成了物管企业与业主的诸多纠纷。如车位问题，由于开发商在设计时没有考虑到停车问题，随着越来越多的业主有自己的私家车，停车问题日益严重。都是小区内的业主，物业公司无法厚此薄彼，而全部纳入又无法做到，无论如何都有业主不满，因此发生冲突。再如监控设施问题，开发商在安装监控设施时偷工减料，不少小区发生盗窃案件后，公安机关在调取监控录像时发现，摄像头为固定制式且分辨率很低，而且没有夜视功能，日落后完全不能分辨人物。无法破案，刑事责任无法追究时，业主必然要追究物业的民事责任。

二、开发商遗留问题纠纷调解的原则

（一）分清责任主体原则

开发商遗留的问题甩给物业公司，物业公司代人受过。为什么会这样呢？原来有一个叫作"建安费"的东西。"建安费"原本是指在建筑施工过程中的建筑和安装的费用，但在这里，却是开发商在明知有遗留问题时支付给物业公司的"收尾"费用。正是收取了这笔"建安费"，加上开发商常常是"大东家"，让物业公司代人受过还有苦说不出。现实中，"建安费"多少不等，多则200万元，少则20万元。因为收了"建安费"，开发商留下来的问题物业公司只能自己想办法了。就是因为收了开发商的"建安费"，物业公司根本不去向开发商追究了，最后利益受损的是广大业主。理论上，开发商应承担起处理、解决开发建设遗留问题的责任。具体做法上，可在前期物业服务合同中明确开发商不解决遗留问题的违约责任。

（二）争取多方支持原则

现实生活中，开发商遗留问题导致产生的物业纠纷的原因也是多种多样的，而且不少纠纷并非是一方原因所造成的。因而在调解此类物业纠纷时想要彻底解决其问题，存在一定的难度。如业主因对动迁不满或业主因生活困难而拒付物业管理费的，仅靠单方力量往往难以解决全部问题。因此，在调解时应多方听取各种意见，积极联系政府相关部门，共同寻找解决问题、化解矛盾的有效途径，使问题得到切实解决。

三、开发商遗留问题纠纷调解的要点

（一）提高开发商的履约意识

近年发生的物业合同纠纷中，近半数以上的案件是因为房地产开发商的遗留问题引发的，主要包括擅自变更小区规划、房屋出现质量问题、配套设施不全、与售房时承诺偏差太大，甚至"霸王合同"等。此类问题在目前的房地产市场上属于通病，也是房地产业高利润的原因之一。因此，要减少和避免此类纠纷，应提高房地产开发商的履约意识，房地产开发商依照约定履行合同，这应该是最基本的合同诚信。

开发商遗留问题导致的物业纠纷还有一种情况是，部分房地产商在没有完全具备合同约定交房条件的情况下，就向业主交房了，如管道漏水、楼道灯损坏等问题。小区交房后出现的类似种种问题使业主的权益受到了侵害，便要求物业公司解决。然而满腹委屈的物业公司却因无力应付这些计划外支出，导致业主对物业公司的服务不满意。有的物业公司无奈选择撤离小区，开发商遗留下了无法解决的房屋质量问题，居民拒缴物业管理费，入不敷出导致物业公司无法正常运行是他们撤离的首因。

为此，调解应从以下几方面做起：一是政府部门的监督，政府相关部门必须履行职责把好验收关，严格对照建设规划和标准对建设工程进行验收。二是业主的监督，开发商违约的直接受害者是业主，因此，业主更应该严格要求开发商依约履行合同。对于开发商的违约行为，可向政府管理部门进行举报或通过协商解决。三是开发商的自律，要让开发商意识到，当前的行业不规范行为获取的仅仅是一时性的利益，企业要想可持续发展靠的则是商业信誉和实力，同时政府部门和行业协会等机构应对开发商进行必要的引导。

（二）及时成立业主大会

前期物业服务企业一般由开发商选聘，而不是由全体业主或业主委员会选聘。而且前期物业公司一般是房地产开发企业的关系企业，多为房地产开发企业成立的下属公司，也就是我们通常所说的"父子关系"的房地产开发企业和物业管理企业。这是导致业主不会去区分物业企业与房地产开发企业是两个独立的民事主体，而认为他们就是一家的主要原因。所以业主往往会以房屋质量问题或房屋规划、绿化率未达承诺为由，拒绝支付物业费而引发纠纷。同时，这种"父子关系"很容易导致开发商对于房屋质量等问题的不重视，发生纠纷时开发商和物业管理公司之间互相"踢皮球"。尤其是在涉及开发商利益时，物业管理企业常对开发商予以袒护，造成业主与物业管理企业矛盾加重。有的小区业主大会、业主委员会迟迟无法成立，前期物业管理时间长达七八年，矛盾越积越深，问题很多。

《物业管理条例》第 24 条规定了房地产开发与物业管理相分离的原则，应通过招投标的方式选聘物业管理企业。但到目前为止，即使实行招投标，由于难以真正建立公平竞争的招投标机制，开发商派生出来的物业管理企业仍处于优势地位，而成为中标者。

解决这种"父子关系"的方法只有一个：及时成立业主大会。当入住小区的业主们符合条件后，也就是说小区内房屋出售并交付使用的建筑面积达到50% 以上，或者首批物业交付满 2 年，并且入住率超过 30% 的，或者首批物业交付满 3 年的，要及时成立业主大会。根据《物业管理条例》第 15 条的规定，业主大会成立后，业主委员会可以通过履行以下职责来维护业主的权益：（1）召集业主大会会议，报告物业管理的实施情况；（2）代表业主与业主大会选聘的物业服务企业签订物业服务合同；（3）及时了解业主、物业使用人的意见和建议，监督和协助物业服务企业履行物业服务合同；（4）监督管理规约的实施。

（三）业主应加强自身素质，理性维权

开发商擅自违约，物业公司先天不足，以及政府相关管理部门的软弱、不作为等因素，再加上业主非理性等原因，结果是业主到政府门前静坐示威、上街堵路、越级上访，甚至流血冲突等事件的发生。因此，除去开发商、物业公司及政府相关管理部门的因素，化解此类纠纷，业主也要加强自身素质，进行

理性维权。

　　一是提高业主公德意识。一些回迁房、农改房业主不适应小区楼宇化管理，私搭乱建占用共有区域、不服从物业管理的现象时有发生。二是树立物业观念。业主要改变观念，树立物业消费意识。三是提高业主法律素质。业主要掌握法律知识，明确责任主体。将开发商的违约行为迁怒于物业公司，或以不缴物业费来对抗开发商或水电等公用企事业单位，是没有法律依据的。四是业主应当认识到，采取静坐、堵路、越级上访等不理性行为，不仅不能解决根本性问题，而且还给广大业主在人力、物力和财力上造成浪费，也给其他民众的生活和社会稳定造成影响，其行为本身也是违法的，最终问题还是要通过正当途径解决。因此，遇到此类纠纷时应冷静处理，可以要求相关政府部门协调，也可以理性地进行协商、调解。

四、典型案例操作指引

【示例1】
【基本案情】

　　2007年3月28日金地格林物业管理有限公司与开发商金地兴业房地产有限公司签订前期物业管理服务协议，签订协议之后金地格林物业公司按前期物业服务协议及业主公约为格林小镇6小区全体业主提供了物业服务。但业主杨×以各种借口拖欠物业费，经多次催缴，杨×至2012年12月仍拒绝缴纳。

　　业主杨×不缴纳物业费原因是：2010年12月初，他家露台漏水，致使水流至楼下，他家主卧与客卫中间外墙处及主卧门口木地板等装修开裂。杨×要求物业对露台做试水试验，但被拒绝。杨家的客厅供暖至今不达标，物业在2012年12月才派人维修，但至今未修复。这些事情杨×多次找物业公司反映，物业公司也答应给解决，但是一直没有给解决好。杨×说如果物业公司将这些问题解决，他是不会拖欠物业费的。

　　金地格林物业公司认为，杨×所述的问题有的系房屋质量问题，应当由开发商和施工单位予以解决，供暖问题也与物业公司无直接的联系。杨×拖欠物业费的行为严重影响了公司的物业管理活动，故申请人民调解，要求杨×支付欠缴的物业费及滞纳金。

【操作指引】

调解委员会工作人员经过调查，确认双方存在开发商遗留问题物业纠纷，且是自愿申请调解，可以受理。

物业公司：我公司与开发商签订了前期物业管理服务协议，签订合同之后我们按前期物业管理服务协议及业主公约为格林小镇6小区全体业主提供了物业服务。但业主杨×以各种借口拖欠物业费，经多次催缴至2012年12月仍拒绝缴纳。我们要求杨×支付欠缴的物业费及滞纳金。

业主杨×：我不缴纳物业费是有原因的，2010年12月初，我家露台漏水，致使水流至楼下，我家主卧与客卫中间外墙处及主卧门口木地板等装修开裂，我要求物业公司对露台做个试水试验，但被拒绝了。

物业公司：你讲的问题是房屋质量问题，应当由开发商和施工单位予以解决，确实与物业公司无关。

业主杨×：你们是开发商聘请的物业公司，本来就是一家。开发商都已经撤走了，叫我上哪儿找去？我就找物业解决。

调解员：开发商和物业确实是两个不同的主体。房屋质量问题应归施工单位。屋顶漏雨的问题可能是由于建筑施工企业的施工质量问题造成的，也可能是由于在使用中遭到破坏而造成的，要查明责任。

业主杨×：还有，我家的客厅供暖至今不达标，物业在2012年12月才派人维修，但至今未修复。

物业公司：供暖问题也与物业公司没有直接的联系。

调解员：供暖问题不归物业公司管。物业公司只是提供物业服务，这个合同里都有，人家物业提供了服务，咱就应该缴费啊。

业主杨×：这些事情我多次找物业公司反映，物业公司也答应给解决，但是一直没有解决好。如果说物业公司将这些问题给解决了，我是不会拖欠物业费的。

调解员：物业公司，你们的服务有没有问题呢，服务态度怎样，有没有帮着反映、联系，协助解决？

物业公司：对于业主反应的问题，我们会积极协调相关单位进行解决，对于我们物业公司自身的问题也会积极改进。但杨×拖欠物业费的行为严重影响了公司的物业管理活动，也会影响到其他业主的利益。

调解员：露台漏水是由于建筑施工企业的施工质量不合格造成的，因其尚在 5 年保修期内，所以应由建设单位承担保修责任。物业管理公司虽然不须为此承担责任，但应积极协助业主联系建设单位及时解决问题。物业公司和业主是合同关系，物业提供了服务，业主也应该遵守合同缴纳物业费，但滞纳金没有法律依据。

在调解员的批评劝导下，依照相关法律规定，双方达成调解协议。业主杨×支付欠缴的物业费，物业公司积极协助业主联系建设单位解决漏水问题。滞纳金没有法律依据，业主杨×不用支付。

【分析指引】

调解本案关键要弄清三点：

第一，屋顶漏雨的问题可能是由于建筑施工企业的施工质量问题造成的，也可能是由于在使用中遭到破坏而造成的。为了查明责任，必须进行技术鉴定。

第二，如果是由于建筑施工企业的施工质量不合格而造成的，因其尚在 5 年保修期内，所以应由建设单位承担保修责任，物业管理公司不须为此承担责任，但应积极协助业主联系建设单位及时解决问题。

第三，如果是物业管理公司在房屋维修养护管理工作中失职所造成的问题，物业管理公司应该承担责任，负责修复并赔偿损失。

【示例2】

【基本案情】

顾铭先生在桂园小区 5 号楼买了一套住房，去年年底交房，因为顾先生长期在外做生意，所以特意写了封信给开发商，说等自己今年 5 月份回来时再收房。今年 4 月，顾先生的儿子先回来，到新房去看了一下，发现房子被别人住着。经询问，住户称，物业公司以每月 3000 元出租该房屋，他们已经租了 4 个月了。

顾铭先生得知这个消息后，立即与物业公司联系，要求物业公司马上把租户清出去，并赔偿损失。而物业公司却说，虽然房子是顾铭先生买的，但在没有验房入住之前，只能视为准业主，房屋的产权仍属于开发商，物业公司在征得开发商同意的情况下，有权将房子出租。物业公司认为，出租并未给新房带来损害，所以也谈不上赔偿一事。双方各执一词。顾铭先生请求街道物业纠纷调解委员会予以调解，街道物业纠纷调解委员会派了一名志愿律师主持调解。

【操作指引】

律师对双方进行释法分析，让双方明白自己的权利义务边界在何处。

首先，顾铭先生在购买该套商品房时与开发商签订了商品房买卖合同，该合同一经房地产管理机关登记备案，顾铭先生就是该套商品房的期待所有权人（一经交付即是所有权人），开发商就无权将该房再出售给第三人。根据合同随附义务，在商品房完工符合交付条件至交付业主之前，开发商对该套商品房负有保管义务，但不具有使用（包括出租）权利。

其次，开发商的交房通知进一步肯定了顾铭先生的产权人身份，顾铭先生回信同意交房但要求延期交房，可以认定买卖双方已确认所要交付的商品房已经归顾铭先生所有，只是由于顾铭先生的原因而暂时由开发商保管。延迟交房期间，开发商可以适当向顾铭先生收取保管费。

顾铭先生虽未入住，但对所购房屋已具有无可争辩的所有权。开发商或物业公司要将该房出租，必须征得黄先生的同意，否则都将构成侵权。由于商品房在交付前被租赁使用，使未投入使用的商品房的使用价值受到减损。根据《合同法》第142条规定，关于标的物毁损、灭失的风险，在标的物交付之前由出卖人承担的法律规定，开发商或物业公司除了要立即终止其与他人所谓的租赁关系外，还要赔偿顾铭先生因此造成的经济损失。顾铭先生要求不仅要把这几个月的租金收回来，还有物业公司赔偿损失5万元。物业公司认为顾铭先生是漫天要价，不愿给太多。

经过律师对相关法律的一番解释，开发商与物业公司自知理亏，答应将4个月房租给顾铭先生；物业公司再付给顾铭先生5000元补偿金，至此，调解结束。

【分析指引】

这是一起开发商和物业公司将本属于顾铭先生名下的单元房出租给客户引起的纠纷。这对顾铭先生来讲，难以接受，自己的新房，自己还没住，就被别人先抢了。调解员依据法律，把握问题的关键，买房人未收房前，该房产权属于何人。调解员依法解释清楚，开发商和物业公司就明白自己没有权力，开发商之前已与顾铭先生签订了购房协议，后又通知顾铭收房，但顾铭先生在外地不便回来，便申请延期收房。此时，该房是属于顾铭先生的。开发商和物业公司不能擅自出租营利，但可以收延期收房的管理费。在开发商和物业公司明确自己的权利义务之后，对顾铭先生进行了赔偿。至此该纠纷调解成功。

第六章　人身侵权纠纷调解要点与技巧

一、人身侵权纠纷概述

（一）人身侵权纠纷及相关概念

我国民事法律所确认和保护的民事权利共有四种：物权、债权、知识产权和人身权。如果行为人侵犯他人的这四种权益，就会引发侵权纠纷。人身权是与民事主体不可分离，并且无直接财产内容的民事权利。主要包括生命权、健康权、身体权、姓名权、肖像权、名誉权、荣誉权、隐私权、人身自由权等，其中生命健康权是民事主体得以生存和从事民事活动最基本的权利。民事主体的人身权受法律保护。民事主体的人身权受到侵犯，就会产生人身侵权纠纷。侵权行为侵害公民生命权、健康权、身体权等，造成公民伤害、死亡后果，侵权人依法应当赔偿受害人因此造成的财产损失而引发的纠纷。我们叫作人身损害赔偿纠纷。人身侵权纠纷还有一类，是侵权行为人侵犯民事主体的姓名权、肖像权、名誉权、隐私权和荣誉权等引发的纠纷，公民的姓名权、肖像权、名誉权、荣誉权和隐私权等，我们称为人格权。因此这一类纠纷又称为侵犯人格权纠纷。

人身侵权民事责任和刑事犯罪既有联系，也有区别。侵害他人人身权的行为可能同时构成侵权行为与犯罪行为，承担民事责任与刑事责任，两者并不矛盾。侵权行为是对民事主体的侵害，由侵权人承担民事责任是对受害人的补救。犯罪行为侵犯的是社会秩序和公共利益，刑事责任是对行为人的惩罚。在发生侵犯行为时，法律为保护受害人的利益，在侵权行为人和受害人之间形成一种债权债务关系，即侵权行为之债。其中，侵权行为人是债务人，而受害人是债权人。

（二）承担人身侵权责任的条件

承担一般侵权行为责任必须具备如下条件：

1. 有损害事实

无损害就不承担责任。损害包括物质上的损害和精神上的损害。物质上的损害可能是致害人侵犯受害人财产引起的，如纵火烧毁房屋；也可能是侵犯受害人身体引起的，如打人致伤花费的医疗费。精神上损害如人格受侮辱、名誉受损等。

2. 加害行为的违法性

有损害事实，行为人还不一定承担责任。行为人的行为必须具有违法性才承担责任。正确执行职务的行为、正当防卫、紧急避险等都属合法行为，不承担责任。

3. 违法行为与损害结果之间要有因果关系

没有因果关系，即使有违法行为也不承担侵权责任。例如甲打伤乙后乙死亡，但经鉴定死亡是因为乙已到肝癌晚期。甲就不对乙的死亡负侵权责任。或乙仅是轻伤，由于医生丙的重大医疗事故致乙死亡甲也不对乙死亡承担侵权责任。但对因伤而花费的医疗费，与甲的行为就有因果关系。

上述三个条件是构成侵权行为责任的客观条件。但是具备上述条件仍不一定要承担侵权责任，承担侵权责任还要求行为人在主观上具备下面两个条件。

4. 行为人须有行为能力

未成年人、精神及智力有残疾的成年人因不具备完全行为能力，不承担责任。

5. 行为人主观上有过错

过错包括故意和过失。故意指明知自己行为会产生危害后果，并希望或放任结果发生。过失指该注意而没有注意，违反注意义务。一般来说过错大小，对侵权人承担责任影响不大，但是在受害人本身也有过错时，可适当减轻行为人责任。以上是一般侵权行为责任的构成要件，对特殊侵权行为来说没有第5项要求。

（三）特殊侵权行为

我们需要掌握几种特殊侵权行为，掌握这几种特殊侵权行为，其他的都是一般侵权行为。这几种特殊侵权行为是：（1）企业法人对他的法定代表人和其他工作人员在经营活动中造成他人的损害承担侵权责任。（2）国家机关或其工作人员因执行职务侵犯公民、法人合法权益的，由国家承担赔偿责任。（3）因产品质量不合格造成他人财产、人身损害的，产品制造者、销售者应当承担民事责任。运输者、仓储者对此负有责任的，产品制造者、销售者有权要求赔偿损失。（4）从事高空、高压、易燃、剧毒、放射性、高速运输工具等对周围环境有高度危险的作业造成他人损害的，应当承担民事责任。但能证明损害是由受害人故意造成的，不承担民事责任。（5）违反国家保护环境防止污染的规定，污染环境造成他人损害的，应当承担民事责任。（6）在公共场所、道旁或者通道上挖坑、修缮安装地下设施等，没有设置明显标志和采取安全措施造成他人损害的，施工人应当承担民事责任。（7）建筑物或者其他设施及建筑物上的搁置物、悬挂物发生倒塌、脱落、坠落造成他人损害的，它的所有人或者管理人应当承担民事责任，但能够证明自己没有过错的除外。（8）饲养的动物造成他人损害的，动物饲养人或者管理人应当承担民事责任；由于第三人的过错造成损害的，第三人应当承担责任。（9）无民事行为能力、限制民事行为能力的未成年人、精神病人造成他人损害的，由监护人承担民事责任。监护人尽了监护责任的，可以适当减轻他的民事责任。有财产的无民事行为能力人、限制民事行为能力人造成他人损害的，从本人财产中支付赔偿费用。不足部分由监护人适当赔偿，但单位担任监护人的除外。教唆、帮助无民事行为能力人实施侵权行为的，由教唆人、帮助人承担侵权责任。教唆、帮助限制民事行为能力人实施侵权行为的，由教唆、帮助人承担主要民事责任。

二、人身侵权民事责任与刑事犯罪的界限

依据法律规定，人身侵权责任包括民事责任、刑事责任和行政责任。因侵权行为剥夺他人生命权的，不仅要追究行为人的刑事责任，受害人亲属还有权要求侵害人承担民事赔偿责任。因直接伤害行为或不履行法定义务而伤害公民身体的，受害人有权要求侵害人承担民事责任，违法侵害行为情节严重的，还可追究侵害人的刑事责任。刑事犯罪与民事纠纷的界限在于行为人的行为是否触犯了刑法，是否符合犯罪构成要件。假如行为人的行为已经触犯了刑法，该行为就是刑事犯罪，就应当受到国家司法机关的追究，反之，就仅是一般民事纠纷，应当说两者的界限是非常明显的。

（一）一般伤害侵权赔偿与故意伤害罪、过失致人重伤罪的区分

《民法通则》第 119 条规定："侵害公民身体造成伤害的，应当承担民事

赔偿责任。"《刑法》第四章"侵犯公民人身权利、民主权利罪"中，故意伤害他人身体、过失伤害他人致人重伤的，构成犯罪，应负刑事责任。实践中如果发生殴打他人等一般伤害的侵权行为，何种情形下仅属民事侵权，何种情形下构成故意伤害罪？同样是侵害他人生命健康权，二者如何区分？

依据《刑法》第234条故意伤害罪、第235条过失致人重伤罪的规定，故意伤害罪或过失致人重伤罪是指故意或过失伤害他人身体的行为。侵犯的客体是他人的身体权，行为人实施了损害他人身体的非法行为，且已造成了对他人人身一定程度的损害，即轻伤、重伤或死亡。从责任构成来看，侵害公民健康权、身体权的民事侵权行为与故意伤害罪、过失致人重伤罪的区别如下：

（1）责任主体不同。刑法制裁的侵犯公民人身权利的犯罪行为，主体方面要求必须是达到刑事责任年龄并具备刑事责任能力的自然人，国家机关、企事业单位、社会团体不能成为本罪的主体。而侵害公民健康权、身体权的民事侵权行为的行为主体或责任主体不仅包括自然人，还包括国家机关、企事业单位、社会团体等组织。

（2）损害后果不同。故意伤害罪的损害后果最低必须达到轻伤标准，如果仅为轻微伤，则不构成刑事犯罪，仅为民事侵权。如果行为人主观上是过失致人伤害，则必须达到重伤标准方构成犯罪。侵害公民健康权中一般的推拉撕扯、殴打等行为只是给他人造成轻微的伤害或暂时性的肉体疼痛，或使他人神经受到轻微刺激，但没有破坏他人人体组织的完整性和人体器官的正常机能，未达到轻伤或重伤后果，故不构成犯罪。

（二）侵害公民名誉权与侮辱罪、诽谤罪的区分

《民法通则》第101条规定："公民、法人享有名誉权，公民的人格尊严受法律保护，禁止用侮辱、诽谤等方式损害公民、法人的名誉。"《刑法》第四章"侵犯公民人身权利、民主权利罪"中，侮辱罪、诽谤罪所涉犯罪客体同样是公民人身权利中的名誉权，二者如何区分？

依据《刑法》第246条侮辱罪、诽谤罪的规定，侮辱罪是指使用暴力或者以其他方法，公然贬损他人人格，破坏他人名誉，情节严重的行为。民事侵权侮辱与侮辱罪二者的区别是：

（1）行为的严重程度不同。构成侮辱罪的必须是"情节严重"的行为；民事侵权的侮辱行为，按照《民通意见》第140条第1款规定，仅限于"造成一定影响"的侮辱行为。

（2）行为的对象不同。侮辱罪的对象只能是自然人；民事侵权侮辱行为的对象可能为法人。《民通意见》第140条第2款规定："以书面、口头等形式诋毁、诽谤法人名誉，给法人造成损害的，应当认定为侵害法人名誉权的行为。"侮辱法人的名誉可以构成民事侵权行为，而不构成侮辱罪。

（3）对行为人主观过错的要求不同。侮辱罪的行为人主观上必须是直接故意；民事侵权的侮辱行为人主观上有故意，也有过失。即民事侵权行为人只要有过错，并在客观上造成了对他人人格、名誉的损害，就应承担名誉侵权的法律责任。

诽谤罪是指故意捏造并散布虚构的事实，足以贬损他人人格，破坏他人名誉，情节严重的行为。民事性质的名誉侵权行为，不仅在违法程度上轻于诽谤犯罪行为的诽谤行为，而且还具有以下区别：

（1）诽谤罪散布的必须是捏造的虚假的事实。如果散布的是客观存在的事实，虽然有损于他人人格、名誉，但不构成诽谤罪。而名誉侵权行为，即使所述的内容是真实的，但只要是法律禁止公开宣扬的，公开了将有损于他人人格、名誉，也可以构成名誉侵权。根据《民通意见》第140条规定："泄露并宣扬他人隐私，给他人名誉造成不良影响的，是侵害名誉权的行为，但不构成诽谤罪。"

（2）法人、团体、组织不能成为诽谤罪的犯罪对象。而在名誉侵权行为中，法人、团体、组织可以成为受害者。

（3）主观过错要求不同。诽谤犯罪行为的主观方面必须是直接故意，而名誉侵权的主观过错包括过失。

第一节　人身损害赔偿纠纷调解要点与技巧

一、人身损害赔偿纠纷概念与特点

（一）人身损害赔偿纠纷概念与种类

人身侵权损害赔偿纠纷一般是指自然人的生命、健康、身体遭受侵害，造成致伤、致残、致死的后果及其他损害后果的，侵权人依法应当赔偿受害人因此造成的财产损失的纠纷。这类纠纷在侵权损害赔偿纠纷中占较大比例，在日常生活中也是常发事件。如因交通事故、医疗事故、工伤事故等造成受害人伤、残、死亡而引起的损害赔偿纠纷；因打架斗殴致人损害、产品缺陷致人损害、动物致人损害、物件致人损害、环境污染致人损害、未成年人致人损害等损害赔偿纠纷。

在此类纠纷中，权利人有权要求义务人给予赔偿，此时的赔偿责任以财产责任和精神损害赔偿为主，在法律适用方面主要适用《民法通则》《民通意见》《侵权责任法》及《最高人民法院关于审理人身损害赔偿案件适用法律若干问题的解释》（以下简称《人身损害赔偿解释》）等。

（二）人身损害赔偿纠纷特点●

1. 人身损害赔偿案件增速明显，尤其交通事故案件增速迅猛

据《北京市统计年鉴》显示，2003 年人身权和特殊侵权纠纷案件的数量为 12 562 件，2004 年人身权和特殊侵权纠纷案件的数量为 15 488 件，2005 年人身权和特殊侵权纠纷案件的数量为 18 008 件，2006 年人身权和特殊侵权纠纷案件的数量为 18 130 件。人身损害赔偿纠纷增速明显，其中又以交通事故案件增速迅猛，问题突出。随着机动车拥有量的增加，交通事故造成的人身损害赔偿案件也越来越多，已经成为影响社会稳定的重要因素。

2. 人身损害赔偿案件侵权类型日趋多样化

除传统的打架斗殴及相邻关系引发的人身损害赔偿案件、道路交通事故人身损害赔偿案件，财产损害、财产分割、继承、离婚引起的人身损害赔偿案件外，主要还有建筑施工、房屋拆迁、企业作业环境产生的人身损害赔偿案件、饲养动物、环境污染、学校伤害事故等引起的人身损害赔偿案件。

3. 人身损害赔偿纠纷中证据收集和认定比较困难

由于多数受害人证据意识不强，对证据规则的法律规定知之甚少，不愿意主动及时收集证据，片面的认为事实如此，起诉后法院应该做出有利于己的判决，因而往往错失收集证据或收集的证据不足，还有证人不愿配合、作伪证等情形也给当事人举证带来诸多困难。

● 来源百度文库，http：//wenku. baidu. com/link? url，中顾法律网上传，2014 年 8 月 30 日查阅。

4. 当事人之间矛盾突出，情绪对抗激烈

一方受到损害的是自然人的生命、身体健康、精神损害等，另一方则涉及经营、生产、社会评价等，双方在各自责任、赔偿多少等问题上存在较大矛盾，受害方往往容易情绪激动，为弥补损失或惩罚对方，常会提出不切实际的超额度请求，导致矛盾升温。责任方主观上能够接受的通常远低于请求，双方矛盾分歧明显。这种情形如处理不当，会造成矛盾继续扩大和恶化。

5. 饲养动物人身损害赔偿案件增加

随着社会的发展，狗、猫等宠物饲养不断增加。在狗、猫等动物人身损害赔偿案中，多数动物饲养人存在过错，由于法律意识的淡薄，动物饲养人以自己没有主动造成损害行为为由，不愿承担赔偿责任，这又会激发受害人的不良情绪，有可能诱发大的冲突。

6. 法律适用分歧较大，赔偿结果不具有可比性

人身损害赔偿纠纷类型繁多，有时不同的损害类型适用不同的法律法规；有时同一类型纠纷，由于角度不同、理解不同，在适用法律法规时会存在分歧。并且在实践中，由于受害人身份不同、地域不同等各种客观原因的存在，会导致赔偿结果不同，因此纠纷与纠纷之间的赔偿结果不具有可比性。

二、人身损害赔偿纠纷调解要点

（一）了解、掌握人身损害赔偿的适用法律，依法调解是基础

人身损害赔偿是一项民事责任，该法律关系受一系列法律法规的调整。作为一名调解员，应了解关于该方面的基本法律法规和专门法律法规，会分析、适用人身损害赔偿的规则原则、赔偿标准及赔偿范围，熟知处理纠纷所需援引的法律法规及司法解释，并能结合实际纠纷向当事人解读相关法律规定。

（二）查明事实、分清是非，明确责任是做好调解工作的关键

进行调解，不能采取和稀泥的办法，不分清是非责任，草率行事。尤其是在人身损害赔偿纠纷中，责任的认定是调解协商的前提。因此，调解人员必须做好基础工作，经过调查、询问、多方走访等，若是诉讼调解，还应通过双方当事人举证、指证、认证等环节，尽量把事实还原。在此基础上的调解方能让人心服口服。

（三）正确确定人身损害赔偿纠纷的权利主体和责任主体

在人身损害赔偿纠纷中，权利主体和责任主体的界定直接关系到权利的正当性及能否实现，《民法通则》《民通意见》《人身损害赔偿解释》《侵权责任法》对人身侵权的赔偿权利主体和责任主体均有规定。

1. 赔偿权利主体的确定

（1）直接受害人。直接受害人为侵权行为损害后果的直接承受者，是因侵权行为而使民事权利受到侵害的人，其当然成为赔偿权利人。实践中需要注意以下两点。第一，直接受害人不具有完全行为能力。第二，直接受害人已死亡。

（2）间接受害人。第一，依法由受害人承担扶养义务的被扶养人。他是指行为人实施的侵害生命权和侵害健康权的行为造成直接受害人死亡或劳动能力丧失，原依靠直接受害人扶养，因直接受害人死亡或丧失劳动能力，而使其扶养来源丧失的人。间接赔偿权是侵权行为的非直接受害人，但却是直接受害人生前或丧失劳动能力之前扶养的人，这种扶养权利因直接受害人受害而受到侵害，因而享有法定的扶养损害赔偿请求权。实践中对"被扶养人"如何界定非常关键，依据法律规定，被扶养人是指受害人依法应当承担扶养义务的未成年人或者丧失劳动能力又无其他生活来源的成年亲属。通常是指未成年子女，父母，年老因精神、身体健康等原因丧失劳动能力的配偶。第二，死亡受害人的近亲属。根据最高人民法院《民通意见》第12条规定，近亲属包括死亡受害人的"配偶、父母、子女、兄弟姐妹、祖父母、外祖父母、孙子女和外孙子女"。

2. 赔偿义务主体的确定

《人身损害赔偿解释》第1条第3款将赔偿义务人界定为"因自己或者他人的侵权行为以及其他致害原因依法应当承担民事责任的自然人、法人或者其他组织"，《侵权责任法》第四章"关于责任主体的特殊规定"对一些特殊情况下的责任主体亦作了规定。由此可以看出，赔偿义务人包括：因自己的加害行为承担民事责任的主体；因他人的侵权行为承担民事责任的主体；对其他致害原因依法承担民事责任的主体。

（1）直接赔偿义务人。在一般侵权民事责任中，造成损害的直接原因是责任人自身的侵权行为，例如因打伤他人而承担侵害人身健康的责任。直接赔偿义务人是直接实施人身侵权行为，造成赔偿权利人人身损害的人。

（2）替代赔偿义务人。在特殊的人身侵权责任中，造成损害的直接原因并非责任人自身的侵权行为，例如，有的是因他人的侵权行为，有的是因物体致人损害，有的是因动物致人损害等。造成人身损害的行为人或主体并不直接承担赔偿责任，转而由特定主体承担赔偿责任。此时，赔偿义务主体不是对其自身行为承担责任，而是对某些与自己有关联的法律事实承担责任，即赔偿义务主体是为直接造成人身损害的行为人承担替代责任。

（3）补充赔偿义务人。适用补充赔偿义务的条件为，对他人负有法定的或者约定的安全保障义务的人，由于没有尽到安全保障义务，而使受其保障的人遭受人身损害，在直接赔偿义务人赔偿不能或者赔偿不足的情况下应当由该未尽安全保障义务的人承担补充赔偿责任。这种因违反安全保障而承担补充责任的人，就是补充责任人。

（四）查明有无免责事由

免责事由即免除或者减轻侵权责任的条件。当事人具有下列事由可以免责。

1. 依法执行职务的行为

意指是造成他人损害的侵权行为是依照法律授权执行公务的行为。其构成要件包括：（1）执行公务的行为必须有合法根据。（2）执行公务的行为必须有合法程序。（3）造成他人损失的行为必须为执行公务所必需。

2. 正当防卫行为

正当防卫是指为了使公共利益、本人或他人的财产、人身或者其他合法利益免受正在进行的不法侵害，而对不法侵害人所实施的不超过必要限度的行为。《侵权责任法》第30条规定："因正当防卫造成损害的，不承担责任。正当防卫超过必要的限度，造成不应有的损害的，正当防卫人应当承担适当的责任。"

3. 紧急避险行为

紧急避险是指为了使公共利益、本人或他人的财产、人身或者其他合法权益免受正在发生的危险，而不得已采取的致他人较少损害的行为。其构成要件：（1）危险具有紧迫性。（2）紧急避险是必要的。（3）紧急避险不得超过必要的限度。

《侵权责任法》第 31 条规定："因紧急避险造成损害的，由引起险情发生的人承担责任。如果危险是由自然原因引起的，紧急避险人不承担民事责任或者给予适当补偿。紧急避险采取措施不当或者超过必要的限度，造成不应有的损害的，紧急避险人应当承担适当的责任。"

4. 受害人同意的行为

受害人同意是指受害人在侵权行为或者损害结果发生之前明确自愿地表示自己愿意承担某种损害后果的意思表示。受害人的同意必须满足以下条件方可构成抗辩事由：

（1）受害人有意愿承担损害后果的意思表示；

（2）受害人的意思表示是明确、自愿的；

（3）受害人同意的意思表示不得违背法律、法规的规定，不得违背公序良俗；

（4）侵权行为发生在受害人同意或者损害结果发生之前。

5. 不可抗力

《民法通则》第 153 条规定："本法所称的'不可抗力'，是指不能预见、不能避免并不能克服的客观情况。"其构成条件包括：（1）不可抗力独立于人的行为，既不是由当事人的行为派生的，也不受当事人意志左右。（2）不可抗力是导致受害人损害结果发生的原因。（3）不可抗力具有人力不可抗拒的性质。

《侵权责任法》第 29 条规定："因不可抗力造成他人损害的，不承担民事责任。法律另有规定的，依照其规定。"

6. 受害人的过错

行为人对于因受害人的过错而导致的侵权行为发生或者损害结果的发生和扩大不承担民事责任或者减轻民事责任。

《侵权责任法》第 26、27 条规定："被侵权人对损害的发生也有过错的，可以减轻侵权人的责任。""损害是因受害人故意造成的，行为人不承担责任。"

7. 第三人的过错

即原被告之外的第三人，对造成原告的损害具有过错。第三人过错，是指当第三人对于损失的发生或者扩大存在过错时，可以减轻或者免除行为人的侵权责任。第三人过错作为抗辩事由，可以分为以下几种情况：

（1）第三人过错导致的行为是损害发生的唯一原因。行为人和受害人对损失的发生都没有过错。

（2）第三人和行为人对损失的发生都存在过错。在此情况下，行为人的责任可能因第三人的过错而减轻或者免除。

（五）确定人身侵权损害赔偿项目及其计算标准

1. 人身侵权损害赔偿的范围

依据《人身损害赔偿解释》及《侵权责任法》，人身侵权损害赔偿的范围包括财产性赔偿和精神性赔偿。财产性赔偿中权利人可以请求义务人予以赔偿的项目包括：医疗费、误工费、护理费、交通费、住宿费、住院伙食补助费、必要的营养费等。受害人致残的，财产损害赔偿的项目还包括：受害人因增加生活需要所支出的必要费用及因丧失劳动能力导致的收入损失，包括残疾赔偿金、残疾辅助器具费、被扶养人生活费，以及因康复护理、继续治疗实际发生的必要的康复费、护理费、后续治疗费。受害人死亡的，财产损害赔偿项目还包括：丧葬费、被扶养人生活费、死亡补偿费，以及受害人亲属办理丧葬事宜支出的交通费、住宿费和误工损失等其他合理费用。

精神性赔偿中，权利人可以请求义务人对于人身权利遭受侵害而产生的精神损害予以赔偿。《侵权责任法》第22条规定："侵害他人人身权益，造成他人严重精神损害的，被侵权人可以请求精神损害赔偿。"《最高人民法院关于确定民事侵权精神损害赔偿责任若干问题的解释》（以下简称《精神赔偿解释》），因人身权利被侵害而产生的精神损害赔偿包括残疾赔偿金、死亡赔偿金及其他损害情形的精神抚慰金。

2. 人身侵权损害赔偿项目具体计算标准

依据《人身损害赔偿解释》的规定，赔偿项目具体计算标准如下：

（1）医疗费：按照医院对当事人的人身伤害治疗所必需的费用计算，凭据支付。结案后确需继续治疗的，按照治疗必需的费用给付。

（2）误工费（计算至定残日前一天）：当事人有固定收入的，按照本人因误工减少的固定收入计算，对收入高于当地平均生活费3倍以上的，按照3倍计算；无固定收入的，按照其近3年平均收入计算；受害人不能证明其最近3年收入的，参照纠纷发生地相同或相近行业上2年度职工平均工资计算；误工

费 = 误工收入（天/月/年）×误工时间。

（3）住院伙食补助费：按照纠纷发生地国家机关工作人员的出差伙食补助标准计算。住院伙食补助费 = 国家机关一般工作人员出差伙食补助费标准 × 住院天数。

（4）护理费：伤者住院期间，护理人员有收入的，按照误工费的规定计算；无收入的，按照纠纷发生地平均生活费计算。护理费 = 纠纷发生地护工同等级别护理报酬标准 × 天数。

（5）营养费：营养费 = 医疗机构酌情建议的数额。

（6）鉴定费（伤残鉴定费）：鉴定费 = 鉴定机构实际发生的鉴定费用。

（7）残疾赔偿金。第一，赔偿标准。受诉法院所在地上一年度城镇居民人均可支配收入或农村居民人均纯收入标准。第二，赔偿期限。①未满60岁，自定残日按20年计算；②60岁以上，每增加1岁，从20年中减1年；③75岁以上，按5年计算。第三，60岁以下残疾赔偿金 = 受诉法院所在地上一年度城镇居民人均可支配收入或农村居民人均纯收入×20年×伤残赔偿指数。第四，60～74岁残疾赔偿金 = 受诉法院所在地上一年度城镇居民人均可支配收入或农村居民人均纯收入×［20年 -（受害人实际年龄 - 60岁）］×伤残赔偿指数。第五，75岁以上残疾赔偿金 = 受诉法院所在地上一年度城镇居民人均可支配收入或农村居民人均纯收入×5年×伤残赔偿指数。

（8）残疾用具费：因残疾需要配制补偿功能的器具的，凭医院证明按照普及型器具的费用计算。

（9）丧葬费：丧葬费 = 事故责任人所在地上一年度职工月平均工资×6个月。

（10）死亡赔偿金：第一，赔偿标准。死亡发生所在地上一年度城镇居民人均可支配收入或农村居民人均纯收入标准（按受害人户籍区分城镇还是农村）。因同一侵权行为造成多人死亡的，可以以相同数额确定死亡赔偿金。第二，赔偿期限。①未满60岁，自死亡之日起按20年计算；②60岁以上，每增加1岁，从20年中减1年；③75岁以上，按5年计算。

（11）被扶养人生活费：以死者生前或者残者丧失劳动能力前实际扶养的、没有其他生活来源的人为限，按照纠纷发生地居民生活困难补助标准计算。对不满18周岁的人抚养到18周岁。对无劳动能力又无生活来源的人扶养

20 年，但 60 周岁以上的，年龄每增加 1 岁减少 1 年，最低不少于 10 年；70 周岁以上的按 5 年计算。对其他的被抚养人扶养 5 年。

（12）交通费（就诊、转诊、购买残疾辅助器具、参加丧葬等）：按照当事人实际必需的费用计算，凭据支付。

（13）住宿费：按照纠纷发生地国家机关一般工作人员的出差住宿标准计算，凭据支付。

（14）精神损害抚慰金：请求残疾赔偿金和死亡赔偿金之外，还可以请求精神损害抚慰金。

三、人身损害赔偿纠纷调解技巧

（一）了解当事人的心态，正确把握其心理特征，有的放矢地开展调解工作

在人身损害赔偿纠纷中，当事人常见的心理反应有：抗拒心理、报复心理、犹豫心理、悲观心理、疑惑心理、悔恨心理、期待公平心理等。当然侵权人的心理和受害人的心理是不一样的。这就要求调解人员在调解工作中对当事人的心理进行分析，了解其心理状态，把握其心理特征及活动规律，有针对性地进行疏导。让双方当事人明白自己的权利义务的边界在何处，不要有过高的或不切实际的想法与要求，引导当事人理性地在法律框架内合理合法地解决纠纷。

（二）根据纠纷情况及当事人的状态采用适当的方法

1. 对于情绪比较对立的当事人，要采用一些调节情绪的方法

有些纠纷长时间难以化解，除了认识上的分歧以外，情绪的对立是一个重要因素。遇到此类情形，调解员可以采用宣泄法、冷处理法、情感感化法等，让当事人宣泄悲愤不满的情绪；使各方冲动的情绪冷却，恢复理智；引导当事人之间情感的相互沟通与体谅，使矛盾、纠纷得到化解；对某些固执己见、提出过高要求的当事人要运用震慑法，通过法律讲解、利弊分析，达到使当事人听从调解人员的劝告、合理合法化解纠纷的目的。

2. 对有错误认识的当事人，要采用适当方法引导当事人转换认识

当事人的某些错误认识及当事人之间的认识分歧，是产生纠纷心理的原因之一。因此，化解矛盾和纠纷，首先应从影响当事人的认识开始。调解员根据纠纷情况和当事人的特点，采用直陈法、暗示法、对比法、迂回法等，让当事

人认识事实的真相是什么、相关的法律规定又是什么，修正自己的错误认识，以平和的心态参与到调解中来。

3. 对一些不履行义务或胡搅蛮缠的当事人，采用激励和引导的方法

对某些不履行义务或胡搅蛮缠的当事人，调解员可以向其提供有关角色的良好榜样示范，或通过归谬的方法指出其想法的荒谬和错误，激励、引导其向榜样学习，甘心情愿地放弃原有的错误观点和主张，接受调解员的主张，模范地履行应当履行的义务。

（三）调解中注意沟通技巧的运用

人身侵权纠纷调解的对象，绝大部分是普通百姓，调解员在沟通中、在语言运用上要适合被调解人的接受、理解能力和心理特点。一般来说，大众化、明朗化、通俗化的语言能被当事人接受，能迅速拉近调解员与当事人的距离。在人身损害赔偿纠纷中，一方当事人因为遭受了身体或精神上的损害，故调解员在调解时语言应温情、善意，让人感觉到亲切和信任，容易平复受伤害当事人的情绪，以化解纠纷。

（四）适时运用联调机制化解纠纷

根据纠纷的性质、类别和难易程度，必要时提出联调意见和方案，邀请法院、司法所、派出所、综治办、乡镇、村委（社区）等部门的有关人员参与调解，运用这些部门各自具有的法、理、情等方面的优势，做好当事人的工作，以便更快速、更高效地解决纠纷和化解矛盾。

（五）调解时要考虑有过错方当事人的经济状况和赔偿能力

调解过程中，在确定赔偿数额时，除了考虑赔偿方的过错程度以外，还考虑其经济状况，即赔偿能力问题。若提出了一个对方根本就无法承受的方案，很有可能会吓跑对方，使调解陷入僵局；即使勉强调解成功，最后在实际过程中也可能会出现不能履行的情况。

四、典型案例操作指引

【示例1】

【基本案情】

家住某市正源社区的陈奶奶带着孙子嘉嘉在小区广场玩耍，在下午放学时

间，小区广场来了几名小学生玩轮滑。几名小学生在追逐的过程中，一名叫浩然的小朋友不小心撞到嘉嘉，导致嘉嘉脸部磕到台阶上，造成右眼眉骨受伤。经治疗，嘉嘉脸上留下了明显的疤痕，今后还需要整容治疗。幼小的孩子受到这样的伤害，嘉嘉的家人悲痛不已，坚决要求浩然家人赔偿治疗费 3.4 万元人民币。浩然家自然不同意，嘉嘉的监护人将浩然及其监护人告上法庭，要求浩然的家人赔偿对嘉嘉的人身伤害。区人民法院认为通过调解将有利于纠纷的解决，因此将此案委托给社区调解委员会调解该纠纷。

【操作指引】

社区调解委员会接到委托后，安排调解员老曹主持调解该纠纷。老曹着手了解案情，他先与陈奶奶进行了面对面的沟通。陈奶奶说嘉嘉原本活泼开朗，但自从出事以后，就因为脸上的疤痕而变得自卑和敏感，幼小的心灵承受着巨大的痛苦。情绪激动的陈奶奶甚至表示，如果得不到浩然家人满意的赔偿，就要采取"以牙还牙"的手段进行报复。老曹耐心安慰陈奶奶，表示非常理解嘉嘉及家人承受的痛苦，并委婉指明陈奶奶试图通过不理智的行为解决问题的想法是错误的，要在法律、道德允许的范围内解决矛盾。最后，调解员话锋一转指出，嘉嘉受到伤害双方家长都有责任，不能一味责怪对方。经调解员老曹劝说，陈奶奶的情绪逐渐平静下来，表示会理智地考虑解决问题的办法。然后，调解员老曹与浩然的妈妈梁女士也及时进行了沟通，梁女士表示，事发当天夫妻俩都在上班，对事故发生的具体情况不是很了解，下班回家后听说嘉嘉被浩然撞伤，还连忙登门探望。可当时陈奶奶情绪太激动，说话太难听，双方没有办法和解。梁女士还强调，这次事故小孩双方的监护人都有责任，所以她只同意赔偿部分医药费。

在了解了事情的经过和双方的意见后，鉴于当事人的情绪比较激动，调解员采用背靠背方法，多次单独做双方家长工作，努力使双方在心平气和的基础上解决矛盾纠纷。对于陈奶奶，调解员着重开导，让她认识到既然事情已经发生，协商解决问题才是当务之急，不能简单粗暴地做出过激行为，使孩子受到第二次伤害。同时告诉她，嘉嘉受伤双方家长都有责任，希望她适当降低赔偿要求。对于浩然妈妈，调解员希望其能够从一个母亲的角度设身处地体会对方家长的感受，多赔偿一些费用，帮助嘉嘉顺利完成接下来的整形手术，使他能够健康快乐地成长。在调解员的耐心说服下，梁女士夫妻两人同意一次性赔偿嘉嘉1万元。双方签订了调解协议，双方约定浩然父母一次性给付嘉嘉医疗费、营养费、护理费、交通费等人民币1万元，双方不再就此事发生争议。当天下午，浩然妈妈就把1万元通过调解员老曹给了嘉嘉的监护人。至此，一场历时2个多月的纠纷得到圆满解决，双方对此表示满意。

【分析指引】

在本纠纷调解中，调解员老曹在了解案情后，立刻对双方当事人分别进行谈话和疏导，从不同视角全面掌握案情的经过和关键问题。首先采用宣泄法让陈奶奶发泄一通，当陈奶奶说要报复时，调解员委婉指出其问题，用直陈法告诉陈奶奶，嘉嘉受伤双方都有责任，不能只怪对方。经过一番劝说，陈奶奶激动的情绪平静下来，答应理性解决纠纷；对于浩然妈妈，用换位思考的方法引导梁女士体量对方心情。调解员老曹以法律和道德规范为依据，动之以情、晓之以理，最终使双方在自愿的基础上达成合意，彻底解决纠纷。该纠纷的成功调解表明了人民调解对于安抚当事人情绪、化解社会矛盾等方面的积极作用，它融情、理、法于一体，是当事人认识自己错误、互相体恤、平和解决问题、有效缓解当事人之间紧张关系的一种有效形式。

【示例2】

【基本案情】

2010年7月21日上午，朝东县琉璃镇陈亿（男，11岁）、黄楠（男，10岁）、杨一环（男，10岁）、张小超（男，9岁）、吴京（男，9岁）及邹克（男，9岁）因放假没什么事，就相约到镇上网吧玩游戏，因天气太热便互约同去洗澡，先在小溪河洗了一会儿，后又一起到大河边洗澡，其中邹克不幸溺水身亡。事情发生后，邹克父母以是陈亿喊大家去大河边洗澡为由，纠集几十人到陈亿家中要求陈亿家长赔偿损失，并扬言如果事情不能处理好，谁家的小孩也别想好过。镇调解委员会几次组织6名小孩的家长对此事进行调解处理，因始终未能达成一致意见，事情迟迟不能了结，邹克家长情绪极度激动，矛盾处于随时恶化的状态。

8月14日，该县司法局在接到镇政府的电话后，立即启动流动调解庭，由局长亲率5名工作人员和法律工作者及时赶到镇政府调处该起矛盾纠纷。

【操作指引】

县司法局的调解到达该镇调委会，及时了解上述基本情况后，当即对事情进行了分析判断，拿出了调解的基本方案。

首先积极地做死者家长的思想工作，让死者的父母把心中的悲痛倾诉出来，把心里的想法都说出来，好言好语地安慰死者父母，劝死者父母事已至此，要面对现实，请相信他们一定会把事情公正地处理好。使死者父母冷静下来，心平气和地回到桌面上来解决这起矛盾纠纷，为解决纠纷开了一个好头。

调解人员趁热打铁，立即组织6名小孩的家长（即当事人）进行正式的调解。先是采取面对面的方式请各当事人讲清楚事情的经过，由法律工作者对发生的事情进行客观的分析，让各当事人都清楚事情的真相和自己应负什么样的责任，再由各当事人当面表态。由于双方的分歧很大，调解员紧接着又采取背靠背的方法分头做当事人的工作。当了解死者的外公是老师、舅公是国家工作人员后，又及时地做其外公、舅公的工作，把事情的性质和死者家长应负的责任都一五一十地讲清楚，请他们再去做死者父母的工作，把要求放低，只有这样才有利于事情的解决。

当双方的差距快接近时，调解员又让当事人之间去单独商议，促使他们更进一步拉近距离，希望各当事人能互谅互让、和谐共处地把这起纠纷解决好。就这样经过2天近10个回合采取多种办法做耐心细致的思想工作、说服工作、教育工作，终于促成死者家长与其他5位当事人达成给予死者家长适当经济补偿的协议，补偿总金额为10万元，每位当事人家长2万元；给付时间为协议签订后7天内；履行的地点：邹克家中。最终使这起纠纷得以圆满解决，成功地避免了一起可能出现的"民转刑"案件。

【分析指引】

在人身损害赔偿中，受害人及家人的情绪是影响调解的一大因素。在本纠纷中，受害人邹克父母情绪就非常激动，以致村、镇调委会未能成功调解该纠纷。县司法局的工作人员首先采用宣泄法让受害人父母将心中的悲痛都倾诉出来，再好言劝慰，使受害人父母冷静下，心平气和参与调解。然后趁热打铁，组织其他几名家长一起将事实查清，并由法律工作者分清各自应付的责任。此时分歧还是比较大，调解员采用背靠背方法进行劝说，并请死者的姥爷和舅舅协助做工作，最后纠纷各方达成协议，化解了纠纷。

第二节 一般人身侵权纠纷调解要点与技巧

一、一般人身侵权纠纷的特点

一般人身侵权纠纷，是指侵害姓名权、名称权、肖像权、隐私权、荣誉权等产生的纠纷。民事责任以非财产责任为主，主要适用于损害事实尚未发生，或所损害的是人身等非财产权利纠纷，责任方式包括停止侵害、排除妨碍、消除危险、恢复名誉、赔礼道歉等。

（一）纠纷与精神活动、非物质利益相联系

一般人身侵权不仅给人们带来精神方面的不快，还对民事主体精神活动带来损害，最终导致其精神痛苦和精神利益丧失或减损。侵权人对受害人进行谩骂侮辱，轻者会使人产生愤怒、不安、焦虑、恐惧和绝望等不良情绪，严重者会导致受害人精神活动出现障碍，甚至精神疾病等。权利主体因其人身权益受到不法侵害而使其遭受精神痛苦或精神受到损害的，可以要求侵害人给予赔偿。

（二）一般人身侵权的民事责任以非财产责任为主

一般人身侵权会给当事人带来精神痛苦和精神利益损失。精神痛苦主要指自然人因人格权受到侵害而遭受的生活、心理上的痛苦，导致自然人的精神活动出现障碍，或使人产生愤怒、绝望、恐惧、焦虑、不安等不良情绪。精神利益的损失是指自然人和法人的人身权益（包括人格利益和身份利益）遭受侵害。侵权人承担民事责任以非财产责任为主，主要适用于损害事实尚未发生，或所损害的是人身等非财产权利纠纷，责任方式包括停止侵害、排除妨碍、消除危险、恢复名誉、赔礼道歉等。

（三）自然人因人格权利遭受非法侵害可以请求精神损害赔偿

人格权是指与特定民事主体的人身不能分离的固有的人格利益，通常我们对精神损害赔偿中的赔偿范围都以《民法通则》中所规定的人格权为依据。人格权的保护有精神利益型（如赔礼道歉等），也有经济利益型（如赔偿财物

等)。《解释》对人格权的保护作了较大的完善。《精神赔偿解释》第一条第一款规定：自然人因下列人格权利遭受非法侵害，向人民法院起诉请求赔偿精神损害的，人民法院应当依法予以受理：（1）生命权、健康权、身体权；（2）姓名权、肖像权、名誉权、荣誉权；（3）人格尊严权、人身自由权。第三条规定：自然人死亡后，其近亲属因下列侵权行为遭受精神痛苦，向人民法院起诉请求赔偿精神损害的，人民法院应当依法予以受理：（1）以侮辱、诽谤、贬损、丑化或者违反社会公共利益、社会公德的其他方式，侵害死者姓名、肖像、名誉、荣誉；（2）非法披露、利用死者隐私，或者以违反社会公共利益、社会公德的其他方式侵害死者隐私；（3）非法利用、损害遗体、遗骨，或者以违反社会公共利益、社会公德的其他方式侵害遗体、遗骨。受害人可以就己方所受的精神痛苦和精神损害要求对方承担精神损害赔偿。

二、一般人身侵权纠纷调解原则

（一）精神抚慰为主原则

一般人身侵权，主要引起当事人的精神痛苦，感情上受到伤害，为了消除受害人精神上的痛苦，一般采用停止侵害、排除妨碍、消除危险、恢复名誉、赔礼道歉等方式，抚慰其心灵。如果有精神利益损失，可以要求精神损害赔偿。但即使要求了精神损害赔偿，主要也起抚慰作用。体现在：通过物质制裁还受害人及其亲属以公平和正义，抚慰其受到创伤的身心；同时使受害人感情上的痛苦得到应有的赔偿。该种赔偿的作用是对受害人及其亲属起到精神抚慰，用以填补因损害所造成的精神痛苦。

（二）适当经济补偿和限制原则

精神损害赔偿不能过高也不能过低。如果精神赔偿数额过低，不但不能抚慰受害人及其亲属的痛苦，实际上也起不到补偿作用，甚至连受害人的医疗费用等成本都不能弥补，也就意味着对致害人的放纵。过高当然也有违公平。因此要从实际出发、公平合理。

首先，《民法通则》第120条规定："公民的姓名权、肖像权、名誉权受到侵害的，有权要求停止侵害、恢复名誉、消除影响、赔礼道歉、并可以要求赔偿损失。"这里"并可以要求"五个字连接，说明承担责任形式不仅有主次之分，而且说明承担赔偿损失的责任是附加并用的，在适用前四种责任形式显然不足以保护受害人的权益时而适用这一责任形式，其目的是防止误导人们追求高额赔偿的倾向。其次，精神损害的程度无法量化，难以用物质的尺度来具体衡量计算，因而不能像财产损失那样来实际赔偿。追究侵害人精神赔偿责任时，只能依照当事人双方的具体情况、过错大小、后果大小及影响等因素来确定一个合适的赔偿数额。也就是说，精神损害可以请求金钱赔偿，但对于赔偿的数额应当有所限制。必须对精神损害的不同利益因素予以区别对待，从实际出发、实事求是地综合评定，最后根据个案的不同情况计算出应赔偿的数额。

三、一般人身侵权纠纷调解要点

根据法律规定，侵权责任承担以过错为原则，在法律有特别规定的情况下，还会有无过错或过错推定责任。调解一般人身侵权纠纷要注意以下几点：

（一）确定行为人的行为是否构成侵权

有时，纠纷双方各执一词。一方当事人主张对方侵权导致自己人格受到了侵犯，产生了精神痛苦；另一方当事人则否认其实施过对受害人的人身侵权行为。此时，调解人员可以通过公安笔录、纠纷发生地目击者的陈述、生活经验等综合因素予以判断。在确定行为人确实实施了侵权行为的情形下，及时拆穿行为人的谎言，引导其诚实地面对自己的错误并勇于承担责任。

（二）确定侵权人和受害人的过错程度

一般情况下，侵权行为中加害人承担与其过错相应的责任，因此调解人员首先要对侵权人的主观状态进行判断。是故意还是过失，侵权人是否能够在行为前预见其行为会引起对方损害后果，是否有义务预见其行为后果。纠纷发生后，双方对立情绪通常比较严重，双方之间多有旧恨新怨，受害人较难谅解侵权人，调解难度较大。调解的重点是思想认识而不是物质利益，并要对纠纷的因果关系进行回顾、分析，不能掩盖，要让侵权人认识到行为错误并真诚地向受害人道歉，这样才有助于调解成功。若侵权人主观无恶意，当事人之间很少会产生心理上的严重对立，纠纷即使产生也容易平复。若侵权人能自省自责，表示歉意，纠纷也易于解决。调解此类纠纷，在赔偿上只要遵照民法中有关损害赔偿的原则规定予以合情合理的解决，纠纷不难平息。

（三）确定侵权范围，采用适当的承担责任的方式

调解一般人身侵权纠纷时，调解员要注意审查侵权行为的影响范围。如果侵权行为带来的侵权损害只在很小范围内传播，可以要求侵权人当面道歉；如果侵害结果在较大范围传播，给受害人带来较大的精神痛苦，甚至遭受精神利益损失，就需要在相应范围内进行赔礼道歉、消除影响，甚至可以要求精神损害赔偿金。受害人一般都会提出一个赔偿数额，这个数额是否合理，需要调解人员根据法律规定和纠纷事实予以认定。通常，受害人对其赔偿数额都会提供一定证据予以证明，调解人员在审查这些证据时，特别要注意证据的真实性（形式要件是否齐备，是否有做假可能）、关联性（与侵权人行为是否有因果关系）。有时受害人要求的赔偿数额是根据固定标准计算出来的，此时调解人员如发现该标准不符合本案情况，应及时向受害人提出，以合理调整受害人的预期，这样才会有利于调解顺利进行。

（四）合理计算赔偿数额

计算精神损害赔偿数额主要考虑三个因素：第一，侵害人的过错程度，主要考虑其是主观故意还是过失所造成的。第二，侵害的手段、场合、行为方式等具体情节。以不同的手段在不同的场合以不同的行为方式所造成的后果也不同。在公共场合传播和在私下场合传播损害他人的人格权所造成的侵害后果是不一样的；通过报纸、电视、短信、微博或网络等不同形式传播损害他人的人格权所造成的侵害后果也不一样。要适当考虑时间、空间等范围所造成的损害程度。第三，侵权行为所造成的后果，不一定非要使被侵害人自杀或者精神失常才算是一种后果，侵害行为使被侵害人的精神受到伤害，感受到痛苦，就应该得到法律的救济。

四、一般人身侵权纠纷调解技巧

（一）正确适用归责原则

应区分不同情况，对不同种类的一般人身侵权适用不同的归责原则。首先，在侵害精神性人格权和身份权的精神损害赔偿中，应当适用过错责任原则。理由是，侵害这些人格权和身份权的侵权行为大都是一般侵权行为，对这类致害行为追究其精神损害赔偿责任应适用过错责任原则。其次，在人身伤害纠纷的精神损害赔偿中，过错责任原则、无过错责任原则及公平责任原则都有其适用的余地。这主要是因为在这类侵权行为中，造成精神损害的行为不仅有一般侵权行为，还有特殊侵权行为，甚至还包括对造成的损害后果双方当事人都无过错的情况。所以应具体问题具体分析，区分不同情况适用不同的归责原则。

（二）准确把握精神损害赔偿的补偿性、抚慰性和惩罚性

精神损害赔偿究竟是补偿性的、抚慰性的，还是惩罚性的？或者补偿性为主惩罚性为辅，还是三者兼具？大多数学者认为精神损害赔偿有补偿性、抚慰性和惩罚性三种功能，精神损害赔偿的补偿功能，就是通过加害人的物质赔偿，填补精神上的损害，使受害人的损害得到平复。精神损害赔偿抚慰功能是指金钱作为衡量价值和权利的一般尺度，可以满足受害人人身和精神需要的物质手段，尽管它无法弥补受害人的精神痛苦或精神利益的损失，但是金钱赔偿在这种情况下是民法唯一可以采用的给受害人以满足的方法。这种需要满足恰恰是为了平复受害人的精神创伤，慰藉其感情的损害，改变受害人心理、生理及精神利益损害所带来的影响，恢复身心健康。精神损害赔偿的惩罚功能，是法律通过责令加害人支付金钱，保护受害人的利益，加重对受害人的处罚，以达到防止侵权行为，稳定社会秩序的目的。

（三）严格把握赔偿范围

《民法通则》和《精神赔偿解释》对精神损害赔偿范围进行了规定，在调解中要严格把握。

1. 自然人因下列人格权遭受非法侵害可以请求精神损害赔偿，包括：（1）生命权、健康权、身体权；（2）姓名权、肖像权、名誉权、荣誉权；（3）人格尊严权、人身自由权；（4）违反社会公共利益、社会公德侵害他人隐私或其他人格利益；

2. 非法使被监护人脱离监护，导致亲子关系或者近亲属间的亲属关系遭受严重损害；

3. 自然人死亡后，其近亲属因下列侵权行为遭受精神痛苦：（1）以侮辱、诽谤、贬损、丑化或者违反社会公共利益、社会公德的其他方式，侵害死者姓名、肖像、名誉、荣誉；（2）非法披露、利用死者隐私，或者以违反社会公共利益、社会公德的其他方式侵害死者隐私；（3）非法利用、损害遗体、遗骨，或者以违反社会公共利益、社会公德的其他方式侵害遗体、遗骨；

4. 具有人格象征意义的特定纪念物品，因侵权行为而永久性消失或被毁损。

【示例1】

【基本案情】

刘博，男，17岁，是向阳中学的毕业生，去年以优异成绩考上了国内一所知名大学。向阳中学为了提高其知名度，招收到更好更多的学生，从去年底开始在一家报纸的广告招生专版上发布了刘博的名字和头像进行招生宣传。今年5月，刘博的父亲刘桂明得知儿子的名字和头像照片在学校的招生广告和学校网站上出现，多次与学校进行交涉无果，无奈之下请求县司法所进行调解。县司法所接受了该纠纷，指派调解员张宏进行调解。由于刘博年纪尚小，且在外地读书，由其父亲代表他进行相关调解活动。

【操作指引】

调解员先做了一番调查，刘博的名字和头像照片确实出现在学校的招生广告和学校网站上。调解员与双方进行了交谈，了解了各自的想法。

刘博父亲认为学校不经本人和家长同意就擅自用他儿子的形象做宣传，侵犯了他儿子的肖像权，要求立即停止侵权行为。他还说，把刘博的事进行招生宣传，且有夸大成分，是种极不负责任的营利行为。因其利用刘博头像带来非法收入，向阳中学应赔偿刘博精神损失5万元。

学校负责人承认学校确实是从档案材料中翻拍、制作了刘博的头像，作为学校的宣传。这些宣传都是积极向上、健康有益的，不仅将刘博树立成了榜样，还可激励其他学生奋发努力；更重要的是，刘博考上知名大学，不仅是他个人努力的结果，同样也是辛勤培育他的学校老师的工作成果，既是个人的荣耀，也是学校的成绩和荣誉，展示学校的荣誉是理所当然的，并不是商业行为，也不是以营利为目的，没有对学生造成伤害，没有侵权。

调解员了解了双方的理由后，背靠背对双方进行了劝说。对学校负责人说，根据相关法律规定，不管是否以营利为目的，贵校未经刘博及其法定代理人的同意就擅自使用、制作其头像用于宣传，不属于正当使用范畴，而是一种侵犯肖像权的行为，应马上停止侵权行为，并适当赔偿损失。

调解员又找到刘博父亲，对其劝解说，学校未经刘博及您的同意就擅自使用刘博的头像和姓名，确实是违法行为，向阳中学应该马上停止使用刘博的头像进行招生宣传。但您要求赔偿精神损失的数额过高了。刘桂明说，他们盈利了，就应该受到惩罚。

经过对双方的依据法律和事理多次劝说，双方最终达成了调解协议：向阳中学马上停止在其招生广告和学校网站宣传中使用刘博的头像，并赔偿刘博精神损失 3000 元。

【分析指引】

这是一起侵犯肖像权和姓名权的侵权纠纷，事实还是比较清楚的：刘博的头像和姓名确实出现在向阳中学的招生广告上和学校的网站上。但双方对此行为是否侵权存在异议。刘博父亲认为未经其同意擅自使用刘博头像和姓名进行招生宣传，是违法行为，是侵权行为；而学校则认为母校宣传自己的学生是天经地义的事，况且这种宣传是正面的、健康的，不存在侵权。双方的说辞好像都有一些道理，但调解员依据民法的相关规定，说服学校停止侵权行为，并赔偿一定的损失。在此类纠纷中，侵权产生的精神损害难以估计与量化，所以，刘博父亲要 5 万元精神损害赔偿金。调解员采用了模糊调解法，估计了一个大家可以接受的赔偿金额。经过多次劝说，最终让双方达成了调解协议。

第七章　宅基地纠纷调解要点与技巧

一、宅基地纠纷概述

（一）宅基地使用权

衣、食、住、行是人们生存的基本条件，因而宅基地就成为人民群众基本的生存条件之一。宅基地即住宅用地，是指城乡公民个人用于建造住宅而占有、利用的国有或集体所有土地。它包括居住房用地、附属设施用地及房屋周围独家使用的土地。城乡居民以居住使用为目在他人土地上建造房屋并使用他人土地的权利就是宅基地使用权。

宅基地使用权的主体，主要是我国公民，包括城市居民和农村的农民。法人和非法人组织不享有宅基地使用权，城镇居民不能使用集体土地建造住宅。宅基地使用权的客体，在城市市区是国家所有的土地，在农村和城市郊区一般是指集体所有的土地。无论是城市居民还是农村农民，要取得宅基地使用权，都必须履行法定手续，依法取得。城市居民建造房屋需使用宅基地时，须向所在地的土地管理部门申请批准后依法取得宅基地的使用权。城市郊区和农村农民的宅基地，应当按照乡（镇）村建设规划统一安排；个别需地建房的，对使用原宅基地或村内空闲地和其他土地的，经乡级人民政府批准使用。城镇非农业户口居民建房需要使用集体所有土地的，必须经县级人民政府批准。禁止任何单位和个人未经批准擅自占地建房。

宅基地使用权的内容表现为宅基地使用人所享有的在宅基地上建造住宅并予以合理居住使用的一系列权利和义务。

1. 宅基地使用权人的权利

宅基地使用权人的权利包括：（1）占有权。宅基地使用权人为拥有、使用住宅而直接控制宅基地的权利，包括排除他人非法侵占、干涉的权利。这种权利及于一定高度的空中和一定深度的地表以下。（2）使用权。宅基地使用权人在依法取得的宅基地上建造住房及附属设施，并对房屋拥有所有权，在房屋所有权不发生变动、未坍塌或拆除的情况下长期使用宅基地的权利。（3）收益权。宅基地使用权人享有使用宅基地而带来便利的权利，包括在宅基空闲处从事种植并收益的权利。（4）处分权。宅基地可以通过房屋的买卖、赠予等法律行为进行转移，可以同房屋一起抵押、出租。（5）相邻关系准用权。宅基地使用权人基于宅基地相邻，可享有相邻通行、通风、采光、排水、防险、环保、管线安设、竹木越界等权利。

2. 宅基地使用权人的义务

宅基地使用权人的义务包括：（1）按批准的面积、用途和期限使用宅基地的义务。使用权人不得采取任何非法手段扩大宅基地面积，多占土地为非法占地。（2）服从国家、集体土地利用总体规划或公共利益需要的义务。（3）行使宅基地使用权，不得妨碍公共利益和邻人合法利益，如影响通行、消防、环境卫生，影响毗邻建筑通风、采光，危及毗邻建筑地基安全等。另外，使用权人还应依据相邻关系，对邻人提供其他的便利。

（二）宅基地纠纷及特点

1. 宅基地纠纷

宅基地纠纷是指宅基地所有者之间、使用者之间、所有者与使用者之间及宅基地所有者、使用者与土地管理部门之间因宅基地所有权、使用权的取得、变更、消灭及侵权而发生的纠纷。

宅基地纠纷起因很多，情况复杂。有的是因为办理宅基地审批的工作人员责任心不强，办理审批手续时写得不清楚，或当时未能准确丈量，或当时没有把界址划分好，留下隐患，引发纠纷；有的是乡村干部以权谋私，多占、扩占自家宅基地，诱发了群众性乱占、抢占宅基地，引发纠纷；有的是村镇土地规划管理的不到位，对村民建住房的行为没有按照规划方案进行监督，使农民建房的随意性较大，建房时抬高宅基地、改变房屋坐向等影响排水、出入通行的现象较为严重，以致产生纠纷；有的是擅自批划或实施旧村调整改造规划不彻底、不公正引发纠纷；有的是因封建迷信思想作祟，看风水、定走向、争高低，酿成纠纷；有的是因房屋买卖、相邻权争执发生纠纷；有的是因离婚、继承及分家析产而发生纠纷。总之，原因有历史的、有现实的；有客观的、有主观的；有积怨斗气的、有胡搅蛮缠的；等等。

2. 宅基地纠纷的特点

（1）宅基地纠纷的激烈性。宅基地的纠纷，是大家比较关心、也是比较敏感的问题。别说左邻右舍，就是同胞兄弟遇到宅基地问题，也各不相让，争个"鱼死网破"。

（2）宅基地纠纷的长期性。宅基地纠纷，一般形成的时间比较长，不具有突发性。除个别的特殊情况外，多数宅基地纠纷属于历史遗留、久拖未决的疑难杂症。在长时间无休止的争强斗气中，纠纷双方积怨颇深，增加了调解的难度。

（3）宅基地纠纷的伴生性。宅基地纠纷往往同房屋纠纷、相邻权纠纷、婚姻、继承纠纷及分家析产纠纷相伴生，或者与当事人的其他恩怨相纠缠；宅基地纠纷往往是伴生纠纷，甚至只是表面纠纷。产生纠纷后往往会引发当事人的其他纠纷，且纠纷各方的家庭成员往往都卷入纠纷，容易引发群体性纠纷。

（4）当事人大多具有调解意愿。宅基地纠纷当事人都是近邻，有的甚至是亲属、朋友。过去是长期交往的，今后还得长期相处，一般都有调解解决纠纷的愿望。

二、宅基地纠纷调解要点

（一）审查宅基地的使用权归属

有些宅基地纠纷的发生是因为某一宅基地或因确权时间长，或因分家析产、继承而分割，或因买卖、赠与发生转让，常使当事人在主观上产生错误认识，往往均认为争执部分应属自己使用。因此，谁对争执地段有使用权，常成为调解纠纷首先要查清的问题。要查清这一问题，可以从以下几个方面入手：

1. 审查争议双方的宅基地使用证和房屋所有权证

通过审查争议双方的宅基地使用证和房屋所有权证，明确争议双方宅基地的坐落、面积、四至等。农村集体宅基地，未经规划的宅基地，对地界有争执的，四至明确的，以四至为准。如果双方对四至界线本身的位置存有异议时，应根据核发证件时丈量宅基地的插尺点、批准的面积及其他原始资料确定宅基地的界线。确定宅基地界线一般应进行实地勘验，勘验时应通知当事人双方到场，必要时可邀请村委会或居委会干部及土地部门派员参加。如果经过统一规划的农村集体宅基地使用权发生纠纷的，应以规划后确定的使用权为准。经过合法程序个别调整的，应以调整后的使用权为准。城镇居民宅基地使用权，以人民政府发放的房屋产权证或施工许可证所确定的宅基地使用权为准。

2. 审查争议地段在谁的宅基地界限内

通过前面的工作，查明了争议双方的宅基地界线，争议地段在哪一方就比较清楚了。有了确凿的证据，争议就可以解决。但有一种情况，争议双方的权属证件上都将争议地段划入各自的界线内。这时应停止调解，告知当事人向政府部门申请重新核发权属证件。还有一种情况，争议地段不属于任何一方的宅基地界线内，是村集体的空闲用地，使用人使用的话，需经批准才行。

3. 审查宅基地使用权归属的方法

一般而言，在审查宅基地使用权的归属时，一般采用以下几个方法：

（1）经过统一规划的宅基地，应以规划确定的使用权为准。经过合法手续个别调整过的应以调整后确定的使用权为准，不经正当审批而自行调整或变更的不予保护。

（2）未经过统一规划和合法手续个别调整的宅基地，可参照土改对土地房屋的确定权情况处理。但合作化前买卖、典当的宅基地，合作化后又未经调整或变更的，应维持实际情况使用。

（3）共同使用的宅基地，未经其他的共同人的同意、一方已经建盖了房屋的，如果建房时其他的共用人明知而未提出建议、又不妨碍他人合法权益和公共利益的，可以允许继续使用。

（4）当事人双方对宅基地权属发生争议时，如果土地证或建房申请审批单上四至明确的，应以四至为准；不明确的，可参照长期以来的实际使用情况，本着有利于生产、方便生活的原则合理地调处。

（5）对于历史形成的通道、流水，宅基地使用权人不得擅自堵塞。因擅自改变而给邻居造成损失的，应当责令其排除障碍、赔偿损失。

（6）相邻各方在其使用的宅基地上建盖或修建其他设施，不得危害邻居房屋或设施的安全，也不得侵害邻居的通风、采光、排水等相邻权。若造成妨碍或损失的，应当停止损害、排除妨碍、赔偿损失。

（7）收归集体组织统一使用的宅基地，经乡镇、村集体组织分配给新的用户，原使用人不得以宅基地是祖遗或自己购买为由再要求使用。

（8）在调处宅基地纠纷时，若发生私自建房、违章建房、乱占土地、尤其是耕地等违法行为的，应对当事人进行严肃批评教育。情节严重、影响恶劣的，还要依法提请有关机关追究违法或者相应的行政乃至刑事责任，以保障土地政策的严肃性。

（二）查明有无侵权行为

要查明被申请人有无损害或危及申请人宅基地安全的行为，有无抢占、侵占行为，有无阻碍申请人施工的行为，以及其他妨碍申请人利用宅基地的行为。

查明有无侵权行为时应注意以下问题：

（1）宅基地使用权及于一定高度的空中和一定深度的地表以下。如被申请人侵占申请人宅基地上空的一定空间，被申请人种植的竹木的根系和枝杆越过宅基地界线，伸到申请人一侧也是侵权行为。

（2）共同使用的宅基地，未经共同使用人的同意，一方擅自使用宅基地建造住宅的，应认定该方侵权。但是，如果对方明知而不表示反对，则应视为其已放弃自己享有的宅基地共同使用权。

（3）私力救济行为不应认定为侵权行为。私力救济行为是指权利人为保护自己的合法权利，在情况紧急而又来不及请求公力救济的情况下所采取的自力救济措施。例如，相邻一方在其宅基地内施工，如不及时制止将危及相邻另一方的宅基及建筑物安全时，另一方阻止施工的行为不应视为侵权。在这一阶段可以先予执行，以免损失继续扩大。

（三）查明侵权行为是否造成了损失或构成了危险

查明侵权行为是否给申请人造成了损失或构成了危险的内容包括：是否有损害结果，损失结果与侵权行为之间有无因果关系，以及被告的行为是否足以对原告人身及财产造成危险。这其中有一些是凭常识和直接观察即可判断的，有些则需专业部门的评估鉴定。应注意，正在造成损害或将要造成损害的，应采取措施，防止损害继续扩大或产生损害。

解决宅基地纠纷问题，没有统一的模式。宅基地纠纷千奇百怪，宅基地纠纷处理也要千变万化，要因事制宜。这就是要求调解员认真学习有关法律、法规知识，灵活把握处理宅基地纠纷中的技巧。只要我们尽心尽力，每起宅基地纠纷问题都是能得到妥善处理的。

三、宅基地纠纷调解技巧

（一）实地调查，找准矛盾的焦点

正确的判断，来源于正确的分析。而正确的分析，又依赖于翔实的第一手资料。充分的调查研究，就是要深入基层、沉到底、钻进去。通过现场查看，走访当事人、村干部、邻居及其相关群众，掌握引起纠纷的第一手材料，并善于从纷繁、零乱、庞杂的调查材料中，去粗取精，去伪存真，透过现象看本质，捋清纠纷的来龙去脉，摸清当事人双方的真实意图，找准问题症结，正确把握解决纠纷的切入点，做到有的放矢。

（二）多方协助，化解纠纷

宅基地纠纷，除个别的特殊情况外，多数属于历史遗留、久拖未决的疑难问题，在长时间无休止的争强斗气中，纠纷双方积怨颇深。在调解过程中，当事人常常会把调解员视为对立面，或强词夺理，或胡搅蛮缠，或歪曲事实，或以偏概全，甚至拒不配合。遇到这种情况，调解员首先要做到不急，要善于利用当事人的亲戚、同学、朋友、单位领导等各种社会关系进行协调和沟通，降低或平复当事人的抵触情绪，最好能拉近彼此感情。只有感情融洽了，调解工作才能顺利进行，才能起到事半功倍的效果。

（三）适度运用法律，营造调处氛围

对宅基地纠纷，首先我们要进行的是当事人双方宅基地合法性的审查。这既是我们进行调解的基础也是保障调解成功的有力武器。在宅基地纠纷的调解过程中，适时、适度运用法律的武器，能为我们营造良好的调处氛围。

对于一宗宅基地纠纷来说，调解的过程很少是一帆风顺的，调解员会遇到各种各样的困难和挫折。面对当事人提出的许多不适当要求和不切实际的愿望，调解员既不能充当和事佬，各打五十大板；又不能一味迁就和纵容那种自私自利、极端个人主义思想的蔓延。要学会运用法律的武器，适时指出当事人主观意愿的不合理性或违法性，以及将会造成的严重后果，促使其幡然醒悟，恢复理智，并引导其权衡利弊，抛弃幻想，以正确的心态对待争议的问题。这里需要注意的是，我们在调解过程中利用法律的武器，务必要把握好时机、场合和尺度，避免矛盾激化，造成工作被动。

（四）坚持"四心"原则，赢得理解信任

在宅基地纠纷的调解过程中，工作人员应具备基本的思想素质，要坚持做到"四心"，即耐心、诚心、公心、责任心。如果说"四心"原则是水，那么理解和信任就是其浇灌出的鲜艳之花，其最终必然收到成功调解之果。

首先是耐心。由于宅基地纠纷的尖锐性、复杂性及处理过程中表现出来的矛盾对立性、多变性，我们常常要面对当事人或者个别不明事理群众的围攻、羞辱、甚至是责骂，有的当事人，当面一套，背后一套，言而无信，反复无常，着实令人生气。出现这种情况，就需要我们要有耐心，想法使发热的头脑冷静下来，须知人的思想转变需要一个过程，欲速则不达，火上浇油，只能适得其反。

其次是诚心。调解的过程，又是彼此思想感情交流的过程，我们的态度客观上能影响和决定当事人的态度，能否使当事人主动配合工作，很大程度上取决于我们对待老百姓的真挚感情。俗话说："人心换人心，八两换半斤""心诚则灵"。可见，诚心能融化心灵的坚冰，诚心能换来真诚和敬慕。

再次是公心。公心者，公道正派焉。做调解工作的同志，应时刻牢记"权为民所用，利为民所谋"的道理。工作中，既不能讲情面、坐偏车，以权压人，打击报复，又不能见利忘义，以权谋私，失去人格民心。须知"公生明，廉生威"，自古如此。一旦我们离开了公心这个行事、做人的根本，即使你工作方法再多，调解技巧再高，也是徒然。

最后是责任心。用时下流行的说法，就是要求我们务必"恪守为民之责"，急群众之所急，想群众之所想，以群众利益为最高追求，全心全意为人民服务。

（五）注重发动群众，创造有利的调解环境

做好宅基地纠纷的调解工作，单靠调解员自身是远远不够的，要注重发动群众，为纠纷的调解创造一个良好的外部环境。

辩证唯物主义者认为，任何事物都是在一定条件下起变化的，可能是积极的变化，也可能是消极的变化。我们做调解工作，就是要创造条件尽量避免当事人的思想向消极的方面转化。影响当事人思想的因素是多方面的，但其亲戚、朋友、邻居、周围各色群众无疑是最经常、最直接、最深刻的影响者。因此，如何做好这部分人的思想工作就显得尤为重要。调解工作的根本保证就在

于充分发动群众，一切相信群众，紧紧依靠群众，打一场精心策划、周密部署、上下联动、人人参与的"人民战争"。

（六）适时把握机会，趁热打铁化解纠纷

宅基地纠纷调解，其目的就是要使当事人双方消除隔阂、误解、怨恨，摒弃那些不适当的要求和不切实际的愿望，使其错误思想转化到正确的轨道上来。但经验告诉我们，大凡宅基地纠纷，除个别的特殊情况外，当事人一方或双方往往具有强烈的私欲，在他们的内心世界里散落着狭隘短浅、粗暴鲁莽、偏激固执的个性。这些不良的个性是在一定的家庭、社会、历史条件的长期影响下逐步形成的，比较顽固，不易迁移，借助法律的威慑就显得尤为重要。一般情况下，即使再难的宅基地纠纷，在感情交流、思想疏导、政策攻心、法律威慑的共同作用下，当事人的思想防线也会被打破，退而求其次，希望得到一个光彩体面的下台阶机会。此时，调解工作也就进入了一个实质性阶段，我们应不失时机地根据发展变化了的客观情况，充分利用当事人思想转变的积极因素，审时度势、因势利导，积极有效地创造或提供有利于当事人双方达成一致的主客观条件，最终实现纠纷的妥善解决。

（七）根据纠纷情况采用适当的调解方法

宅基地纠纷的当事人往往矛盾比较激化，且多发生在亲戚和近邻之间，因此，在调解过程中，调解人员应注重根据纠纷的具体情况采用适当的调解方法，解决矛盾，化干戈为玉帛。具体方法的有：冷处理法、现场调解法、多方协助法、情感唤起法、换位思考法、当场对质法、迂回攻心法等。

1. 冷处理法

冷处理法的核心在于降低矛盾和冲突的激烈程度，使冲突由强趋弱，由弱到无，最终消解。运用该方法，关键要做到一个"冷"字。调解人不仅要使自己不受冲突双方激动情绪的影响，保持冷静，而且要努力使被协调的矛盾双方采取冷静、理智、克制和忍让的态度，求同存异，和平共处。通过这种办法，缩小双方差距，避免冲突进一步激化，达到消除双方敌意、平息紧张状态、冷却冲突、化解冲突的目的。

2. 现场调解法

调解宅基地纠纷，如果只听当事人说，难以掌握纠纷的关键细节，只有到达现场去查看，走访当事人、村干部、邻居及相关群众，掌握引起纠纷的第一手材料，才能掌握矛盾纠纷的焦点及一些关键的细节，这样才有利于纠纷调解，防止偏听偏信，做到调解纠纷时公平公正，提出的调解方案才能令双方当事人满意。

3. 多方协助法

宅基地纠纷除了个别特殊纠纷外，大部分纠纷持续时间长，双方积怨深，调解难度大，仅靠调解员的工作难以奏效。因此，这时需要多方协助。调解员可以依靠当地的村干部或居委会干部，有些纠纷他们就参与过调解，对纠纷比较了解；还有当事人的亲戚、朋友等，他们与当事人的关系不错，他们的话可以影响到纠纷当事人。若能得到他们的帮助，调解效果将会事半功倍。

4. 情感唤起法

宅基地纠纷的当事人，是邻居、朋友，甚至是有血缘关系的亲戚。他们在过去肯定有一个情感交集。如果过去感情不错，只是因为一些小事导致隔阂产生，则通过劝说，回忆起过去的美好时光和感情，有利于矛盾双方实现感情上的融洽。在此基础上，再向冲突双方摆事实、讲道理，使之接受调解人的主张，消除彼此恩怨，摒弃前嫌，形成新的友好关系。

5. 换位思考法

调解员在调解宅基地纠纷时，由于在现场，容易引导当事人换位思考，效果明显。比如：张家把李家通行的通道给堵了，或者李家把张家的排水堵了导致张家的房屋潮湿发霉等，引导当事人到对方家查看，并引导换位思考。这样双方的对立性就会减弱，容易化解纠纷，达成协议。

6. 当场对质法

当场对质即把冲突双方召来，当面锣，对面鼓，把矛盾揭开，当场决断。采用这种方式，调解人可以在调查研究的基础上如实公布事实真相，拿出明确的意见，让纠纷双方去执行；或是只公布事实真相，不明谈处理意见，而让纠纷双方当面表态，然后予以调解解决。

7. 迂回攻心法

调解冲突和纠纷，一般从正面着手，直接接触纠纷当事人就可以奏效。但有时问题比较棘手，正面"强攻"难以奏效，则应机动灵活地从侧翼"出击"，迂回前进，这就是所谓迂回攻心法。这种方法的主要做法是：在纠纷正式处理之前，首先对当事人的"外围阵地"进行"侦察"。了解和摸清在他们的周围人群中，哪些人能对他们产生较大的影响，然后把这些人召来、通过这些人进行调解，多渠道多方面地对双方当事人施加影响，形成强大的外部压力，促使矛盾解决。

四、典型案例操作指引

【示例1】

【基本案情】

谢立远与吴明阳是老邻居，两家经常互相帮助、互有来往，关系一直十分融洽，从未因鸡毛蒜皮的琐事红过脸。2009年10月，吴明阳看到自家在谢家楼房北边围墙有些陈旧，于是决定翻修一下。吴家在翻修围墙时，向外拓宽了一匹砖的位置，地基加高一点。考虑到两家关系一向不错，砌墙时，吴明阳还特地查阅了有关法律政策，认为其砌墙手续合法，也不会由此引发邻里纠纷。墙是很快砌起来了。没成想，这堵墙却给两家人添了堵，竟然成为谢、吴两家关系恶化的导火索。谢家人认为吴明阳拓宽的围墙占的是谢家的宅基地，并且影响了谢家排水；而吴家人认为砌墙合法，那块地不属于谢家，也没有影响谢家排水。谢、吴两家人为了这堵墙开始了历时4年之久的诉讼：2010年3月，因围墙所占土地的权属问题，谢立远一纸诉状把吴明阳告上法院，后谢立远因证据不足撤诉。2010年6月，谢、吴两家围绕围墙排水问题发生争执，继而大打出手，致使谢立远左臂骨折，花去医药费893元，谢立远再次将吴明阳告上法庭，要求吴明阳承担赔偿责任，经法院调解，吴明阳赔偿谢立远医药费、误工损失费等1250元。2011年，谢立远为了自家排水方便，在吴明阳家的围墙下方凿了三个洞。吴明阳到法院诉请谢立远恢复原状。2012年7月，谢立远再次在围墙上敲了三个洞，吴明阳再次诉至法院要求判令谢立远恢复被敲坏的围墙，并判令其不得在吴家围墙上开洞排水，后因故撤诉。2013年7月，吴明阳又起诉至法院，要求法院确认围墙占地所有权的归属问题，不久又撤诉。4年的诉讼耗费当事人巨大的人力、物力、财力。最近，当事人再次向法院起诉后，法院将此纠纷委托给县联合人民调解委员会进行调解。

【操作指引】

县联合人民调解委员会选派有经验的调解员马舒兰和章华林主持该纠纷调解。调解员马大姐和老章先是全面、详细地了解案情，谢、吴两家矛盾纠纷已历时 4 年，但仍未妥善解决。此前为解决两家矛盾纠纷，双方当事人所在的街道居委会、派出所也曾先后多次做过工作，但都无功而返。得知这些情况后，调解员马大姐和老章意识到，这个纠纷肯定有"斗气""较劲"的成分。对于这样的纠纷，如果完全依照法律规定进行处理，不仅不会解决矛盾纠纷，反而会激化矛盾，因此，从"情"字着手对这起纠纷进行调解比较合理。于是，调解员采用背对背调解法分别与双方当事人进行了沟通，让双方宣泄对对方的不满。等不良情绪宣泄完之后，调解员和当事人关系不错的邻居和朋友一起，从两家祖辈就一直交好的这一事实出发，从"远亲不如近邻"的角度，分别多次与当事人双方促膝谈心。当事人双方也均表示，其实两家并无深仇大恨，原来关系也不错，只是因为一些小事没有进行有效沟通，逐渐心生怨隙，最终为了一堵围墙双方互不相让，实际上两家都是为了"争一口气"。这几年的围墙之争让双方均感到精疲力竭，但又无法"下台"，只能一次次"较劲"。在双方当事人有了这样的认识后，再引导双方当事人进行换位思考，明晰这一事件中的是非曲直，减轻当事人的诉累，求大同而存小异，相互尊重、相互理解、相互宽容，促成双方当事人在互谅互让的基础上达成调解协议。经过人民调解员、当事人共同的邻居、居委会干部的耐心劝说，双方当事人都表示愿意让调解员马舒兰和章华林给主持调解、化解矛盾、平息纠纷。

在同意调解的基础上，调解员向双方当事人讲解、分析了我国《物权法》的相关规定，邻里之间应当按照"有利生产、方便生活、团结互助、公平合理"的原则，正确处理截水、排水、通行、通风、采光等相邻关系。给相邻方造成妨碍或者损失的，应当停止侵害、排除妨碍、赔偿损失。因此，对于排水、通风等相邻关系，当事人双方谢立远和吴明阳更应站在对方的立场考虑问题，互相做出让步，才能获得共赢的效果。吴明阳当初砌造围墙时与谢立远签订了协议，该围墙位于谢立远小屋的北面，对谢立远家的通风、采光并未构成影响。但吴明阳后来翻建围墙，虽然往外挪了一匹砖的距离，根据双方的土地使用权证和房屋产权证，吴明阳没有占用谢家的宅基地，那块地是两家之间的空闲地；但新修围墙确实对谢家的排水造成影响，应当排除妨碍，对造成的损失进行适当赔偿。经过调解员的不懈努力，谢立远与吴明阳达成了一致意见：1. 吴明阳在围墙下挖一条深 30 厘米的排水沟，用于谢立远家排水，且需每年在雨季来临之前的四月进行疏通，保障排水通畅；2. 谢立远把吴明阳围墙的洞补平，以后不再在吴家围墙上打洞；3. 双方自此之后不再因围墙之事发生纠纷，和睦相处。双方签订了调解协议。2 个月后，调解员对此案进行了回访，了解到谢吴两家已经履行了调解协议书的内容，双方关系也因此得到了改善，再也没有发生过纠纷。这起因一堵墙引发的纠纷，终于得到了圆满解决。

【分析指引】

这是一起宅基地混合了相邻关系的纠纷，形成时间长，双方情绪激烈，积怨较深，对纠纷的化解带来很大的难度；但经过几年的斗气、诉讼等，双方费时费钱费力，大家都精疲力竭，有平息纠纷的愿望。调解员把握这一纠纷特点，首先，以"情理"入手进行调解，先是采用宣泄法，让双方当事人把积累在心里的怨气宣泄出来；再用情感唤起法，让两人回忆起原来的融洽关系，用换位思路法体量对方，相互理解、相互宽容，化解纠纷。经过调解员会同邻居、朋友等一系列工作，双方的怨气消解了，不再坚持到法院打官司，愿意坐下来让调解员调解他们的纠纷。然后，调解员再给双方当事人讲解相关法律规定，最终做到了法明理通，化解了两家人多年的纠纷。

【示例 2】

【基本案情】

近来，桥头镇某村村民蒋亚旺是喜事临门，喜气洋洋。原来，蒋亚旺家居住条件十分困难，经申请，乡政府把蒋亚光左侧的三间宅基地批给他建新房。于是蒋亚旺拟紧靠蒋亚光楼房建新房，蒋亚光则要求蒋亚旺保留一条方便其出入的通道。蒋亚旺以宅基地受限制为由，拒绝了蒋亚光的要求，蒋亚光即以蒋亚旺建房影响其出入为由，纠集家人阻止蒋亚旺建房，双方差点打了起来。为了避免扩大损失，蒋亚旺要求该村调解委员会调解。经调解，由于双方各持己见，未能达成协议。没有办法，12 月 1 日蒋亚旺申请桥头镇司法所处理。

【操作指引】

桥头镇司法所非常重视，由所长梅宝林亲自担任调解主持人。12 月 3 日，梅所长带了两名调解员亲赴现场，组织双方进行调解。在调解过程中，梅所长和调解员首先查看了双方的土地使用权证和房屋产权证，双方都没有违法。蒋亚旺也是在批准的范围内建房。但如果不留通道，蒋亚光确实无法出行。但如果留出通道，则蒋亚旺的宅基地面积又不足。了解了双方的矛盾焦点后，梅所长组织双方学习《土地管理法》，讲明国家对农村建房的具体规定。还与双方共同解读了《民法通则》第83条"不动产的相邻各方，应当按照有利生产、方便生活、团结互助、公平合理的精神，正确处理截水、排水、通行、通风、采光等方面的相邻关系，给相邻方造成妨碍或者损失的，应当停止侵害，排除妨碍，赔偿损失"的规定。当了解到蒋亚旺宅基地的另一侧与蒋亚光的自留地相连时，建议蒋亚旺留出通道的位置，用蒋亚光的自留地补齐其宅基地。蒋亚光认为自己亏大了不愿意置换。因为蒋亚光的自留地种植有几株柚子树，果品不错，产量也可观，每年为蒋亚光带来不少收入。蒋亚光还在地里套种蔬菜，解决了一家人的吃菜问题。此时，梅所长指出：蒋亚光要求保留的通道，是蒋亚光现在通行的唯一行人通道，蒋亚旺应提供必要的便利。蒋亚旺留出通道后，宅基地面积减少了，要求蒋亚光用其宅基地的另一侧的空地补偿，符合《民通意见》第100条"一方必须在相邻一方使用的土地上通行的，应当予以准许；因此造成损失的，应当给予适当补偿"的规定。

最后，通过晓之以理、动之以情的耐心调解，双方终于统一意见、握手言和，并于当天签订了和解协议：蒋亚旺建房时留出一条1.5米的通道，供蒋亚光通行；蒋亚光移走柚子树，在自留地划出相应面积给蒋亚旺，以满足蒋亚旺建房用地需要。至此，一场即将升级的宅基地纠纷得以妥善化解，蒋亚旺的新房顺利开建，一家人脸上乐开了花，对梅所长是千恩万谢。

【分析指引】

这起宅基地纠纷虽然时间不长，但蒋亚光家人阻止蒋亚旺建房，耽误工期，造成损失。如果不及时解决就会酿成大的纠纷，甚至转化为刑事纠纷。因此，司法所十分重视该纠纷的解决，及时到现场进行勘察，并组织双方调解。调解员到现场后查看双方的土地使用权证，明确双方的宅基地权属范围，了解双方的矛盾焦点。再在此基础上组织双方学习法律法规，让当事人明白法律的边界在何处，并依法行事。然后根据实际情况提出了一个用自留地换通道的调解方案，但遭到蒋亚光的反对。在经过一番耐心的依法讲解之后，双方当事人达成了调解协议，化解了纠纷。

参考文献

[1] 唐素林. 纠纷调解制度与基层法律服务 [M]. 北京：知识产权出版社，2014.

[2] 孙赟峰. 如何做好调解工作 [M]. 北京：中国法制出版社，2013.

[3] 盛永彬，刘树桥. 人民调解实务 [M]. 北京：中国政法大学出版社，2010.

[4] 王红梅. 民间纠纷调解 [M]. 武汉：华中科技大学出版社，2011.

[5] 范愉. 纠纷解决的理论与实践 [M]. 北京：清华大学出版社，2007.

[6] 刘最跃. 人民调解原理与实务 [M]. 长沙：湖南人民出版社，2008.

[7] 罗纳德 S，爱丽丝，罗伯特 A.，等. 冲突调解的技巧（上、下册）[M]. 南京：南京大学出版社，2011.

[8] 张晓秦，刘玉民. 调解要点与技巧 [M]. 北京：中国民主法制出版社，2009.

[9] 范愉，刘臻荣，连艳. 物业纠纷调解与实务 [M]. 北京：清华大学出版社，2012.

[10] 于丽娜，聂成涛. 社区矛盾纠纷化解机制 [M]. 北京：中国社会出版社，2010.

[11] 苏州市平江区司法局. 社区调解百案精选 [M]. 北京：中国社会出版社，2011.

[12] 何兵. 和谐社会与纠纷解决机制 [M]. 北京：北京大学版社，2007.

[13] 宋朝武. 调解立法研究 [M]. 北京：中国政法大学出版社，2008.

[14] 尹力. 中国调解机制研究 [M]. 北京：知识产权出版社，2009.

[15] 马建荣. 基层法律服务 [M]. 北京：中国政法大学出版社，2010.

[16] 宋才发，刘玉民. 调解要点与技巧总论 [M]. 北京：人民法院出版社，2007.

[17] 朱深远. 诉讼调解实务技能 [M]. 北京：人民法院出版社，2013.

[18] 张世平. 矛盾纠纷调解中语言表达与技巧 [EB/OL]. 新浪博客. http：//blog. sina. com. cn/tbjw 2010 - 02 - 19 20：03：12.

[19] 沈杰. 谈物业小区区分所有权及相邻关系纠纷的司法救济 [EB/OL]. 福建顺昌法院网. http：//www. fjsccourt. org/public/detail，2011 - 07 - 26 15：37：54 发布

[20] 傅郁林. 中国基层法律服务情况考察报告 [EB/OL]. http：//www. civillaw. com. cn/Article/default. asp？id = 18661，2004 - 10 - 22 发布.

[21] 刘书燃. "东方之花"：走向法制现代化的争艳？—对传统调解与现代民事诉讼的合与

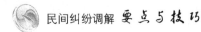

分的反思［EB/OL］. http：//article. chinalawinfo. com/Article_ Detail. asp? ArticleId.

［22］赵辉. 如何做好法律咨询工作［EB/OL］. http：//www. chinalegalaid. gov. cn/China_ legalaid/content/2010 – 08/11/content.

［23］×××. 社区矛盾纠纷及其化解. http：// http：//wenku. baidu. com/view/，krhkka 贡献于 2012 – 03 – 09.

［24］何菲. 社区调解——城市社区的整合机制［C/OL］. http：//www. cnki. net.

［25］何昭义. 浅谈调解经验方法.（2008 – 12 – 23）http：//www. chinacourt. org/article/detail/2008/12/id/337880. shtml.

［26］×××. 纠纷调解的基本方法［EB/OL］. 2011 – 04 – 22. http：//www. 66law. cn/topic2010/jftjff/75463. shtml.

［27］孙志华. 人民调解工作的方法与技巧［EB/OL］. http：//wenku. baidu. com/，cdled003 贡献于 2011 – 04 – 01.